Carl-Auer

Anton Hergenhan

Wenn Lukas haut

Systemisches Coaching mit
Eltern aggressiver Kinder

Zweite Auflage, 2015

Mitglieder des wissenschaftlichen Beirats des Carl-Auer Verlags:

Prof. Dr. Rolf Arnold (Kaiserslautern)
Prof. Dr. Dirk Baecker (Friedrichshafen)
Prof. Dr. Ulrich Clement (Heidelberg)
Prof. Dr. Jörg Fengler (Alfter bei Bonn)
Dr. Barbara Heitger (Wien)
Prof. Dr. Johannes Herwig-Lempp (Merseburg)
Prof. Dr. Bruno Hildenbrand (Jena)
Prof. Dr. Karl L. Holtz (Heidelberg)
Prof. Dr. Heiko Kleve (Potsdam)
Dr. Roswita Königswieser (Wien)
Prof. Dr. Jürgen Kriz (Osnabrück)
Prof. Dr. Friedebert Kröger (Heidelberg)
Tom Levold (Köln)
Dr. Kurt Ludewig (Münster)
Dr. Burkhard Peter (München)
Prof. Dr. Bernhard Pörksen (Tübingen)
Prof. Dr. Kersten Reich (Köln)

Prof. Dr. Wolf Ritscher (Esslingen)
Dr. Wilhelm Rotthaus (Bergheim bei Köln)
Prof. Dr. Arist von Schlippe (Witten/Herdecke)
Dr. Gunther Schmidt (Heidelberg)
Prof. Dr. Siegfried J. Schmidt (Münster)
Jakob R. Schneider (München)
Prof. Dr. Jochen Schweitzer (Heidelberg)
Prof. Dr. Fritz B. Simon (Berlin)
Dr. Therese Steiner (Embrach)
Prof. Dr. Dr. Helm Stierlin (Heidelberg)
Karsten Trebesch (Berlin)
Bernhard Trenkle (Rottweil)
Prof. Dr. Sigrid Tschöpe-Scheffler (Köln)
Prof. Dr. Reinhard Voß (Koblenz)
Dr. Gunthard Weber (Wiesloch)
Prof. Dr. Rudolf Wimmer (Wien)
Prof. Dr. Michael Wirsching (Freiburg)

Umschlaggestaltung: Uwe Göbel
Umschlagbild: © trashdevil – photocase
Satz u. Grafik: Drißner-Design u. DTP, Meßstetten
Illustrationen: Georg Liegl, Kunsterzieher
Printed in Germany
Druck und Bindung: CPI books GmbH, Leck

Zweite Auflage, 2015
ISBN 978-3-89670-807-6
© 2011, 2015 Carl-Auer-Systeme Verlag
und Verlagsbuchhandlung GmbH, Heidelberg
Alle Rechte vorbehalten

Bibliografische Information der Deutschen Nationalbibliothek:
Die Deutsche Nationalbibliothek verzeichnet diese Publikation
in der Deutschen Nationalbibliografie; detaillierte bibliografische
Daten sind im Internet über http://dnb.d-nb.de abrufbar.

Informationen zu unserem gesamten Programm, unseren Autoren
und zum Verlag finden Sie unter: **www.carl-auer.de**.

Wenn Sie Interesse an unseren monatlichen Nachrichten aus der Vangerowstraße haben,
können Sie unter http://www.carl-auer.de/newsletter den Newsletter abonnieren.

Carl-Auer Verlag GmbH
Vangerowstraße 14
69115 Heidelberg
Tel. +49 6221 6438-0
Fax +49 6221 6438-22
info@carl-auer.de

Inhalt

1. Kinder beleidigen ihre Eltern 7
2. Coaching: Mit der Kutsche unterwegs 11
3. Eine schlechte Mutter? 17
4. Was ist eigentlich systemisch? 30
   4.1 Beziehungen und Zusammenhänge 32
   4.2 Unterschiede statt Gründe 35
   4.3 Lösungsmöglichkeiten 42
   4.4 Kompetenzen und Ressourcen 52
5. Eltern lassen sich nichts gefallen:
   Schutz des gewalttätigen Kindes 65
6. Systemische Ergebnisoffenheit? 79
7. Beziehung lernen 85
8. Die Leitideen zum systemischen Elterncoaching 96
   8.1 Basalkriterium 1: Persönliche Präsenz 96
   8.2 Basalkriterium 2: Gesprächsführung und Respekt 127
       Version 1: Autoritäre Führung 132
       Version 2: Systemische Führung 132
       Systemisches Merkmal B, Beziehung 133
       Systemisches Merkmal U, Unterschied 134
       Systemisches Merkmal L, Lösung 135
       Systemisches Merkmal K, Kompetenz 135
   8.3 Basalkriterium 3: Ausdrückliche Identifikation
       der Ressourcen, der Fähigkeit 140
   8.4 Basalkriterium 4: Positive Beachtung des Symptoms 147
   8.5 Basalkriterium 5: Lösungsentwurf der Eltern 153
   8.6. Basalkriterium 6: Einbau des elterlichen
        Bezugssystems 175
9. Klärender Rückblick 189

10. Ist unser Coaching, ist unsere Kutsche am Ziel? 196

Literatur 200
Über den Autor 203

1 Kinder beleidigen ihre Eltern

Der gängige Befund alltagspsychologischer Vielwisser lautet häufig etwa so:

»Es liegt am Elternhaus! Es ist sonnenklar, warum die Kinder so aggressiv sind! Es gibt heute keine Grenzen mehr. Wenn die Eltern ihren Kindern alles erlauben, braucht man sich nicht zu wundern, dass sie so austicken. Die Kinder lernen schon von früh an, dass man mit Schlägereien und Beschimpfungen durchkommt!«

Gerne möchte ich Sie einladen, am Ende dieses Buches mit mir zusammen folgenden Schluss zu ziehen:

»Es liegt am Elternhaus! Es erscheint sonnenklar, wie die Kinder es schaffen, miteinander und mit ihren Eltern friedlich auszukommen! Grenzen waren und sind wichtig. Wenn die Eltern ihren Kindern diese Grenzen respektvoll zeigen, braucht man sich nicht zu wundern, dass sie sich mit anderen gut vertragen können. Die Kinder lernen schon von früh an, dass man mit Gesprächen, mit Rücksicht und Kommunikation durchkommt!«

Zu diesem Schluss gibt es Wege. Und bevor wir aufbrechen und einige dieser Wege einschlagen, vergegenwärtigen wir uns, wo wir stehen:

»Ich kann nicht mehr! Bitte helfen Sie mir! Mein Kind beleidigt mich. Ich halte das nicht mehr aus! Fast jeden Tag beschimpft mich mein Sohn!«

Eltern schildern mir an unserer teilstationären Einrichtung für verhaltensauffällige Kinder (Heilpädagogische Tagesstätte/Heilpädagogische Tagesgruppe) jede Woche, wie sie von ihren Kindern beleidigt werden: »Dummkopf«, »blöde Sau«, »Schlampe« oder gar »Nutte« gehören zum Beschimpfungsrepertoire von Kindern, die scheinbar keinerlei Hemmung empfinden, ihren Impulsen zu grober verbaler Gewalt nachzugeben.

Wenn ich mir die ehrliche Betroffenheit der Eltern vergegenwärtige, werden konkrete Erinnerungen lebendig, die mich auf unser Thema einstimmen. Ich war, obschon selbst oft verhaltensauffällig, äußerlich ein eher unscheinbares Kind und in meiner körperlichen Entwicklung immer etwas zurück. Als ich mit etwa dreizehn Jahren noch nicht der Kindheit entwachsen erschien, wurde ich deswegen hin und wieder von Mitschülern gehänselt. Wenn mich ein Klassenkamerad »Milchbubi« nannte, war es aus mit meiner Selbstachtung. Das Wort beleidigte mich tief und tat mir weh, es drückte aus, wer ich bin. Schutzlos habe ich dieser Beleidigung geglaubt und litt unter jedem Blick in den Spiegel.

In mir entwickelte sich seither ein besonderer Sinn für die Wirkung von Worten, die wehtun können. Eine Fülle privater wie beruflicher Erfahrungen lässt mich skeptisch werden, wenn ich höre, Beleidigungen seien nur Bagatellen und deshalb »großzügig« zu übergehen. Diese Skepsis teilen zahllose Eltern. Oft schildern sie, wie nahe ihnen die üblen Reden ihrer Kinder gehen. In meiner Empfindsamkeit, in meiner Sensibilität bin ich also nicht allein. Sensibilität in Bezug auf Sprache ist etwas sehr Wertvolles, etwas Verbindendes. Wir haben *Respekt* voreinander, wenn uns nicht gleichgültig ist, was wir zueinander sagen.

Eine elementare berufliche Erfahrung mag das illustrieren:

Vor einigen Jahren betreuten wir in unserer teilstationären Einrichtung für verhaltensauffällige Kinder den »nicht mehr zu bändigenden« Steffen (9 Jahre). Seine Eltern, Frau und Herr Maurer[1], meine Kolleginnen und ich saßen oft zusammen. Wir führten fruchtbare Kooperationsgespräche, in denen die Eltern ihre Erziehungsschwierigkeiten offen schilderten.

Einmal unterbrach Steffen unser Gespräch. Er kam gerade von der Schule zur Heilpädagogischen Tagesstätte und klopfte an die Tür unseres Beratungszimmers. Nach meinem »Herein!« trat er zu uns und begrüßte uns freundlich. Ich lobte ihn für seine höflichen Umgangsformen, die er bei uns im Alltag gelernt hatte. Wir freuten uns, ließ ich ihn wissen, dass er geklopft und auf mein »Herein!« gewartet habe. Außerdem sei sein freundlicher Gruß Zeichen guter Verbundenheit zwischen uns: »So zeigen wir uns, dass wir es schön finden, wenn wir uns wieder sehen!« Steffen nickte erfreut und ließ uns wieder allein.

Der Vater schüttelte den Kopf: »So was macht er daheim nicht! Daheim ist er nicht so nett!« An dieser Stelle musste das Gespräch abgebrochen werden, weil mit Steffen auch andere Kinder von der

---

[1] Alle Klientennamen im Buch sind geändert.

Schule kamen. Das Ehepaar Maurer ging zum Auto. Durch das Bürofenster verfolgte ich die kurze Abschiedsszene zwischen den Eltern und Steffen.

> FRAU MAURER: Musst du heute viele Hausaufgaben machen?
> STEFFEN: Das geht dich gar nichts an. Lass mich in Ruhe!
> FRAU MAURER: Sei nicht so frech! Ich habe dir nichts getan!
> STEFFEN: Du hast mir gar nichts zu sagen, du dumme Wichserin!

Die Mutter blickte traurig und hilflos zu ihrem Ehemann, zu Steffens Vater. Der erwiderte diesen Blick ebenso hilflos. Dann trat Steffen seiner Mutter ans Schienbein.

> FRAU MAURER: Wart nur, wenn du heute Abend heimkommst, dann ist Fernsehen gestrichen!

Die Mutter war außer sich. Die Eltern brachen auf und verließen unsere Einrichtung.

Pädagogen und Psychologen könnten in solchen Momenten tiefe fachliche Enttäuschung empfinden. Noch vor wenigen Minuten hatte Steffen geglänzt, hatte sich »von seiner besten Seite« gezeigt. Und dann so etwas: Er beleidigte seine Mutter, fügte ihr Schmerz zu, verbal und dann auch noch körperlich.

Was heilpädagogische Fachkräfte in der täglichen Betreuung des Jungen »erreicht« hatten, war offenbar nicht nachhaltig wirksam. Von therapeutischen Erfolgen wollen sie vor allem dann sprechen, wenn das Kind auch anderen Kontaktpersonen gegenüber – daheim und anderswo – friedliches Sozialverhalten praktiziert.

Die Neigung der Pädagogen oder Psychologen, in Steffens Verhalten den Nachweis für fachlichen Misserfolg zu wähnen, ist verständlich: Haben wir, die »Experten«, versagt? Auch die Neigung der Eltern ist verständlich, nach Schuld zu suchen und Gründe für Steffens »Fehlverhalten« zu finden: Haben wir als Eltern versagt?

Systemiker laden zu einem spannenden Experiment ein, das sich in dem Angebot präsentiert: »Lasst uns auf Schuldfragen verzichten!« Dieses Experiment hat einen fast schon revolutionären Charakter. Denn wenn etwas passiert oder misslungen ist, fragen wir in lebenslang eingeübter Manier meistens: »Woran liegt's? Was ist der Grund? Wer hat Schuld? Warum ist etwas schiefgelaufen?«

So fragen Systemiker nicht. Sie interessieren sich im Fall kindlicher Aggressionen gegen die Eltern vielmehr dafür, was *zwischen* Kind, Mutter und Vater konkret abläuft. Das systemische Interesse betrifft auch das Ziel, den Zweck des Verhaltens. Was will das Kind? Welche Absicht liegt in der Aggression? Und, nicht minder wichtig: Was wollen die Eltern? Systemiker hören sich genau an, was Kinder und Eltern wünschen. *Mit ihnen zusammen* suchen sie dann nach Möglichkeiten, wie ein großartiges Ziel gemeinsam angesteuert werden kann. Eltern, die ihre Kinder fördern möchten, treffen sich inhaltlich und programmatisch an folgendem Ziel:

> *Wir bewältigen Aggressionen und verletzen uns nicht.*
> *Respektvoll begegnen wir uns.*

Fragen, die auf Verständnismöglichkeiten abheben (welche Absicht liegt in der Aggression?), könnten die Auffassung zulassen, kindliche Aggressionen seien »irgendwie« in Ordnung. Das hieße: Wenn man die Absicht kennt, ist Gewalt oft verständlich und darum »nicht so schlimm«. Das Gegenteil dürfte zutreffen: Es ist nicht okay, dass Kinder sich oder Erwachsenen wehtun. In der therapeutischen Begegnung mit Kindern, die sich aggressiv verhalten, haben wir das Ziel stets im Auge: Wir finden Möglichkeiten, verbale sowie tätliche Feindseligkeiten und Angriffe zu beenden. Wir möchten friedliche Alternativen erarbeiten.

2 Coaching: Mit der Kutsche unterwegs

Nach der Veröffentlichung von *Aggressive Kinder? Systemisch heilpädagogische Lösungen* (Hergenhan 2010) erhielt ich viele Anfragen von Heilpädagogen, Erziehern, Sozialpädagogen und Psychologen.[2] Ein Erzieher meinte, die systemisch heilpädagogischen Basalkriterien, wie sie in eben erwähntem Buch dargestellt sind, böten Orientierung im Umgang mit verhaltensauffälligen Kindern. Er überlegte zudem Folgendes: Wir sind mit Kindern im systemischen Sinn in fruchtbarem Kontakt. Also ließe sich doch auch die Zusammenarbeit mit den Eltern in dieser Weise gestalten! Recht hat der Kollege! Darum will ich diese Basalkriterien jetzt im Hinblick auf die systemische Kooperation mit den Eltern diskutieren.

Häufig halten sich Eltern für völlig unfähig und betonen: »Wir sind keine Experten in Sachen Psychologie, Pädagogik oder was auch immer!«

Ein systemisch geführtes Gespräch kann diese Inkompetenz-Gewissheit hilfreich »verstören« und auf elterliches Expertentum verweisen. Dieses Expertentum gedeiht in einem außerordentlich arbeitsintensiven Feld, nämlich in der täglichen Auseinandersetzung mit dem Kind, im Alltag. In diesem Alltag fruchten keine weisen theoretischen »Psychosprüche«. Hier wird das harte Brot von Beruf, Haushalt und Erziehung gekaut. Die Eltern, also die Alltagspraktiker, sind aus meiner Sicht die versiertesten Fachleute. Ihr Fachwissen gilt es hervorzuholen. Viele Beratungsgespräche mit Eltern zeigen, dass sie, die Eltern, sehr gut wissen, wie Erziehung gelingt – Erziehung, die den Entwicklungsinteressen des Kindes und auch ihren eigenen (Über-)Lebensinteressen Rechnung trägt.

Dieses Wissen ist freilich oft verschüttet. Die systemische Zusammenarbeit mit den Eltern zielt darauf ab, es freizulegen, es also zugänglich und nutzbar zu machen. Nochmals: Es ist das Wissen der Eltern, welches der Alltagsstress häufig überlagert. In der systemischen Zusammenarbeit kann dieses Wissen wieder ins Bewusstsein kommen und somit verfügbar werden.

---

2 Wenn ich im Text Personen benenne, bleibe ich der besseren Lesbarkeit wegen bei der männlichen Form – selbstverständlich sind jedoch Männer und Frauen gleichermaßen gemeint.

Auch die Eltern von Steffen wussten, was mit ihnen und dem Kind los war. Ihr *eigenes* Wissen konnten sie zieldienlich umsetzen, wie wir noch genauer erfahren werden. Frau Maurer besprach mit mir den Vorfall, der sich vor unserem Bürofenster ereignet hatte, und beschrieb weinend ihre tiefste Beziehungsnot:

> FRAU MAURER: Ich mag mein Kind. Aber ich mag mein Kind nicht mehr, wenn es mich weiter beleidigt und schlägt!

Diese Beziehungsnot kann erschüttern. Es gibt Mütter, die diesen Satz »Ich mag mein Kind nicht mehr!« sagen, ohne einen Wenn-Satz nachzuschicken. Eine Mutter ist fähig, ihr Kind nicht mehr zu mögen? Ein furchtbarer Satz? Absage an das Kind? Völliges Scheitern? Skandal?

Systemisch praktizierende Pädagogen und Psychologen werden in den ehrlichen Aussagen einer verzweifelten Mutter keine versiegelte Tür sehen. Notsignale können Tür-Öffner sein, Auftakte zu einer Neugestaltung: Die Not kann den Beginn einer Reform markieren, in der Eltern und Kinder wieder in respekt- und liebevollen Kontakt miteinander kommen.

»Ja freilich!« wird mir vielleicht eine gestresste Mutter entgegenhalten, die »mit den Nerven am Ende« ist. »Respektvoller Kontakt? Das sagen Sie mal meinem Sohn! Erst wenn er endlich aufhört, mir das Leben schwer zu machen, dann glaub ich Ihnen das mit der ›Reform‹!«

Ich schätze Mütter, die so mit mir reden. Sie sind ehrlich und argumentieren auf der Ebene des Verhaltens, auf der Ebene des tatsächlich Erlebten. Genau auf dieser Ebene wissen wir uns mit Eltern, die mit ihren Kindern Freude erleben und die sich auch von ihren Kindern belastet fühlen, *kollegial* verbunden. Diese kollegiale Verbundenheit gehört zu unseren fachlichen Arbeitspflichten.

Die heilpädagogische Betreuung von verhaltensauffälligen Kindern ist unabdingbar auf die Zusammenarbeit mit den Eltern angewiesen. Sozialpädagogen, Erzieher und Psychologen nennen diese Zusammenarbeit gerne »Elterncoaching«. Dieses Buch will die Erfolge dieses »Coachings« aufzeigen und angeben, wie die kollegiale Verbundenheit mit Eltern systemisch gelingen kann. Wenn wir Eltern manchmal fragen, was ihnen in der systemischen Zusammenarbeit besonders hilfreich erschien, hören wir schlüssige, plausible Antworten, die wertvolle Ideen enthalten. Diese Rückmeldungen, diese Ideen halten wir fest. Sie klären uns darüber auf, was wir gut machen und was wir noch verbessern können. Daran orientieren wir uns gerne, womit wir unsere oft wirre Arbeitspraxis erleichtern. So wollen wir aus den systemisch heilpädagogischen Basalkriterien und aus den Rückmeldungen der Eltern *Leitideen zum systemischen Elterncoaching* gewinnen.

Ich finde den englischen Begriff »Coaching« sehr passend – »to coach« hat die Bedeutung »trainieren« und »einpauken«. Das Verb »to coach« bedeutet aber auch »in einer Kutsche fahren«. Es leitet sich vom Substantiv »coach« = »Kutsche« ab. Die Kutsche ist ein Beförderungsmittel, in dem man sich gemeinsam mit anderen auf den Weg machen kann. In einer Kutsche sitzen Reisende und steuern gemeinsam in dieselbe Richtung. Eltern, Sozial- und Heilpädagogen, Erzieher und Psychologen sind die Mitfahrer, die während der Tour in regem Austausch bleiben, einander zuhören und über ihre unterschiedlichen Erlebnisse sprechen. Im Coaching ist man also kommunikativ unterwegs. Die Teilnehmer sprechen gewiss auch über Erfahrungen, mit denen sie (noch) nicht zurechtkommen, und über Möglichkeiten, schwierige Situationen zu bewältigen. Die Reisenden setzen sich konkrete Ziele und unterhalten sich darüber, wie sie diese erreichen könnten. Hargens umreißt diesen Gedanken trefflich in seinem Coachingbuch: »Es ging und geht mir immer darum, der KundIn zu helfen, ihre Ziele zu formulieren, diese Ziele in konkrete Handlungen (›Operationen‹) zu übersetzen und danach zu schauen, welche ihrer eigenen Kompetenzen sie nutzen kann auf dem Weg zum Ziel« (Hargens 2010, S. 17).

In einer Kutsche nehme ich dann gerne Platz, wenn die Fahrgäste schildern, was ihnen bisher gut gelungen ist. »Ihre eigenen Kompetenzen« thematisieren sie also und sind damit »auf dem Weg zum Ziel«. Wir kommen voran. Die Kutsche, die uns befördert, fördert uns.

Das Ziel *unseres* Weges fand bereits Erwähnung:

> *Wir bewältigen Aggressionen und verletzen uns nicht.*
> *Respektvoll begegnen wir uns.*

Zu diesem Ziel gibt es allerlei Wege, wobei sich oft gar keine feste Route finden lässt. Mitunter sind die Straßen zu unserem Ziel steinig, holprig, unwegsam. Manchmal bleiben die Räder unserer Kutsche in Schlaglöchern stecken. Die Fahrgäste steigen aus, heben und schieben die Kutsche ein paar Meter. Wir arbeiten also vor allem dann intensiv zusammen, wenn es zuweilen den Anschein hat, wir kämen nicht weiter.

Fassen Sie doch die Überlegungen auf den Seiten dieses Buches als ereignisreiche Kutschreise auf. Und während dieser Fahrt coachen wir uns auf das eben genannte Ziel hin. Wir wollen es uns dauerhaft präsent halten.

Unsere Frage heißt jetzt: »Wie kommen wir mit den Eltern zusammen da hin?« Auf diese Frage versuchen wir mit unseren Leitideen praktikable Antworten zu geben. Sie sind wie Hinweis- oder Ortsschilder. Und damit wir bei der Vielzahl der Coachingthemen unser Ziel nicht aus den Augen verlieren, möchte ich diese Antworten, unsere Hinweis- bzw. Ortsschilder, voranstellen.

Sechs Basalkriterien mit den entsprechenden Leitideen zum Elterncoaching

1. Persönliche Präsenz
Leitidee Nr. 1: Wir spiegeln und suchen Anschluss an die Erlebniswelt der Eltern. Ihre Gedanken, Bilder und Geschichten nehmen wir auf.

2. Gesprächsführung und Respekt
Leitidee Nr. 2: Wir führen Gespräche nur im ausdrücklichen Respekt vor der Erfahrungsgeschichte der Eltern und ihrer Verantwortlichkeit.

3. Ausdrückliche Identifikation der Ressourcen, der Fähigkeit
Leitidee Nr. 3: Wir teilen den Eltern mit, was wir im Gespräch mit ihnen positiv erleben, und benennen konkret ihre Kompetenzen und Ressourcen.

4. Positive Beachtung des Symptoms
Leitidee Nr. 4: Im Widerstand der Eltern gegen die Zusammenarbeit und in ihrem Streit liegt Sinnvolles. Dieses Sinnvolle interessiert uns.

5. Lösungsentwurf der Eltern
Leitidee Nr. 5: Wir vertrauen darauf, dass Eltern ihre Kinder sehr gut kennen. Darum halten wir Eltern für lösungskreativ.

6. Einbau des elterlichen Bezugssystems
Leitidee Nr. 6: Wir ermutigen Eltern zum kooperativen Kontakt mit hilfsbereiten Personen aus ihrem Umfeld.

Bei den folgenden Schilderungen, wie diese Leitideen praktisch umsetzbar sein können, spreche ich hin und wieder die Leser direkt an, um alle, die Fragen haben, zu erreichen. Mit jedem, der Fragen hat, praktizieren wir in unserem Berufsalltag Austausch und Dialog. Und das vorliegende Buch gehört ganz in diese Praxis.

In der Praxis taucht immer wieder die Frage auf, was eigentlich »systemisch« sei. Die Antwort auf diese Frage ist mir *nie* kurz und bündig möglich. *Theoretische* Erklärungen über den Begriff »systemisch« bleiben meistens Monologe. Dialoge, Gespräche also, kommen erst in Gang, wenn man diesen Begriff in *Geschichten aus der Praxis* veranschaulicht. Gespräche mit Eltern bringen mir immer wieder nahe, was systemisch noch alles bedeuten könnte.

Wir thematisieren auf unserer Kutschreise in erster Linie die Aggressionen eines Kindes gegen seine eigenen Eltern. Dieser Schwerpunkt berücksichtigt eine therapeutische Erfahrung, über die heilpädagogische Fachkräfte immer wieder berichten: Aggressiv auffällige Kinder zeigen sich häufig auch ihren Eltern gegenüber gewaltbereit. Oft entsteht in heilpädagogischen Arbeitsfeldern außerdem der Eindruck, dass kindliche Aggressionen »daheim« beginnen. Diesen Eindruck ergänzt eine hoffnungsvolle Beobachtung: Haben Mütter und Väter erst einmal in ihrem privaten Erziehungsalltag Möglichkeiten der Aggressionsbewältigung erschlossen, werden sie sozusagen generalisierbar kompetent. Sie gewinnen mehr erzieherischen Einfluss und können besser mit ihren Söhnen und Töchtern erörtern, wie das friedliche Miteinander im Kindergarten, im Schulhof oder auf den Spielplätzen gelingt. Wenn Eltern wissen, wie sie Aggressionen zu Hause verhindern, kann sich ihre häusliche Friedenspraxis auch auf die Kontaktwelt ihrer Kinder ausdehnen. Gern etwa diskutieren sie dann mit anderen Eltern, wie das friedliche Auskommen ihrer Sprösslinge möglich sein kann (siehe unsere Leitidee 6). »Was ich mir nicht gefallen lasse, muss sich auch kein anderer gefallen lassen«, so das kostbare Resümee einer Mutter, die im systemisch geführten Dialog zu der Entschlossenheit gefunden hat, den Schlägen ihres Kindes Grenzen zu setzen.

Wenn Lukas haut heißt unser Titel. »Lukas haut« zu Beginn oft seine Eltern. Wenn unser systemisches Elterncoaching sich auf genau dieses Hauen bezieht, dann will es eben mit dem Anfang beginnen.

Unser heilpädagogisches Arbeitsteam erlebt und vertritt den Standpunkt, dass systemische Methoden erfolgreich sind. Eltern, Pädagogen und Psychologen können diese Erfahrung machen, wenn sie wollen. Auf den folgenden Seiten sollen genau diese Erfahrungen zu Wort kommen. Dabei werden manche Erfahrungsergebnisse ganz bewusst wiederholt. Wie schon erwähnt: Hinweisschilder benennen immer wieder ausdrücklich unser Ziel. Sie verhindern, dass wir uns auf unserer Kutschreise thematisch verirren. Neben den oben angeführten Leitideen möchten auch inhaltliche Wiederholungen Hinweisschilder sein und uns unterwegs bestimmte Stützpunkte gegenwärtig halten.

3 Eine schlechte Mutter?

Unseren Weg wollen wir mit dem Verweis auf jene Not beginnen, die viele Eltern plagt, wenn ihre Kinder in Schulen und Kindertagesstätten »verhaltensauffällig« erscheinen: Mütter und Väter halten sich für Versager und lehnen sich selbst ab.

Als mir Frau Maurer im Einzelgespräch unter Tränen ihr ausführliches Bekenntnis vortrug, wie viel sie an ihrem Steffen schon »falsch gemacht« habe, lud ich sie zu der Überlegung ein, was sie denn bislang auch schon »richtig« gemacht haben könnte.

> FRAU MAURER: Mein Kind beleidigt und schlägt mich. Das kommt davon, dass ich gar nicht erziehen kann. Ständig gibt es Konflikte mit Steffen. Ich schäme mich, wenn wir wo zu Besuch sind und Steffen Ausdrücke sagt oder rumspinnt. Jeder denkt, ich bin eine schlechte Mutter, und ich denk es auch.
>
> COACH: Wenn es also Konflikte mit Steffen gibt, dann meinen Sie, es liege an Ihnen. Habe ich Sie richtig verstanden? Sie glauben, dass Steffens aggressives Verhalten mit Fehlern von Ihnen in Zusammenhang stehen könnte?
>
> FRAU MAURER: Ja, das glaube ich, jeder hält mir das unter die Nase, und ich weiß auch keine andere Erklärung. An irgendwas muss es ja liegen.
>
> COACH: Mich interessiert gerade, wie Ihr Alltag so läuft, wie beispielsweise Ihr Tag mit Steffen beginnt. Vielleicht gewinne ich dann einen genaueren Einblick. Was machen Sie, was geschieht da, bevor Steffen zur Schule aufbricht?
>
> FRAU MAURER: Na, ich wecke ihn, er steht aus dem Bett auf, und im Bad gibt es schon den ersten Zirkus, weil er sich die Zähne nicht putzen will.
>
> COACH: Und dann, wie geht es weiter?
>
> FRAU MAURER: Dann setzt er sich zum Frühstück, da wird er ein wenig ruhiger.
>
> COACH: Was kriegt er da, was isst und trinkt er am Frühstückstisch?

Frau Maurer schildert konkret, was sie täglich für ihren Steffen zubereitet. Sie ist voll engagiert, wählt Vollkornbrot oder Müsli. Ein wohlschmeckender Fruchtaufstrich steht neben den Cornflakes. Oft stellt sie ihm noch ein Gläschen Vitaminsaft auf den Tisch.

> COACH: Steffen geht ja jeden Tag richtig powergeladen aus dem Haus.
> FRAU MAURER: Selbstverständlich, ich will, dass mein Kind gestärkt zur Schule geht, etwas Gesundes zu sich genommen hat und mit Abwehrstoffen versorgt ist!

Ihr entschlossener Ton lässt ihre Gewissheit erkennen, dass sie mit dieser morgendlichen Versorgung dem Wohl ihres Kindes Rechnung trägt. Sie identifiziert sich voll mit ihrem Frühstücksengagement. Wenn Steffen am Morgen partout keinen Hunger hat und nichts essen will – so erzählt sie außerdem –, lässt sie sich auf einen Kompromiss ein und minimiert die Portion so, dass wenigstens ein bisschen in seinen Magen wandert. Zumindest wird sie ihm ein Pausenbrot mitgeben und darauf bestehen, dass er vor dem Aufbruch in die Schule wenigstens etwas trinkt. Frau Maurer wirkt jetzt sehr selbstsicher.

Was soll dieses Herumreiten auf den Einzelheiten?

Systemiker haben ein besonderes Faible fürs Konkrete. Je konkreter, desto praxisnaher, desto wirklicher! »Konkrete Handlungen« sind Inhalt des Coachinginteresses und der Zielvisionen (Hargens 2010, S. 17). Und was für die Zielvorstellungen gilt, gilt auch für die Gegenwart: »Konkrete Handlungen«, die im *Hier und Jetzt* erlebbar gut ablaufen, werden »dingfest« gemacht.

Coach und Coachee ermitteln also nicht nur »zum Greifen nahe«, was in Zukunft besser sein soll, sondern beleuchten in der Coachingsituation auch, was in der Vergangenheit und Gegenwart bereits gut gelungen ist. Auch darauf wollen Systemiker gemeinsam mit den Ratsuchenden hinaus. Das ist mit ein Ziel ihres Coachings, ihrer Kutschfahrt. Die Ergebnisse dieser Erkundung werden also konkret und detailliert benannt.

> COACH: Ich erfahre eben von Ihnen, dass Sie am Morgen sehr viel tun für Steffen.
> FRAU MAURER: Das ist doch selbstverständlich, dass eine Mutter das macht.
> COACH: Mag sein. Eine Mutter, die das alles nicht macht, der egal ist, ob ihr Kind in der Frühe versorgt ist ...

Frau Maurer: Na, die sollte mal besser keine Kinder haben, so eine schlechte Mutter kann ich mir gar nicht vorstellen.
Coach: Ja, das ist kaum vorstellbar. Aber das gibt's, wirklich. Frau Maurer, was, meinen Sie, denkt ein Kinderarzt von Ihnen, wenn er hört, wie Sie sich am Morgen für Ihren Sohn ins Zeug legen?
Frau Maurer: Der wird schon denken, dass das okay ist. Kinder sollen nicht ohne Frühstück aus dem Haus. Das kann man überall nachlesen.

Wir begegnen an dieser Stelle einer Fragemethode, die Systemiker »zirkulär« nennen. Die zirkuläre Frage ist eine Beziehungsfrage. Sie erkundigt sich danach, was einer über den anderen denkt, über seine Motive, Gefühle und Gedanken.

Durch die Frage des systemischen Coachs nach den möglichen Gedanken eines Kinderarztes wird ein ganz neues Beziehungsgeflecht geknüpft. Frau Maurer – bislang eingekapselt in ihre Negativideen über sich selbst – reichert ihre Beziehungswirklichkeit an. Indem sie auf die zirkuläre Frage antwortet, stellt sie eine neue Relation (= Beziehung) her. Sie relativiert: Auf einmal ist da gedanklich noch jemand, der *Bezug* nehmen könnte auf sie, und zwar plausibel positiv! Der Kinderarzt denkt gut über sie und ihren mütterlichen Einsatz am Morgen. Wir werden dieser systemischen Methode, dem zirkulären Fragen, gleich nochmals begegnen. »Zirkulär« kommt vom lateinischen Wort »circulus« = »Kreis«. In diesem Kreis der Denker lässt der systemische Coach auch die Mutter Frau Maurers gegenwärtig sein, wie wir gleich sehen.

Zirkulär gefragt wollte Frau Maurer intensiv und konkret weiter reflektieren, was sie gut hinbekommen hat. Und sie machte dabei die Erfahrung, dass es ihr damit erheblich besser ging. Sie fühlte sich anders, und sie hatte heiteres Interesse daran, ihre Gedanken zu ordnen – zu »unterteilen«, wie sie es formulierte. Im Verlauf der Gespräche entdeckte sie, dass sich immer dann, wenn sie sich als schlechte Mutter fühlte, eine Warnung ihrer eigenen Mutter in ihr Ohr zwängte. In der Pubertät hatte sie mit ihrer Mutter immer wieder massive Konflikte gehabt, zu deren Verlauf entmutigende Negativprognosen gehörten.

Frau Maurer: Die Alte hat mir oft hingerieben, ich soll ja nicht selbst Mutter werden. Mir fehlt alles dafür! Das hat gesessen, da heulte ich dann nur noch!

COACH: Und wenn Sie jetzt Konflikte mit Steffen haben, denken Sie an das, was Ihre Mutter über Ihre Zukunft als Mutter gemeint hat?
FRAU MAURER: Ja klar. Ich glaube dann, dass sie recht hatte und dass ich Steffen lieber nicht in die Welt gesetzt hätte.
COACH: Nehmen wir an, Ihre Mutter sähe, wie Sie sich jeden Morgen für Steffen engagieren, mit wie viel Sorge und Akkuratesse Sie das Frühstück zubereiten. Wie würde sie Ihr Engagement am Morgen bewerten? Was würde sie dazu sagen?
FRAU MAURER: Immer kommen Sie mit dem Frühstück. Was soll das? Das ist doch selbstverständlich, dass eine Mutter am Morgen für ihr Kind sorgt.
COACH: Das mag sein. Ich erlebe das ein wenig anders. Ich kenne Mütter, die am Morgen ausschlafen wollen und ihrem Kind die Vorbereitung auf den Schultag selbst überlassen. Also nochmals: Wie würde Ihre Mutter Ihren Frühstückseinsatz am Morgen bewerten?
FRAU MAURER: Na ja, das würde sie schon gut finden. Aber dann gleich sagen, dass das selbstverständlich ist.
COACH: Ja klar. Eine Selbstverständlichkeit kann ja auch was Gutes sein.

Frau Maurer lacht, nickt und meint, ich ließe mit dem Guten aber gar nicht locker.

Wir sind mit diesem kurzen Dialog schon mitten im systemischen Geschehen. Die Mutter definiert sich selbst in Abhängigkeit von dem, was andere (ihre eigene Mutter) über sie sagen. Da wir alle soziale Wesen sind, können wir das gut nachvollziehen. Ich unterstelle jedem, der diese Zeilen liest, dass sein Selbsterleben wesentlich damit zu tun hat, was andere, ihm wichtige Personen, über ihn denken. Wenn Frau Maurer sich als schlechte Mutter empfindet, ist in ihrem eigenen Denken Steffens Großmutter präsent.

Mitmenschen entfalten ihre Wirkung auf uns. Das nutzen Systemiker. Sie sagen nicht einfach: Es kann dir doch egal sein, was andere über dich denken! Manchmal gelingt solche Gleichgültigkeit durchaus. Oft aber ist sie nicht möglich und aus systemischer Sicht auch gar nicht angestrebt. Daher fragen systemische Coachs zirkulär. Das ist eben wieder geschehen: Nicht nur der Kinderarzt wurde im Dialog »herbeigeholt«, sondern jetzt auch die Mutter der Mutter.

Systemiker überlegen Folgendes: Wenn wir uns in Abhängigkeit davon erleben, was andere über uns sagen, dann schauen wir mal, welche »Sager« da noch in welcher Form zu Wort kommen könnten. Ein Kinderarzt denkt gut über Frau Maurer angesichts ihres Frühstücksengagements. Und nicht nur der, auch die Großmutter Steffens!

Wir stellen uns vor: Frau Maurer hält in der einen Hand eine Palette mit einem bunten Potpourri an Farbklecksen. Das ist das Material für ihr Selbstbild. Mit der anderen Hand führt sie den Pinsel. Die Feststellung, dass ein Kinderarzt über sie als Mutter gut denken könnte, fügt ihrer Palette eine weitere Farbe hinzu. Und wenn sie will, kann sie ihren Pinsel jetzt *auch* in diese Farbe tunken. Sie mag über die Gültigkeit verschiedener Ansichten entscheiden. Mit dem Pinsel arbeitet *sie* – Sie malt ihr Selbstbild, kein anderer. Sie entscheidet, welchem Standpunkt sie welche Wichtigkeit zumisst. Und genau das steuert ihr Befinden. Sie brauchte noch geraume Zeit, sich auf diese Malkunst einzulassen.

> FRAU MAURER: Ich schaff das nicht. Die schlechten Gedanken über mich selbst sind wie ein Teufel, der in mir herumgeistert und mich nicht in Ruhe lässt. Als Sie das vorher mit dem Kinderarzt gesagt haben, kam »er, dieser Teufel«, daher. Da hab ich gedacht, dass ich als Mutter doch nichts kann. Irgendwie wehr ich mich dagegen, über mich gut zu denken.
>
> COACH: Das ist ja ein super Bild, das Sie da verwenden. Ich hab da im Spielzimmer eine Handpuppe, ein Teufelchen.

Mit dieser Handpuppe fanden wir eine Gestalt, eine Figur, die für ihre schlechten Gedanken repräsentativ brauchbar war. Wir lachten beide.

> FRAU MAURER: Da haben wir ihn, den »schlechten« Kerl. Das ist der »Schlecht-denk-Teufel«!

Sie nahm den »Schlecht-denk-Teufel« in die Hand und schaute ihn an. Damit ist ihr eine Form der Problembearbeitung gelungen, die Systemiker »Externalisierung« nennen: Einem innerseelischen Prozess, vor dem wir macht- und hilflos kapitulieren möchten, wird ein Name gegeben. Er wird vergegenständlicht und damit zu einem Gegenüber. Leichter sind wir dann in der Lage, über das, was in uns passiert, eine klärende Diskussion zu führen. Wir »sehen« auf einmal, wer oder was in uns zur Wirkung kommt.

3 Eine schlechte Mutter?

Diese Externalisierungstechnik wenden wir oft im Alltag an: An der Tankstelle steht neben der Kasse hin und wieder eine Schachtel mit rot glänzenden Schokoladenherzen. Wir denken an unsere Geliebte, an unseren Geliebten und kaufen vielleicht ein Exemplar dieser Süßigkeit. Kann sein, dass unser Schatz gar keine Schokolade mag. Trotzdem lassen wir sie auf die Rechnung setzen. Denn nicht aus nahrungslogistischen Gründen geschieht der Griff in diese Schachtel. Wir möchten einen kleinen Gegenstand mitbringen, an dem sich etwas Inneres, das Gefühl unserer Zuneigung optisch und greifbar mitteilen kann. Das rote Schokoladenherz kommt als Ding, als Repräsentationsträger einer sehr wertvollen Empfindung in Gebrauch. Diese Empfindung ist ganz unbescheiden. Worte reichen ihr nicht. Darum das rote Schokoladenherz. Das »Ding« *zeigt* etwas Wichtiges.

So auch der »Schlecht-denk-Teufel« Frau Maurers. Er zeigt etwas Wichtiges. Er macht sichtbar, wofür Worte nicht reichen. Einen schlechten Gedanken kann man nicht anfassen, den »Schlecht-denk-Teufel« schon. Und das ermöglicht *Handhabung*! Das Problem wird *handhabbar, handlich.*

Es half Frau Maurer fortan bestens, ihn, den handlich Gewordenen, herzuholen, wenn sie darauf bestand, ihre »Erziehungsfehler« endlos zu diskutieren.

Wir unterhielten uns im Januar, der Weihnachtsbaum stand noch reich geschmückt und majestätisch in unserer Einrichtung. In ihrer Gedanken- und Gefühlswelt wollte sie auch einen »Gut-denk-Engel« installieren. Den holte sie leihweise von der Spitze des Christbaumes. Die beiden, Teufel und Engel, standen sich auf dem Tisch gegenüber und spielten »Theater«. Frau Maurer führte Regie und entwarf das Drehbuch – »die Texte für meine Denker«, wie sie sagte.

> SCHLECHT-DENK-TEUFEL: Du bist eine schlechte Mutter. Deine eigene Mutter hat dir das schon verklickern wollen.
> GUT-DENK-ENGEL: Du hast schon viel geschafft und schaffst auch gegenwärtig viel. Das soll Dir mal einer nachmachen!
> SCHLECHT-DENK-TEUFEL: Was schaffst du denn? Gib mal nicht so an!
> GUT-DENK-ENGEL: Das haben wir vorher schon besprochen. Ich bereite zum Beispiel täglich für meinen Sohn ein super Frühstück. Jeder Kinderarzt wird das okay finden. Und das lass ich mir von dir nicht schlecht reden, du armseliger Pessimist! Du hältst jetzt einfach mal deinen Mund!

Frau Maurer war in diesem Kurztheater buchstäblich *außer sich.*

3 Eine schlechte Mutter?

Abb. 1: Teufel und Engel

Wir lachten und spielten unsere Empörung hoch über den »armseligen Pessimisten«, der das gute Verhältnis Frau Maurers zu sich selbst ständig torpedieren wollte. Sie konnte auf diese Weise in ihrem Denken und Fühlen »Instanzen« (er)finden, die für einen ganz bestimmten Erlebnisstil figurierten, und hatte dann immer öfter die *Freiheit*, sich für eine dieser Instanzen zu *entscheiden*. Sie entschied fortan, wer Autorität hatte, auf welche Botschaften sie hören wollte. Sie trat mit sich selbst in einen differenzierten Dialog.

Indem Frau Maurer für ihr Denken und Fühlen Bilder bzw. Gestalten verwendete, schuf sie für sich und ihr Innenleben eine brauchbare Übersicht. Sie hat damit in ihr »Durcheinander-Denken«, wie sie sagte, Struktur und Ordnung »eingebaut«. Mit diesem »Einbau« orientierte sie sich in ihrer Gedankenwelt leichter, und so stellte sie fest, dass es ihr ständig besser ging, wenn sie ihren »Gut-denk-Engel« zu Wort kommen ließ, also ihre Fähigkeiten und Ressourcen fokussierte. Sie nahm ihre »Fehler« weiterhin zur Kenntnis, aber sie versenkte sich emotional darin nicht mehr, sondern blickte auf Alternativen, die sie aus dem Repertoire ihrer eigenen Erfolge bezog. Ihrer *eigenen* Erfolge! Sie hat sich darauf eingelassen, konkret aufzuzählen, was *sie* in der Erziehung von Steffen bislang *auch erfolgreich* bewerkstelligen konnte.

Diese Ergänzung des Selbsterlebens um die Dimension der eigenen Kompetenzgeschichte mag einhergehen mit der Ermutigung zum

3 Eine schlechte Mutter?

Neubeginn. Erneuertes Selbstvertrauen im konkreten Erziehungshandeln lässt sich empfinden und vorteilhaft nutzen.

Daraus kann man eine Übung machen. Eltern, die das wollen, verständigen sich kontinuierlich darauf, den Blick auf sich selbst und ihre Kinder nicht durch einseitigen Pessimismus zu verstellen. Mit dieser neuen Selbstverständigung gewinnen sie tatsächlich so etwas wie Ordnung der Gefühle, Ordnung des Denkens und Handelns. So zwanghaft und schematisch das klingen mag: Ich habe als Psychologe oft erlebt, dass diese Ordnung hilfreich sein kann. Sie vermag Selbstreflexionen, also das Nachdenken über die eigene Erziehungspraxis, zu entspannen und zu erleichtern.

Das Ziel dieser Ordnung, die sich täglich üben ließe, könnte heißen:

> *Ich denke auch und vor allem über das nach, was mir gut gelingt!*

Dieses Ziel hat sich Frau Maurer auf ein Kärtchen geschrieben. Sie legt es morgens auf ihr Kopfkissen und liest diesen Satz nachts, bevor sie sich in den Schlaf fallen lässt. Je mehr sie sich darin übte, auch über das nachzudenken, was ihr gut gelang, desto fündiger wurde sie. Und sie hatte immer mehr den Mut, auch gute »Kleinigkeiten« aufzuspüren.

Rainer Schwing diskutiert diese Fokussierung auf das »kleine« Gute neurobiologisch und zitiert einen Kollegen, der auf einem Kongress folgende Metapher verwendete: »Ich suche nach einem Zipfelchen Ressource bei meinen Klienten und wenn ich eins gefunden habe, lasse ich es nicht mehr los, klammere mich daran, als ob es mein einziger Halt wäre, und ziehe behutsam, meistens kommt dann viel mehr Stoff zum Vorschein, als man vorher denkt« (Schwing 2009, S. 93).

Schwing ermutigt mich zu einer Maxime, an die wir, Frau Maurer und ich, uns gerne hielten:

> *Gutes ist nie zu wenig,*
> *auch der kleinste gute Schritt ist riesengroß!*

Indem sie kontinuierlich auf das schaute, was okay war oder ist, veränderte sich Frau Maurers Verhältnis zu sich selbst fundamental. Ihre ganze Motivlage erhob sich aus der Dauerresignation in mutige Aufbruchsstimmung.

Nochmals: Alles, was zum Engagement einer Mutter gehört, kann ausdrückliche und würdigende Erwähnung finden, gerade das Selbstverständliche oder klein Erscheinende. Systemisches Elterncoaching gelingt dann hervorragend, wenn am vermeintlich Kleinen die Größe des Guten erfassbar wird. Der »Gut-denk-Engel« Frau Maurers steht genau dafür, ist »Anwalt« der Größe des vermeintlich Kleinen und fungiert als Erinnerungsmotivator. Sein zentraler Imperativ lautet:

Geh mit dir selbst respektvoll um!

Im Bündnis mit diesem Anwalt identifiziert die Mutter an sich Kompetenzen, die sie bislang vielleicht zu wenig schätzen konnte. Sie lernt die Wertschätzung sich selbst gegenüber und übt sie ein. Sie trainiert sich im Sich-selbst-Mögen. Wenn sie die gewaschene und gebügelte Wäsche in Steffens Schrank räumt, macht sie sich die Größe dieses Guten bewusst und vergegenwärtigt sich, dass sie diese Wäsche als *gute Mutter* in Ordnung bringt.

Wenn sie so über sich nachdenkt, praktiziert sie, was Hargens in das passende Wort »Selbstsorge« fasst (2007, S. 81). Diese Selbstsorge kann in ihr Erziehungshandeln einfließen: Sie identifiziert, wie an sich selbst, auch an Steffen Kompetenzen und lobt ihn – so konkret wie möglich.

FRAU MAURER: Ich finde super, dass du die Spülmaschine eingeräumt hast!

Steffen strahlt und fragt, wie er ihr noch helfen könnte. Die Mutter hat in diesem Moment die Fähigkeit ihres Kindes ausdrücklich identifiziert. Hervorragend!

Und zum anderen entdeckt sie spätestens am Abend ihr »Alltagsmantra« auf dem Kopfkissen: »Ich denke *auch* über das nach, was mir gut gelingt!« Dann wird sie sich *ihre eigene* Fähigkeit vergegenwärtigen und diese Fähigkeit *ausdrücklich benennen.*

FRAU MAURER: Ich hab Steffen dafür gelobt, dass er die Spülmaschine eingeräumt hat. Er hat sich gefreut. Ich weiß, dass es Steffen gut geht, wenn ich ihn lobe! Wenn ich mein Kind lobe, kann ich mich als gute Mutter fühlen.

In diesem Stil pflegt Frau Maurer abends Umgang mit sich selbst und hält »Ordnung«. Dabei übt sie Selbstkontrolle aus. Sie nimmt zur

3 Eine schlechte Mutter?

Kenntnis, dass es verschiedene Denkstile gibt und entscheidet sich für einen. Sie räumt auf. Außerdem übt sie sich in der Kunst, ihr Selbstbild »schöner« zu malen. Auf ihrer immer wieder neu ergänzten Palette wählt sie Farben, mit denen sie ein ästhetisch anspruchsvolles Werk schafft. Und Frau Maurers systemischer Kunst- und Ordnungssinn befiehlt keineswegs, Negativbefunde in den Müll zu werfen. Denn sie will sensibel dafür bleiben, was ihr nicht passt. Da gibt es vieles, was zu ihrem wertvollen Realitätssinn gehört. Nur: Das alles muss am Abend nicht wild herumliegen, Chaos verursachen und ihr die Nachtruhe rauben. Sie wird es »ordentlich« in eine »Schublade« legen und diese verschließen. *Jetzt*, vorm Einschlafen, will sie so denken und fühlen, wie es ihr guttut. Sie kann entscheiden, wie sie denkt und fühlt, weil sie sich inzwischen mehr Denk- und Fühlmöglichkeiten erschlossen hat.

Frau Maurer arbeitet, wenn sie so agiert, genuin systemisch. Zum einen vermehrt sie ihre Denkmöglichkeiten, ihre Denkoptionen. Sie hat jetzt mehr Denkinhalte über sich. Heinz von Foersters »therapeutischer Vorschlag« heißt »nicht Reduktion, sondern Expansion der Komplexität« (von Foerster 1997, S. 51). Damit meint er einfach, dass *mehr* Möglichkeiten gefunden werden sollten. Genau das praktiziert Frau Maurer. Über sie als Mutter denkt nicht nur ihre Mutter – unter der sie litt – gut, sondern vielleicht auch ein Kinderarzt, der ihr mütterliche Verantwortungsbereitschaft attestieren könnte. Zirkuläres Fragen erlaubt den völlig neuen Gedanken, dass sogar ihre Mutter diesem kinderärztlichen »Attest« zustimmen würde.

Frau Maurer kann jetzt auswählen und die Auswahl so treffen, dass es ihr besser geht. Sie betreibt »Selbstsorge«. Zum anderen stellt sie eine *Beziehung* zu sich selbst her, tritt mit sich in Austausch. Sie erkennt an sich, dass Gedanken und Gefühle in Wechselwirkung stehen und diese Wechselwirkungen auch auf ihr Handeln Einfluss nehmen. Sie schaut diesen Einfluss genau an: Wenn sie eher an das denkt oder auf das sieht, was sie als Mutter gut schafft, fühlt sie sich besser. Wenn sie sich besser fühlt, ist sie selbstsicherer, und da fällt es ihr leichter, Steffen auch für »Kleinigkeiten« zu loben. Hat sie das gemacht, erlebt sie seine Freude, dann fühlt sie sich wieder besser und denkt auch über ihre mütterlichen Qualitäten »ichfreundlicher«. Das nimmt wieder Einfluss auf ihre weiteren Handlungsbereitschaften. Ein richtiges Gewühl von Gedanken, Gefühlen und Handlungen ist das. Alles interagiert, zirkuliert, wie Systemiker gern sagen. Frau Maurer analysiert am Abend an diesem zirkulären Gewühl nicht herum, ist aber systemsensibel geworden. Sie weiß, dass sie innere Systemteile, die ihr guttun, in ihre Nähe holen kann. Ihr »Gut-denk-Engel« hilft ihr dabei, wie sie heiter und humorvoll erzählt. Recht so! Mit ihm zusammen bringt sie System ins System.

Ich möchte am Schluss dieses Kapitels zusammenfassend Ihr Interesse daran wecken, was im Gespräch mit Frau Maurer bereits systemisch wirksam sein konnte. Vielleicht erkennen wir, welche Leitideen zum systemischen Elterncoaching im eben geführten Dialog zum Tragen kamen.

Frau Maurer zeichnet zu Beginn ein dunkles Bild von sich als Mutter. Zudem begründet sie ihr negatives Selbsterleben. Der Coach vergewissert sich, ob er sie richtig verstanden hat und *wiederholt in eigenen Worten*, was bei ihm wie angekommen ist: »Wenn es also Konflikte mit Steffen gibt, dann meinen Sie, es liege an Ihnen.« Mit dieser Rückmeldung *spiegelt* er den Standpunkt Frau Maurers und teilt mit:

> *Was Sie sagen, habe ich gehört! Meine Aufmerksamkeit gehört jetzt ganz Ihnen! Sie sind jetzt nicht allein! Ich bin jetzt in Ihrer Welt, ich bin bei Ihnen, ich bin gegenwärtig.*

Das ist die Botschaft der Spiegelung! Im Gespräch mit Eltern erlebe ich diese Spiegelung als einen hochdynamischen Prozess. Menschen erfahren, dass es nicht egal ist, was sie sagen.

Es mag gute Gründe geben, Coaching und Psychotherapie auseinanderzuhalten. Aber wenn Frau Maurer im Augenblick der Spiegelung übers ganze Gesicht strahlt, fühle ich eher einen guten Grund, *therapeutische* Momente für wirksam zu halten. Elterncoaching kann aus meiner Sicht therapeutische Anteile enthalten: Mütter wie Väter können im systemisch geführten Gespräch mit sich selbst wieder ins Reine kommen. Und dieses Reine geht oft weit über erzieherische Belange hinaus.[3] Im gelingenden Coaching ist möglich, dass Eltern ihre

---

3 Therapeutisch wirksames Elterncoaching ist kein exklusives Metier von Psychologen! Heilpädagogen, Erzieher und Sozialpädagogen leisten da Hervorragendes. Ich tue mich in unserem Berufsfeld schwer, soziale von therapeutischer Arbeit zu unterscheiden. Ritscher (2002, S. 233) diskutiert diese Thematik und konstatiert: »Im Rahmen einer systemischen Sozialen Arbeit wird die prinzipielle Unterscheidung von Therapie, Beratung, Pädagogik und Sozialer Arbeit hinfällig«. Genau diese »Hinfälligkeit« erlebt unser Arbeitsteam jeden Tag ganz konkret. Soziale Arbeit erstreckt sich primär auf den harten Alltag, den der Soziale Arbeiter hin und wieder selbst aufsucht, so Ritscher an anderer Stelle. Zugleich ist unstrittig, dass »die Soziale Arbeit auch therapeutische Settings verwendet, um die prekäre Alltagsbewältigung ihrer Nutzerinnen zu stützen« (2007, S. 21). Und ich möchte aus unserer Arbeitserfahrung melden: Kein Alltag ohne Psyche! Und keine Psyche ohne Alltag! Was der sozial Arbeitende im systemischen Elterncoaching alltagsthematisch leistet, hat oft unmittelbar fruchtbaren Einfluss auf die psychische Verfassung der Ratsuchenden.

3 Eine schlechte Mutter?

Beziehung zu sich selbst reformieren und dauerhaft positiv gestalten. Diese Neugestaltung hat die besten Chancen, so bin ich überzeugt, wenn Eltern einen systemisch arbeitenden Gesprächspartner in ihre bislang als problematisch erlebte Welt holen. In dieser Welt wird er dann je nach Wunsch und Anliegen der Eltern im Spiegeln dialogisch gegenwärtig und damit aktiv präsent (Leitidee Nr. 1).

Vor Frau Maurers Standpunkten, die aus ihrer Erfahrungswelt kommen, wird immer wieder hörbarer Respekt geübt. Ihre Äußerung, sie denke mittlerweile, dass sie eine schlechte Mutter sei, zieht der Coach nicht in Zweifel. Respektlos wäre nach meiner Meinung, Frau Maurers Position über sich zu widersprechen: »Sie sind doch eine gute Mutter!« Aber, so mögen Sie einwenden, bringt nicht gerade dieser Zuspruch die Ratsuchende einem unserer Coachingziele (mütterlicher Selbstwert) näher? Da können doch beste Absichten im Spiel sein! Systemisch sind wir mit besten Absichten vorsichtig und überzeugt: Frau Maurer trifft, wie wir sehen, im einfühlsamen Dialog *selbst* auf ihre Qualitäten.

An anderer Stelle meint sie, dass die Zubereitung eines guten Frühstücks für Steffen eine Selbstverständlichkeit sei. Dem hält der Coach nicht entgegen, dass ihre Ansicht falsch sei. »Mag sein«, sagt er. Dass er einen anderen Standpunkt hat, muss er nicht verschweigen. Den wird er ausdrücklich als *den seinen* ausweisen: »Ich erlebe das ein wenig anders.« Die Andersartigkeit seiner Auffassung nimmt der ihren damit keine Gültigkeit. Genau darin realisiert sich der Respekt vor Frau Maurers Erfahrungswirklichkeit. Auch ihre mütterliche Verantwortlichkeit ist Inhalt hörbaren Respekts, in den sie selbst gleich einstimmen kann. Auf den Vermerk des Coachs, dass Steffen ja richtig powergeladen aus dem Haus gehe, meint sie, mit dem gesunden Frühstück wolle sie ihren Sohn für den Schultag rüsten. Damit *antwortet* sie auf Steffens Entwicklungsanliegen. Ihre mütterliche Verantwortlichkeit ist damit ausdrückliches Thema. An dieser Stelle erfassen wir unmittelbar den dialogischen Charakter dessen, was der Begriff *Verantwort*ung meint. Verantwortung kann es nie ohne Beziehung geben. Beziehung zu mir selbst und/oder zu anderen ist Inhalt von Verantwortung. Und sobald im Elterncoaching Verantwortungsvolles identifizierbar ist, wird es respektvoll als solches gewürdigt (Leitidee Nr. 2).

Damit lässt sich die elterliche Kompetenz unmittelbar hervorheben. Ihr Frühstückseinsatz am Morgen ist okay und »etwas Gutes«.

Um diesem »Befund« Überzeugungskraft zu verleihen, fragt der systemische Coach zirkulär. Bestätigen mag ihn ein Kinderarzt – und nicht nur der! Systemische Genialität liegt weiters in der Überlegung, was Frau Maurers eigene Mutter dazu dächte – jene Person also, die ihr in schlimm erlebter Vergangenheit für die Zukunft mütterliche Qualitäten abgesprochen hatte! Auch sie kann nicht umhin, ihrer Tochter mütterliches Format zu attestieren!

Frau Maurer als Mutter kann als Mutter für Steffen kompetent agieren, so das Gesprächsergebnis (Leitidee Nr. 3).

Unsere Kutschfahrt braucht noch einige Kilometer, um auf die anderen Leitideen zum systemischen Elterncoaching zu treffen. Wir sind systemisch unterwegs und interessieren uns mal, *wie* wir da unterwegs sind. Was können wir mit dem Begriff »systemisch« inhaltlich verbinden? Mit welchem Gefährt sind wir auf Reisen? Wie sieht unsere Kutsche aus?

Abb. 2: Kutsche

4 Was ist eigentlich systemisch?

Zu diesem Begriff gibt es lange und ausführliche Erklärungen in der Fachliteratur. Wenn man diese Abhandlungen mit den Praxiserfahrungen vergleicht, kann man feststellen: Systemisches Gedankengut ist eine Goldgrube. Aus ihr können immer wieder Schätze gehoben werden, die heilpädagogisches, therapeutisches, erzieherisches Handeln und Elterncoaching bereichern.

Ich lege den Schwerpunkt ganz auf das Handeln. So möchte ich beim Versuch, diesen Begriff zu erläutern, in erster Linie unsere Erfahrung, die Praxis also, sprechen lassen. Theoretische Überlegungen sind vor allem dann interessant, wenn sie für den realen Arbeitsalltag verwertbar erscheinen. Mir kommt gerade der bemerkenswerte Satz einer meiner systemischen Ausbilderinnen in den Sinn: »Was systemisch ist, kann man nicht lehren, man muss es erzählen.« Und ich möchte zwei Anliegen unter einen Hut bringen: definieren und erzählen. Wer de*fin*iert, grenzt ab: »finis« (lat.) = »Grenze«.

Es tut mir gut, als Psychologe gedanklich und methodisch eine Heimat zu haben. Als Beheimateter darf ich auch wissen, wo meine Heimat nicht liegt. Ich bin mir sicher: Nicht alles ist systemisch. Diese Sicherheit empfinde ich vor allem dann, wenn Eltern uns in Erstgesprächen »erklären«, »warum« ihre Kinder »aggressiv« auffallen. Oft hören wir an unserer Einrichtung Sätze wie: »Die Psychologin aus der Kinderpsychiatrie hat mir gesagt, dass ich meinem Sohn zu wenig Aufmerksamkeit schenke, daher kommt der ganze Verdruss mit Klaus.« Oder: »Mein Kind erfährt zu wenig Liebe von mir, da ich berufstätig bin und zu wenig Zeit habe. Das hat mir der Kinderpsychiater verklickert.«

Ich persönlich kenne zwar keinen Psychologen und keinen Psychiater, der Eltern mit hanebüchenen »Befunden« dieser Art »versorgt«. Da mir Eltern aber immer wieder Sätze dieses oder ähnlichen Inhalts präsentieren, ist wohl von ihrer Echtheit auszugehen. Und da darf ich klarstellen: »Erklärungen«, die Erziehungsdefizite von Müttern und Vätern als Ursachen kindlicher Aggressionen ausweisen, sind mit systemischem Gedankengut *nicht* vereinbar! Sie entmutigen und stigmatisieren. Eine Mutter, deren Erziehungsfehler diagnostiziert werden, ist wahrscheinlich von dieser »Diagnose« zusätzlich belastet. Sie tut sich darum vielleicht *noch schwerer*, Veränderungen aktiv einzuleiten. Ihrem mütterlichen Selbstbild kann dieser Zu-wenig-Aufmerksamkeit-Vorwurf wie ein Stigma anhängen. Häufig wird dieses Stigma so verinnerlicht, dass es identitätsstiftend wirkt. Die Diagnostizierte glaubt dann selbst unerschütterlich an diese Diagnose und hält sich dauerhaft für unfähig.[4]

Systemiker erstellen, soweit ich weiß, keine Instant-Diagnosen, sondern halten sich gern zurück, wenn sie um diagnostische Eindeutigkeiten gebeten werden. Und doch oder gerade darum: Wenigstens ein paar Eindeutigkeiten dürfen, müssen auch systemisch manchmal sein. Denn den Begriff »systemisch« gibt es nur, weil es nach Auffassung derer, die ihn verwenden, auch Nichtsystemisches gibt. Da die Klärung unseres Begriffes nicht umständlich sein soll, lassen wir auch im Weiteren die Arbeitspraxis erzählen. In dieser Praxis gibt es eine Unmenge Geschichten.

Als Kind hing ich an den Lippen jedes Erwachsenen, der sich aufs Geschichtenerzählen verstand. Auch heute lasse ich mir gerne Geschichten erzählen. Die besten habe ich bisher von Kindern und ihren Eltern gehört. Und ich glaube, dass sie am trefflichsten erzählen können, was systemisch bedeuten kann. Darum kommen sie zu Gehör. Wir wollen Steffen und seine Eltern also erzählen lassen und dabei auf unserer Kutschreise dem Begriff »systemisch« immer näher kommen.

Meine tägliche Arbeitspraxis erlebe ich vor allem dann systemisch lebendig, wenn in ihr vier Merkmale zur Geltung kommen:

1. Beziehungen und Zusammenhänge
2. Unterschiede statt Gründe
3. Lösungsmöglichkeiten
4. Kompetenzen und Ressourcen

Da ich mir in Vorträgen über systemisches Arbeiten mit Eltern und Kindern diese vier Merkmale abrufbar halten will, habe ich aus ihren

---

[4] Nach der sogenannten »Stigma-Identitäts-These« (Sozialpsychologie) ist genau dies zu befürchten: »Die Stigmatisierten übernehmen die negativen Bewertungen der eigenen Person, die sie im sozialen Kontakt erfahren, in ihr Selbstkonzept« (Tröster 2006, S. 446). Schiepek diskutiert konzeptionelle Unterschiede zwischen Systemischer Therapie und Psychoanalyse (tiefenpsychologische Verfahren) und betont, dass systemischem Denken fehler- bzw. krankheitswertige Diagnosen fremd seien. Danach »spricht die systemische Therapie nicht von einem ›Patient Familie‹ ... Die Gefahr besteht hier in der Stigmatisierung von Paaren oder Familien und einseitigen Schuldzuschreibungen« (Schiepek 1999, S. 230).

Anfangsbuchstaben ein recht unoriginelles Kunstwort gebildet (die Sprachwissenschaftler nennen so etwas »Akronym«): Beziehung, Unterschiede, Lösung, Kompetenz: BULK.

Im folgenden Text, in dem Steffen und seine Eltern uns also weiter die Geschichte ihrer Aggressionsbewältigung erzählen, verweise ich immer wieder auf diese Merkmale:

1. systemisches Merkmal B, Beziehung
2. systemisches Merkmal U, Unterschied
3. systemisches Merkmal L, Lösung
4. systemisches Merkmal K, Kompetenz

In diesem Buch begegnet uns das Wort »systemisch« selbstverständlich sehr oft. Schon der Buchtitel enthält es. Mit diesem Begriff sind die vier BULK-Punkte meines Erklärungsversuchs gemeint, der sicher nicht vollständig sein kann. Und doch will er uns auf dieser Kutschreise, auf unserem Coachingweg, Ortskunde ermöglichen.

4.1 Beziehungen und Zusammenhänge

Was denken wir beim Wort »System« spontan? Diese Frage stellte ich einmal einer sehr engagierten Pflegemutter, die dann nach einiger Überlegung antwortete:

»Vielleicht ist ein System so was wie ein Haufen von Sachen oder Leuten. Und die haben alle irgendwie miteinander was zu tun.«

Genau so ist es. Wenn wir nun systemisch denken und handeln, dann interessieren wir uns dafür, in *welchem Haufen welche Leute oder Sachen in welcher Weise was* miteinander zu tun haben.

Kehren wir zum Beispiel zurück: Als Steffen nach der Schule an unserer Tür klopfte, hereintrat und uns freundlich begrüßte, hatten alle im Beratungszimmer irgendwie etwas miteinander zu tun. Wir am Tisch Sitzenden mit Steffen und er mit uns. Wir standen miteinander in aktueller Beziehung. In welcher? Was qualifizierte die Beziehung derart, dass er uns höflich begegnete? Die Frage ist nicht, wie super wir als heilpädagogische Fachkräfte wirkten, sondern was *zwischen uns* vorging, als er sich liebenswürdig in Erscheinung brachte.

Als Steffen kurz danach beim Abschied seiner Eltern der Mutter ein grobes Schimpfwort zumutete und ihr ans Schienbein trat, hatten alle vor dem Bürofenster irgendwie etwas miteinander zu tun. Die

Eltern mit Steffen und Steffen mit seinen Eltern. Sie und Steffen standen zueinander in aktueller Beziehung. In welcher? Was qualifizierte die Beziehung derart, dass er sich grob und abweisend verhielt? Die Frage ist nicht, wie unfähig sich Frau und Herr Maurer als Eltern erwiesen, sondern was *zwischen ihnen* vorging, als er sich aggressiv in Erscheinung brachte.

Therapeuten, Pädagogen oder Psychologen, die mit Eltern systemisch zusammenarbeiten wollen, bilden mit ihnen ein Team. Teamwork heißt dann: Wir schauen uns dieses »Irgendwie-etwas-miteinander-zu-tun-Haben« genau an und überlegen, was an diesem Miteinander ergänzt werden könnte, sodass man die gute Stimmung erneuern und gute Beziehungen erhalten kann. Dieses Anschauen praktizieren Systemiker, indem sie Fragen stellen.

> COACH: Was, glauben Sie, Frau Maurer, geht in Ihrem Sohn vor, wenn er Sie beleidigt und tritt? Was, meinen Sie, denkt er von Ihnen, wenn er das tut?

Es sei wiederholt: Eine Frage, die sich danach erkundigt, was eine Person über Gedanken und Gefühle einer anderen Person denkt, nennen Systemiker zirkulär. In Kapitel 3 sind wir systemischen Fragen bereits begegnet. Zirkuläre Fragen sind *Beziehungsfragen*. Systemiker glauben, dass Beziehungen und Zusammenhänge über »Krieg und Frieden« in Familien entscheiden. Zirkuläre Fragen können Beziehungen und Zusammenhänge aufklären und zum fruchtbar diskutablen Thema machen.

> FRAU MAURER: Na, nichts! Was hält man denn von jemandem, den man beleidigt und dem man wehtut? Mein Sohn wird denken, dass ich eben nichts wert bin, dass er vor mir keinen Respekt haben muss. Steffen hat keinen Respekt vor mir. Ich will das nicht. Ich finde das ganz furchtbar. Vielleicht glaubt er, dass ich das Letzte bin. Und dabei plage ich mich so. Wir haben ja schon gesehen, dass ich vieles gut hinkriege. Mich macht das alles fertig. Und Steffen geht's auch nicht gut damit. So kann das nicht weitergehen.
>
> COACH: Zwischen der Aggression Steffens und seiner Einstellung zu Ihnen besteht aus Ihrer Sicht also ein Zusammenhang. Ein Kind, das seine Mutter tritt, kann nicht respektvoll über sie denken, so habe ich Sie verstanden.

FRAU MAURER: Da haben Sie mich ganz richtig verstanden, so seh ich das, ja!
COACH: Das klingt sehr plausibel, was Sie da sagen. Und Sie erleben, dass es Ihnen nicht gut geht, wenn Steffen Sie beleidigt und tritt. Sie bemühen sich da um einen recht genauen Blick auf sich selbst und auf diese Sache und wollen nicht, dass das so bleibt. Ganz furchtbar ist das für Sie. Ihm selbst geht's auch nicht gut damit, betonen Sie. Sie wollen also Veränderung, wenn ich das richtig einschätze.
FRAU MAURER: Klar, deswegen bin ich hier. Ich habe überhaupt keinen Nerv mehr für irgendetwas. Ständig muss ich mich mit Steffen und seiner Wildheit befassen. Für nichts anderes mehr bin ich da. Ich will, dass es auch mal wieder schön ist mit ihm und wir wieder auskommen.
COACH: Sie möchten Ihre Beziehung zu Steffen neu gestalten. Und wenn Sie da was verändern wollen, dann offenbar, damit es auch ihm besser geht, auch um seinetwillen möchten Sie, dass die Aggressionen aufhören. Ich finde das eben sehr ehrlich: Sie geben zu, dass es Ihnen schlecht geht. Ich habe schon viele Eltern erlebt, die sich sehr souverän geben und so tun, als sei alles bestens, obwohl das Gegenteil der Fall ist.

Auch Steffen wird später zirkulär gefragt. Diese zirkulären Fragen sind für Systemiker wichtig, weil sie meinen, dass in der Logik der Beziehungen auch die Logik ihrer Veränderung ermittelbar ist. Aggressionen von Kindern gegen Eltern sind bewältigbar, wenn ihre Wirkung auf der Beziehungsebene geklärt wird. Die Aggression hat beziehungsrelevante Wirkung. Frau Maurer erfasst dies treffsicher, und indem sie dies erfasst, gewinnt sie im Hinblick auf ihr Coachingmotiv Gewissheit: »Steffen hat keinen Respekt vor mir. Ich will das nicht.« Die *Wirk*lichkeit der Aggression und das Geflecht ihrer Beziehungszusammenhänge sind Inhalt systemischen Interesses. Systemische Coachs praktizieren dieses Interesse, wenn sie zirkulär fragen.

Vielleicht haben Sie wieder Lust, mit mir nach unseren Leitideen zum systemischen Elterncoaching zu schauen. Der Coach formuliert, was er wie erfasst hat: »Ein Kind, das seine Mutter tritt, kann nicht respektvoll über sie denken, so habe ich Sie verstanden.« Im Weiteren nimmt er auf, wie Frau Maurer ihr Befinden schildert. Oben ist bereits vermerkt, dass Systemiker (ebenso Gesprächspsychotherapeuten) diesen Vorgang »Spiegeln« nennen. Im Spiegeln kann Frau Maurer auch an dieser Stelle des Gesprächs erleben, dass *ihr Gesprächspartner genau zuhört und damit seine aktive Gegenwart nachweist.* Er ist mit seinen Gedanken nicht irgendwo anders, er ist *bei ihr.* Das Spiegeln macht wirksam einen elementaren Kommunikationsprozess bewusst: Der Gesprächspartner ist hier präsent, ganz im Anschluss, und bewegt sich damit in der Erlebniswelt seines Gegenübers (Leitidee Nr. 1).

Der Coach hebt den Veränderungswunsch der Mutter ausdrücklich hervor. Zudem umreißt er ihre Verantwortungsbereitschaft: »Und wenn Sie da was verändern wollen, dann offenbar, damit es auch ihm besser geht, auch um seinetwillen möchten Sie, dass die Aggressionen aufhören.« Der Respekt des Coachs meldet sich auch davor, dass die Mutter einen eigenen Standpunkt vertritt. Und wo genau? Nach der Rückmeldung »Das klingt sehr plausibel« schickt er nach, »was Sie da sagen«. In diesem kleinen Relativsatz lässt sich kurz und prägnant der Respekt hören vor der – lassen Sie mich das so formulieren – *Wortautorität* der Mutter. »Was Sie da sagen« betont: Ihr Standpunkt ist *als Ihrer* zur Kenntnis genommen und so geachtet. Ich erlebe im Gespräch mit Eltern immer wieder, dass diese kurz eingeschalteten Signale enorme Wirkung ausüben können und die Gewissheit vermitteln: Da hat jemand Respekt vor *meinen* Gedanken, vor *meiner* Erfahrung (Leitidee Nr. 2).

Alles, was der Coach im Dialog positiv erlebt, verdeutlicht er *persönlich.* Er sagt, was wie *auf ihn* wirkt und was *er* anerkennen kann. Er findet beispielsweise sehr ehrlich, dass sie zugibt, wie schlecht es ihr mit Steffen geht, wenn er sich so aufführt. Ehrlichkeit im Umgang mit sich selbst ist eine Ressource und kann als solche hervorgehoben werden (Leitidee Nr. 3).

Wir setzen unseren Dialog mit Frau Maurer fort und schauen dabei, was den Begriff »systemisch« des Weiteren kennzeichnet.

4.2 Unterschiede statt Gründe

Als ich noch nicht systemisch praktizierte, hätte ich Frau Maurer gefragt, *warum* sie glaube, dass Steffen vorher bei uns »erstklassiges« Benehmen gezeigt habe und warum er dann kurz nachher vor dem Bürofenster dermaßen aggressiv geworden sei.

Auf Warum-Fragen habe ich oft Blaming-Antworten bekommen (englisch »to blame« = »tadeln«, »to be to blame for something« = »an etwas schuld sein«). Zum Blaming, also zu Schuldsprüchen, kommt es fast immer dann, wenn der Coach oder Therapeut »warum« fragt und damit ein Defizitbewusstsein schafft. Psychologen mischen in ihre fachliterarische Sprache gerne englische Vokabeln. Auf mich wirkt das so, als erhielten bestimmte Begriffsfiguren dadurch besondere Würde und Gültigkeit. Obendrein lässt sich manch englisches Wort flinker verwenden und man kann mit ihm eine Fülle assoziierter Inhalte dazudenken. Das ist für mich oft ein Vorteil. So hat etwa das Wort »Mother-Blaming« nicht nur die Bedeutung seiner Übersetzung »Mutter beschuldigen(d)«. Das Wort meint auch, dass diese Mutterbeschuldigung ein ödes Stereotyp beinhaltet: Die Mutter ist an allem, an jeder kindlichen Fehlentwicklung schuld, so meinen die Blamer.

Ich habe schon etliche Väter erlebt, die von ihren Familien getrennt lebten und die Kinder nur alle vierzehn Tage am Wochenende betreuten. Die verstanden sich bestens auf die Praxis des Mother-Blamings. Gern erklären diese Väter den Müttern breit und kunstfertig, was sie alles falsch machen und welche Verhaltensauffälligkeiten durch welche mütterlichen Erziehungsfehler verschuldet seien. Dabei entsteht der Eindruck, die Blamer, die Beschuldiger, seien über jede Möglichkeit erhaben, selbst Fehler zu machen. Was aber, wenn die geblamte Mutter am Blamer unwiderleglich einen Fehlgriff ermitteln kann? Dann weiß der Blamer selbstverständlich, wie unerheblich sein Fehler ins Gewicht fällt angesichts all dessen, was die Mutter »vermurkst« habe – »Mother-Blaming« heißt oft »Father-Excusing«.

Oft trifft man auch auf Father-Blaming-Sprüche, sodass ich mich nur wundern kann, dem Begriff »Father-Blaming« fachliterarisch bisher nie begegnet zu sein. Da soll der Vater an allem schuld sein. Zum Beispiel findet das Bild vom McDonald's-Daddy, der am Wochenende alle Früchte konsequenter Erziehung zerstört, immer wieder inflationäre Verwendung. Die Logik ist dieselbe: Mütter idealisieren sich als verantwortungsbewusste Grenzzieherinnen und werfen den Vätern pädagogisch verheerende Inkonsequenz vor. Von wem auch immer es initiiert wird: Im Blaming liegt zumeist die Suche nach Gründen und Defiziten. Und diese Suche kommt durch Warum-Fragen in Gang.

Die Vielzahl der Antworten, die meine Warum-Fragen erwirkten, möchte ich der Einfachheit halber nach zwei Kriterien ordnen. Eltern »blamen«, beschuldigen entweder sich selbst oder andere – die Psychologen nennen das »internale versus externale Kausalattribution«.

Und weil Englisch nun mal einfacher klingt und hurtiger über die Lippen geht: heute mal »Self-Blaming« und »Other-Blaming«.
»Self-Blaming« könnte so verlaufen:

> FRAGE: Warum hat Ihr Sohn Sie beleidigt und getreten?
> MUTTER: Ich weiß schon, dass es an mir liegt, dass ich schuld bin und keine Autorität habe, dass ich alles falsch mache!

Eine ganze Latte von Fehlern wird die so gefragte Mutter dann vielleicht nennen und im vertieften Denken an ihre Schuld und Unfähigkeit – im Self-Blaming – immer trauriger und hoffnungsloser.
Das »Other-Blaming« kann so klingen:

> MUTTER: Das hat er von der Schule. Die anderen Kinder treten sich und werden von den Lehrern in den Pausen nicht ausreichend beaufsichtigt. Da braucht man sich nicht zu wundern, dass der Bub ständig austickt.

Eltern, die anderen oder den Umständen die Schuld geben, fühlen sich weniger traurig und hoffnungslos, weil sie überzeugt sind, dass nicht ihre eigene Unfähigkeit, sondern das Versagen anderer Leute die Probleme erzeugt. Wenn Schuld für kindliche Aggressionen »schlechten« Lehrern zugewiesen werden kann, besteht für Erziehende kein »Grund«, sich selbst in die stimmungsabträgliche Kritik zu nehmen.
Der Selbstwert des Grund- bzw. Schuldsuchers beim Other-Blaming erscheint weniger gefährdet. Er meditiert die Fehler anderer. Dennoch kann auch bei ihm kaum Veränderungsoptimismus entstehen: Wie will man »Gründe« beheben, die in anderen liegen und zu denen man nicht leicht aktiven Zugang finden kann?! Konkret: Werden die »Gründe« für Schüler-Aggressionen den Lehrern angelastet, erscheinen diese pädagogisch unfähig. Und »dagegen kann man eben nichts machen«. »Die Fortbildung schlechter Lehrer ist ja doch Sache der Schule!«, argumentieren chronische Blamer oft. Dabei kann man Folgendes heraushören: Wer ständig Warum-Fragen stellt und »Gründe« in anderen oder in anderem findet, legt meistens die Hände in den Schoß. Kompetente Lehrkräfte und engagierte Erzieher wie Sozialpädagogen sind dann schnell schlecht gemacht, oft auch ohne bewusste Absicht und ohne bösen Willen seitens der Blamer.
Als Psychologe habe ich mit meinen Warum-Fragen oft wertvolles Porzellan zerschlagen und viele Türen zugehalten – Türen, die

ich mit systemischen Fragen hätte öffnen können. Ich möchte diese Neigung, rückwärts gewandt nach den Gründen fürs Scheitern zu forschen, »Warumitis« nennen! Die »Warumitis« ist konservativ im eigentlichen Sinn des Wortes, sie konserviert Schwierigkeiten, macht sie haltbar, weil sie Blaming-Phänomene provoziert. Wenn man als Berater oder Coach im Hinblick auf Störungen und unangenehm Erlebtes »warum« fragt, fühlt sich der Ratsuchende, der Coachee, höchstwahrscheinlich angeregt, seine Probleme zu fokussieren. Die Frage »Warum haben Sie diese Schwierigkeiten?« oder »Was ist aus Ihrer Sicht der Grund für Ihr Problem?« kann zum Blaming, zur Schuldsuche führen. Und Schuldfinder, so erlebe ich das oft, *fühlen in jedem dieser »Gründe« die schwere Veränderbarkeit der Probleme mit.* Dies hält Türen ins Freie der Neugestaltung zu und kann auf den Selbstwert der so Befragten entzündlich wirken. Darum die Endsilbe »-itis« nach dem Wort »warum«. Die Warumitis bringt einen Prozess in Gang, den ich gerne »Fehlermeditation« nenne. Die Fehlermeditation ist also eine Folge, ein Symptom der Warumitis. Im Betrachten, im tiefen Nachsinnen darüber, was warum misslingt, kann man sich kaum gut fühlen.

Systemiker fragen also nicht, welchen Grund es für Steffens rabiate Veränderung, für seine plötzlichen Aggressionen geben könnte. Sie fragen deswegen auch *nicht, warum*. Systemisch therapeutisch interessant ist in diesem Zusammenhang »nur«, was vor dem Bürofenster für Steffen und seine Eltern *anders* war. Als systemisch Denkender glaube ich, dass die *Unterschiede* von Steffens Verhalten damit zusammenhängen, dass er sich in je unterschiedlichen Situationen befand. Es kamen jeweils unterschiedliche Beziehungswirklichkeiten, unterschiedliche aktuelle Systeme zur Wirkung.

Die Verhaltensunterschiede erscheinen also systembedingt. Dabei ist besonders zu betonen, dass diese Systembedingtheit niemanden von der Verantwortung für sein Verhalten »entlastet«. Kein Systemiker wird darum etwa die besorgten Eltern mit dem Trost abfertigen, Steffens Beleidigung sei »nicht so schlimm«, weil »das andere System der Grund« oder gar »das andere System schuld« sei. Das System ist jeweils ein anderes. Die Eltern, nicht der Coach, ermitteln diese Andersartigkeit, wie wir unten gleich sehen können. Dann wird gefragt und überlegt, was wie anders gemacht werden könnte. Welches neue Verhalten könnte wirksam helfen?

Versuchen wir es!

Systemisches Arbeiten ist ein ständiges und manchmal aufwendig reflektiertes Ausprobieren und darum enorm spannend. Ausprobieren heißt testen, ob etwas passt – nicht, ob etwas »richtig« ist. Wer in erzieherischen Zusammenhängen mit Richtigkeiten, Wahrheiten und Tipps daherkommt, redet mit hoher Wahrscheinlichkeit an der alltäglichen Vielschichtigkeit der ganzen Thematik Erziehung vorbei. »Richtige« Tipps sind oft Flops. Ich habe das vor allem dann erlebt, wenn ich dachte, psychologisch seien meine Tipps der Renner!

Es kann sein, dass die Eltern auch auf die Frage, was vor dem Bürofenster anders als im Beratungszimmer war, selbstbeschuldigend reagieren (Self-Blaming). Ein Systemiker wird nun nicht unbedingt die Unangemessenheit der Selbstbeschuldigung nachweisen wollen. Die Zusicherung »Sie sind nicht schuld!« mag der guten therapeutischen Absicht entsteigen, der Selbstwert der ratsuchenden Person könnte auf diese Weise repariert werden. Ich habe diese therapeutische Absicht schon etliche Male gehegt und dabei nur spärliche Erfolge errungen. Oft regte ich damit völlig fruchtlose Diskussionen über Dennoch-Schuld-Fragen an (»Könnte es nicht doch sein, dass ich was falsch gemacht habe?«). Und außerdem: So wenig Systemiker Schuld ermitteln, so wenig sprechen sie auch von Schuld frei! Der Freisprecher hat sich auf ein Podest gesetzt. Wer von Schuld freispricht, kann sie auch anlasten. Auf diesem Podest ist kein Systemiker zu finden.

Wenn Eltern die Schuldfrage zum Thema machen, ist die Ermittlung elterlicher Verantwortungsbereitschaft hilfreich. Die ist in den meisten Fällen identifizierbar, mag das Elend auch groß sein. Die meisten Eltern, denen ich bisher begegnet bin, wünschen, dass sich ihre Kinder gut entwickeln. Und genau darauf kann sich die diagnostische wie therapeutische Absicht eines Systemikers erstrecken. Nochmals: Mit Schuldfragen wird sich der systemische Coach nicht lange und analytisch befassen. Er will oft nur wissen, was anders war, wäre oder sein könnte. Er will es von den Eltern wissen. Er erklärt ihnen dazu aber nichts, sondern ist fest überzeugt: Sie wissen es selbst.

Die Eltern sind die Informanten und Aufklärer, nicht der Coach.

Herr Maurer, der Vater Steffens, ist im Folgenden am Gespräch beteiligt. Der Dialog spielt sich zunächst und ziemlich lange nur zwischen Frau Maurer und dem Coach ab. Später wird auch Herr Maurer gesprächsaktiv.

4 Was ist eigentlich systemisch?

COACH: Was war denn in unserem Beratungszimmer anders als vor dem Bürofenster, wo Steffen Sie beleidigt und getreten hat?

FRAU MAURER: Da hat Steffen gewusst, dass er damit nicht durchkommt. Da waren Sie da und die Bezugsbetreuerin. Aber vorm Bürofenster war für ihn klar, dass ich keine Autorität habe und dass er mit mir so was machen kann.

COACH: Was hätte denn vor dem Bürofenster anders laufen können, Frau Maurer, sodass sie das Gefühl gehabt hätten, für Steffen eine Autorität zu sein?

FRAU MAURER: Na ja, dass Steffen sich so was nicht erlaubt mir gegenüber. Das ist ja furchtbar, wenn man von seinem eigenen Kind getreten wird.

COACH: Sie sagen, das ist furchtbar. Ich kann das nachvollziehen. Eine schlimme Erfahrung, dass der eigene Sohn Ihnen wehtut. Wie sähe das Ganze aus, wenn es nicht furchtbar wäre? Nochmals, was müsste Steffen anders machen vor dem Bürofenster, sodass Sie sagen könnten: Super, wie sich mein Sohn benimmt!

FRAU MAURER: Wenn ich ihn frage, wie viel Hausaufgaben er aufhat, kann er mir freundlich eine Antwort geben und dann, wenn wir losfahren, sich auch von uns verabschieden. Vielleicht sagt er auch noch »bis heut Abend« oder so ähnlich. Da würde ich mich ganz anders fühlen. Ihnen gegenüber ist er ja auch freundlich. Er kann, wenn er will, und ich möchte, dass er bei mir auch will.

COACH: Sie wollen also, dass er sich freundlich Ihnen gegenüber verhält. Das zeigt mir Ihre Verantwortungsbereitschaft, und es überzeugt mich, dass Steffen Ihnen wichtig ist und dass Sie seine gute Entwicklung wünschen. Ich glaube, jede gute Mutter wünscht das.

Ich habe Sie vorhin gefragt, was im Beratungszimmer anders war. Könnten wir das noch einmal genau überlegen?

FRAU MAURER: Ja klar, da war viel anders. Das hab ich doch schon gesagt, Sie waren im Beratungszimmer, und vor dem Bürofenster waren Sie nicht da. Vor Ihnen hat er Respekt. Und dann noch was: *Sie* hätten nicht geschwiegen, wenn sich Steffen so aufgeführt hätte und so wild geworden wäre.

Das war das situativ andere – mit Sicherheit. Frau Maurer personalisiert dieses andere und nimmt damit ihren Mann ins Visier. Beim

Satz »*Sie* hätten nicht geschwiegen« wirft sie ihm einen vorwurfsvollen Blick zu. Tatsächlich hat er vor dem Bürofenster kein Wort gesagt.

Dem Coach könnte der wiederholte Rekurs auf seine Autorität (»Vor Ihnen hat er Respekt!«) guttun. Vorsicht! Leicht könnten die Kompetenzzusagen der Mutter an ihn zu systemisch unverantwortbarer Lehrtätigkeit führen: Weil der Coach »weiß«, wie es geht, sagt er das dem Coachee mal schnell. Diese Versuchung lockt vor allem insofern unwiderstehlich, als Frau Maurer auf ihrem Selbstunfähigkeitsattest beharrt. Kompetenzorientiert gerät der Coach vielleicht in einen Beratungseifer und will der Mutter flugs zeigen, dass auch sie kann, was er angeblich weiß und zuwege bringt. Er verließe damit sein systemisches Arbeitsniveau und erläge höchstwahrscheinlich der Gefahr, ihr vorzumachen, wie es geht. Und damit würde er ihr in der Tat etwas vormachen! Dieser Gefahr begegnet er wirksam, wenn er sich ständig gegenwärtig hält und sich an dem orientiert, was bereits betont wurde:

Die Eltern sind die Informanten und Aufklärer, nicht der Coach.

Wenn der Coach weiter systemisch arbeiten will, wird er warten, bis der rechte Zeitpunkt für kompetenzthematische Fragen gekommen ist, wie wir noch erfahren werden.

In unseren gegenwärtigen Dialog ist Hitze gekommen. Herr Maurer hat den letzten Satz seiner Frau als groben Vorwurf erlebt. Und wir werden in der Folge sehen: Frau Maurer *wollte*, dass ihre Beschreibung als Vorwurf ankam. Es hat systemisch gebebt, es hat gekracht. Vorwürfe und Schuldzuweisungen gaben sich die Hand. Die werden vom Coach nicht einfach vom Tisch gewischt, weil Vorwürfe und Schuldzuweisungen vielleicht nicht zu seinen Arbeitsidealen gehören. Wir haben gleich Gelegenheit zu schauen, wie Eltern mit solchen Vorwürfen systemisch konstruktiv arbeiten, wie sie Vorwürfe in akzeptable Korrekturangebote überführen können. Eltern sind fähig, die grundsätzlich wertvolle Kritik aneinander bestens zu nutzen.

Für jetzt soll hinreichen, dass Frau Maurer eine unverzichtbare Systembeschreibung geliefert hat, in der unser *Interesse am Unterschied* Berücksichtigung fand. Orientiert sich der Coach auch in dieser Gesprächssequenz an Leitideen zum systemischen Elterncoaching? Er nimmt auf, was Frau Maurer sagt und teilt sein Verständnisergebnis mit, er spiegelt: »Sie wollen also, dass er sich freundlich Ihnen gegenüber verhält« (Leitidee Nr. 1).

Verständnis bringt der Coach für die Empfindung Frau Maurers zum Ausdruck, dass das Erlebnis, vom eigenen Kind getreten zu werden, »furchtbar« sei. »Eine schlimme Erfahrung«, bemerkt er. Und zudem: »Ich kann das nachvollziehen.« Diese ehrliche Zusage will den Respekt des Coachs unmittelbar aufzeigen. Vor allem in Momenten, in denen sich tiefe Enttäuschung und Trostlosigkeit artikulieren, helfen oft Kommentare der persönlich gehaltenen Würdigung. Der Wunsch nach Veränderung, der Wunsch der Mutter, dass sich das Kind »anständig« verhält, ist Thema elterlicher Verantwortlichkeit. Respekt ist zu zollen: »Das zeigt mir Ihre Verantwortungsbereitschaft, und es überzeugt mich, dass Steffen Ihnen wichtig ist und dass Sie seine gute Entwicklung wünschen« (Leitidee Nr. 2).

Wenn er betont »Ich glaube, jede gute Mutter wünscht das«, macht er direkt und unmittelbar ihre elterliche Kompetenz zum Thema (Leitidee Nr. 3). An dieser Stelle könnte man kritisch fragen, ob der Coach sich mit diesen Sätzen eine diagnostische Anmaßung gestattet, die systemisch bedenklich sein könnte. Urteilt er? Auch ein positives »Urteil« kann auf ein Podest heben, auf dem er, wie schon erwähnt, nach meiner Meinung nichts zu suchen hat. Ich denke, die Formulierung der Sätze entscheidet darüber. Der Coach sagt »Das zeigt *mir*« und »*Ich glaube*«. Solange der Coach *sich selbst* ausdrücklich ins Spiel bringt, ist sein positiver »Befund« systemisch gut zu integrieren. Er urteilt nicht, dass Frau Maurer eine gute Mutter *ist! Seine Meinung* über *sein* gutes Mutterbild äußert er. Da er also *bei sich* bleibt, sind aus meiner Sicht solche Rückmeldungen, die positive Wertungen enthalten können, bestens verantwortbar.

4.3 Lösungsmöglichkeiten

Wenn die Andersartigkeit oder Besonderheit der Situation und die Beziehungsqualität des Systems von den Eltern ausführlich beschrieben und erörtert worden sind, dann wäre gewiss eine Lösungsfrage hilfreich.

> COACH: Sie haben eine genaue Vorstellung davon, was sie sich von Steffen erwarten: Sie möchten, dass er auf Ihre Frage nach den Hausaufgaben freundlich antwortet und sich auch freundlich

verabschiedet. Sie wollen, dass er Respekt vor Ihnen hat. Mein Eindruck ist, dass Sie genau wissen, was Sie wollen. Was denken Sie, was könnte ein erster Schritt sein, den Sie gehen, was könnten Sie machen, dass Steffen »der Liebe bleiben« möchte, sodass er sich Ihnen gegenüber respektvoll verhält?

Häufig antworten Eltern auf diese Frage mit dem Verweis auf ihre Ratlosigkeit und darauf, dass sie ja dieser Ratlosigkeit wegen Hilfe bräuchten. Sie seien hier, um Information über richtiges Erziehungsverhalten einzuholen und nicht, um den Berater zu beraten.

> FRAU MAURER: Sie sind ja lustig. Das weiß ich nicht. Wenn ich es wüsste, dann hätte sich Steffen vor dem Bürofenster nicht so gemein verhalten, dann säßen wir nicht hier.
> HERR MAURER: Ich weiß es auch nicht. Das müssen Sie doch wissen. Sagen Sie uns, was wir tun sollen, und die Sache ist erledigt!

Der Coach könnte jetzt in ein Dilemma geraten. Er wird sich den oben wiederholt hervorgehobenen Satz vergegenwärtigen:

Die Eltern sind die Informanten und Aufklärer, nicht der Coach.

Zugleich aber ist er mit einem eindeutigen Arbeitsauftrag konfrontiert: »Sagen Sie uns, was ich tun soll, und die Sache ist erledigt!« Eltern gerieren sich oft als inkompetente Nichtwisser, wenn sie schnell einen Rat wollen. Der gute Rat mag in Momenten quälender Ratlosigkeit ungeduldig auf der Zunge des Coachs lauern. Er wird ihn für sich behalten und will die Ratsuchenden als *Ratfinder* respektieren. Er kann der defizitären Nichtwisser-Selbstdarstellung der Eltern seinen eigenen bisherigen Eindruck gegenüberstellen.

In unserem Gesprächsverlauf hat er die Mutter bereits als Wissende erlebt. Darauf spricht er sie an und meldet ihr sein aktuelles Erleben ganz konkret. Damit möchte er sie zum Weiter-Wissen ermutigen.

> COACH: Frau Maurer, Sie meinen also, ich wüsste, was Sie tun sollen. Ich habe Sie in unserem bisherigen Gespräch so erlebt, dass Sie sehr viel wissen. Sie wissen, was vor dem Bürofenster anders war als im Beratungszimmer. Sie wissen, dass Sie von Ihrem Kind nicht beleidigt werden wollen. Sie wissen, wie sich

Steffen verhalten soll, damit es Ihnen besser geht. Sie wissen eine ganze Menge! Und ich kann mir gut vorstellen, dass Sie eine Idee haben, welchen ersten Schritt Sie in Richtung Veränderung gehen könnten. Vielleicht nerve ich Sie jetzt. Darf ich Sie nochmals daran erinnern, was Sie bereits festgestellt haben, was im Beratungszimmer anders war als vor dem Bürofenster?

Frau Maurer: Na, Sie waren da, Sie hätten sich das nie gefallen lassen und hätten nicht geschwiegen wie mein Mann.

Coach: Ich hätte nicht geschwiegen, meinen Sie. Was hätte denn dann aus Ihrer Sicht vor dem Bürofenster geholfen, Frau Maurer?

Frau Maurer: Dass mein Mann mich nicht allein gelassen hätte. Das macht er immer. Er lässt mich immer im Regen stehen, wenn Steffen austickt.

Herr Maurer: Ja, ja, ich bin wieder der Schuldige!

Frau Maurer: Ja, klar bist du der Schuldige. Wie oft passiert es, dass Steffen daheim Scheiß baut und du sagst nichts. Die Böse bin ich! Du bist immer fein heraus! Das merk ich doch: Wenn du den Eindruck hast, es könnte wieder ein Konflikt entstehen, bist du schnell weg, hast du irgendeinen Grund, warum du schnell mal wohin musst, zum Zigarettenholen, zur Post oder sonst irgendwas. Und ich hab dann Steffen allein, wenn er spinnt. Das ist dir gerade recht. Und Steffen meint, er kann mit mir alles machen, weil du weg bist oder nichts sagst.

Herr Maurer: Ich hab deine Vorwürfe ja so satt, verdammt noch mal!

Frau Maurer: Und ich hab dein Schweigen satt, auch verdammt noch mal! Ich hab Steffen nicht allein in die Welt gesetzt. Wenn ich gewusst hätte, dass du mich mit unserem Kind immer alleinlässt ...

Frau Maurer weint.

Den Tränen wird weiter Raum gelassen. Tränen, so erlebe ich das, wollen ihr Recht geradeso wie Worte. Deswegen werden sie nicht mit gut gemeinten Trostreden unterbrochen. Auch Vorwürfe wollen ihre Wirkung entfalten. Sie sind nicht deswegen schlecht, weil der Eindruck entsteht, sie entfernten das Gespräch von seinem Lösungsziel.

Nichtsdestoweniger: In einem systemisch geführten Gespräch liegt der Schwerpunkt auf der Lösung. Die »Fehler« werden nicht ignoriert, sondern besprochen, soweit Ratsuchende das verlangen. Und der Coach hat selbst auch ein Programm: Sein Interesse zielt im Verlauf des Gesprächs auf neue konstruktive Ideen ab. Und das merkt man an seiner Sprache. DeShazer verwendet in diesem Zusammenhang die trefflichen Begriffe »Lösungssprache« und »Problemsprache« (DeShazer 2010, S. 82 ff.). Die Problemsprache thematisiert Defizite. Eine Frage in der Problemsprache könnte lauten:

»Was machen Sie an Steffen falsch und wie können Sie sich korrigieren?«

Diese Frage wäre gewiss gut gemeint. »Gut gemeint« ist aber im Ergebnis meistens das Gegenteil von gut. Niemand käme wohl auf die Idee, etwas durchweg gut Geglücktes, etwas voll und ganz Erfolgreiches als »gut gemeint« auszuweisen. Die Sprache des systemischen Coachs will nicht gut gemeint, sie will *gut* sein. Darum wählt er die Lösungssprache.

Wenn sich Ratsuchende oft in der Problemsprache ausdrücken, weil sie in Not sind und diese ungeschminkt benennen wollen, wird der Coach das respektieren und sich zugleich eine Hypothese gestatten: Wohl jeder, der Hilfe sucht, will, dass seine Not behoben, dass sein Problem gelöst wird. Eltern sagen, dass sie nicht mehr leiden wollen, und damit ist ihr Wunsch nach Lösung hörbares Thema geworden. Dieser Lösungswunsch veranlasst den Coach, eine wunschgemäße Frage, d. h. eine Frage in der Lösungssprache zu formulieren:

»Was könnten Sie als Erstes machen, damit Steffen sich freundlich verhält?«

Diese Frage setzt einen ganz anderen Schwerpunkt. Der Coachee mag zunächst achselzuckend reagieren und zugleich weiß er eines: Nicht seine »Fehler« liegen im diagnostischen Interesse, sondern die Möglichkeiten, was wie besser zu machen ist. Die Problemsprache lenkt die Aufmerksamkeit auf Defizite, die Lösungssprache auf Chancen und Kompetenzen. Systemische Kommunikation heißt im Wesentlichen Verständigung in der Lösungssprache. Vorwürfe gehören zur Problemsprache. Nochmals: Sie werden nicht unter den Teppich gekehrt, wenn sie seitens der Ratsuchenden laut werden. Sie gehören aber nicht zum Sprachschatz des Coachs. Ein Idiom, eine Redewendung aus der Lösungssprache ist die VW-Regel. Manfred Prior erläutert sie in seinen MiniMax-Interventionen: »V steht für Vorwurf und W für Wunsch. Die VW-Regel besagt, dass man jeden Vorwurf in einen Wunsch umformuliert« (Prior 2006, S. 89 u. 90).

Wir wollen diese Regel jetzt praktizieren: Frau Maurer erging sich in Vorwürfen gegen ihren Mann, weil er schweigt oder weg ist, wenn Steffen »austickt«, und damit aus ihrer Sicht die Aggressionen des Sohnes verschuldet. Ein Berater hätte problemsprachlich dieser Kritik beitreten und Herrn Maurer erklären können, was er mit seinem Schweigen anrichtet. Der Coach hingegen ersucht Frau Maurer, ihrem Mann mitzuteilen, *was sie von ihm wünscht*. Und das trifft lösungssprachlich ins Schwarze. Denn jetzt ist sie angeregt, positiv zu formulieren, was sie will, und auf die Möglichkeiten der Problembewältigung zu blicken.

Frau Maurer wird der VW-Regel zufolge ihren Vorwurf in einen Wunsch transformieren und nicht mehr die Passivität ihres Mannes sowie ihre fatale Wirkung kritisch erläutern. Ihr Wunsch enthält das positive Gegenteil, seinen elterlich solidarischen Einsatz. Lassen Sie mich pointiert feststellen: Der positiv geäußerte Wunsch kann nichts anderes sein als das Gegenteil des Vorwurfs.

> COACH: Könnten Sie Ihrem Mann sagen, was Sie von ihm wünschen?
> FRAU MAURER: Ja, klar, du schweigst immer, wenn sich Steffen so aufführt! Und das ist schuld an allem. Das ist der Grund für sein schlechtes Benehmen.
> HERR MAURER: Wieder dein Gemecker, deine Vorwürfe!
> COACH: Frau Maurer, Sie äußern, was Ihnen nicht passt. Können Sie Ihrem Mann sagen, was Ihnen passen würde?
> FRAU MAURER: Ich will, dass du nicht mehr schweigst, wenn sich Steffen so aufführt.
> COACH: Das ist klar formuliert. Und wäre eine Formulierung möglich, in der kein »nicht mehr« vorkäme?
> FRAU MAURER: Wie meinen Sie das?
> COACH: Sie haben gesagt, was sie nicht mehr wollen. Was wollen Sie stattdessen?
> FRAU MAURER: Ich will, dass du auch was sagst, wenn Steffen aufdreht. Das wär mir eine ganz große Hilfe.

Wir sehen an diesem kurzen Dialog deutlich: Die Mutter hat sich lösungssprachlich motivieren lassen, via VW-Regel ihren Wunsch anvisiert und konkret positiv benannt.

Würde der Coach der Anweisung der Eltern Folge leisten (»Sagen Sie uns, was wir tun sollen, und die Sache ist erledigt!«) und den

Rat erteilen, der Vater solle doch »auch was sagen«, wäre der Coach Lösungsautor. Das mag zunächst wirkungsvoll und zeitsparend erscheinen. Die Mutter könnte sich verstanden und entlastet fühlen. Dem Coachingprozess erwiese er damit aber keinen Gefallen. Zum einen brächte der Coach mit hoher Wahrscheinlichkeit den Vater gegen sich auf. Systemiker bemühen sich um *Allparteilichkeit,* also um eine Position, in der Verständnis für alle Gesprächsteilnehmer möglich ist. Ansonsten kann zwischen Coach und einer »Partei« ein spezielles Bündnis entstehen. Dann winkt die Gefahr, dass der »Nichtverbündete«, in diesem Fall Herr Maurer, aussteigt und die Kutsche, das Coachinggeschehen, verlässt. Den jeweils anderen will der Coach aber nicht verlieren, weil ohne ihn das systemische Gesprächsziel kaum erreicht werden kann. Darum versucht er kontinuierlich, *jedem* ein verlässlicher Ansprechpartner zu bleiben. Arist von Schlippe und Jochen Schweitzer vermerken, Allparteilichkeit sei »die Fähigkeit, die Verdienste *jedes* Familienmitgliedes (an)zuerkennen« (2003, S. 119, Hervorhebung von A. H.).

Herr Maurer könnte sich vom Coach hinsichtlich seiner Verdienste kaum noch anerkannt fühlen, wenn er ihn als Bündnispartner der »Gegenseite« erleben müsste. Die Gegenseite wäre in diesem Fall seine Frau, Steffens Mutter. Der Rat oder gar die Aufforderung des Coachs, im Moment der Aggressionen Steffens »auch etwas zu sagen«, hieße für ihn wahrscheinlich: Der ist parteiisch und meint wie meine Frau, dass ich schuld bin.

Zum anderen präsentierte sich der Coach als Lösungsautorität, würde er den Eltern kurz und bündig erklären, was zu tun sei. Damit nähme er ihnen die Chance, sich selbst als lösungskompetent zu erleben. Und gerade diese Kompetenz ist aus systemischer Perspektive unverzichtbar, denn die Ideen, die Eltern selbst entwerfen, sind am besten umsetzbar, da sie *ihre* Ideen sind. Sie müssen dann nicht aus der Gedankenwelt des Coachs in die ihre übersetzt werden. Seine Gedankenwelt und sein Besserwissen brauchen kein Thema zu sein! Denn er lässt sich vom systemischen Optimismus lenken, dass die Gesprächspartner für ihre Lösungen sensibler sind als er. Darum muss er seine Ideen nicht im Stil des Lehrtätigen propagieren und immer wieder nachbessern: »Ich habe das so gemeint, dass ...«

Ganz grundsätzlich: Der Coach macht keine Werbung für seine Meinung, die in *seiner* Sprache gesprochen wäre und die für Coachees – in unserem Fall für die Eltern – eine Fremdsprache sein könnte. Er verlässt sich darauf, dass der Lösungsentwurf der Eltern in ihrer *eigenen* »Muttersprache« ausgesprochen wird – da ist keine Übersetzung notwendig. Was *sie* meinen und denken, hat deshalb Vorrang.

Frau Maurer hat eine Handlungsalternative formuliert und das elterliche pädagogische Miteinander gefordert: »Ich will, dass du auch was sagst, wenn Steffen aufdreht. Das wär mir eine ganz große Hilfe.« Darin bestand ihre Lösungsidee, mit der sie sich an ihren Mann wandte. Und diese Lösung ließ sich in ihrer Sprache vernehmen, die auch er verstehen konnte. Genau darum ist sie *unmittelbar* umsetzbar!

Ich erliege gerade der angenehmen Versuchung, die Funktion des Coachs als eine auch »linguistische« zu begreifen. Er betreibt mit seinen Gesprächspartnern zusammen »Sprachstudien«, an deren erfolgreichem Abschluss das große Ziel wartet:

> *Lösungssprache »muttersprachlich« sprechen.*

Mit der VW-Regel haben wir eine Trainingsmethode kennengelernt, die uns das Üben der muttersprachlich angewandten Lösungssprache ermöglicht. Was aber, wenn die Eltern hartnäckig darauf bestehen, vom Coach beraten zu werden, und keine Lust haben, ihre Lösung muttersprachlich zu formulieren? Dann wird zu berücksichtigen sein, was Gunther Schmidt dazu erwähnt. Ausdrücklich stellt er das Schlagwort »Beratung ohne Ratschlag« infrage: »Versagt man sich in rigider Weise die Möglichkeit von Ratschlägen, nimmt man ... sich und vor allem den KlientInnen oft viele Chancen« (Schmidt 2007, S. 10).

Schmidt kennt wohl die Verzweiflung von Menschen, die in tiefer Not sind und denen der systemisch gut gemeinte Verweis auf ihre Eigenkompetenzen (»Sie wissen es selbst am besten!«) nichts bringt. Was tun? Ich bleibe bei meiner Auffassung, dass der Ratschlag ein Schlag, und zwar ein gefährlicher sein kann. Wenn Eltern diesen Ratschlag als fremdentstanden erleben, werden sie es wahrscheinlich schwer haben, darin eine Chance zu mehr Selbstwirksamkeit zu identifizieren. Und doch: Oft genug machen sie den Eindruck, als legten sie auf Selbstwirksamkeit gar keinen Wert; darum geht immer wieder die Aufforderung an den »Fachmann«, einen Rat zu geben. Der systemische Coach wird genau darauf achten: Wenn von ihm kategorisch und unerbittlich ein Rat verlangt wird und ihm einer auf den Lippen liegt, mag er ihn inhaltlich dem anschließen, was er an Verwertbarem aus dem Mund der Eltern bereits gehört hat. So muss der Ratschlag nicht wie ein fremderteilter empfunden werden, sondern gehört zu *ihrer* Ideenwelt.

> COACH: Sie haben vorhin betont, was Sie wünschen. Verträgt sich damit mein Gedanke, dass ...?

Und dann wird der Ratschlag *nicht als solcher erteilt*, lediglich als eine Handlungsoption unter mehreren, die die Gesprächspartner als grundsätzlich Wählende auch ablehnen können. Es ist hilfreich, wenn der Coach diese mögliche Ablehnung als ausdrücklich akzeptabel ausweist. So bleibt sein Rat ein »offenes Angebot«, eine »erwägenswerte Möglichkeit«, die auch »zurückgewiesen werden« kann (ebd., S. 11).

> COACH: Das ist nur ein Gedanke von mir und muss für Sie nicht passen. Wenn Ihnen mein Gedanke nicht liegt, diskutieren wir einfach einen anderen, der Ihnen umsetzbarer erscheint.

Die folgende Gesprächssequenz knüpft da an, wo Frau und Herr Maurer einfach hören wollen, was sie zu tun haben. Der Coach bemühte sich redlich, die Lösungsarbeit in den Eltern anzuregen. Sie möchten aber partout Ratsuchende bleiben. Es kann dann sein, dass sie entschlossen die *Absicht* melden, mit ihrem Lösungslatein am Ende zu sein. Er wird dann aus diesem Ende das Beste machen und beachten, was Schmidt über den Ratschlag systemisch äußert. Nochmals: Er muss als »erwägenswerte Möglichkeit«, die auch »zurückgewiesen werden« kann, ins sachte Wort kommen (ebd.).

> FRAU MAURER: Ich weiß jetzt gar nichts mehr. Ich bin mit den Nerven am Ende und will auch nicht mehr. Sie sagen mir jetzt, was ich machen soll, sonst verabschiede ich mich. Tut mir leid, aber ich hab auch meine Grenzen.
> HERR MAURER: Da muss ich meiner Frau Recht geben. Ich hab's jetzt auch satt, dieses ständige Gefrage. Ich will jetzt auch wissen, was wir tun sollen. Wir sind hier ja nicht bei Günther Jauch.
> COACH: Ich kann mir gut denken, dass die ständige Aufmerksamkeit, das dauerhafte Bei-der-Sache-sein-Müssen anstrengend ist.

4 Was ist eigentlich systemisch?

Herr Maurer, Ihre Frau hat vorher gesagt, im Beratungszimmer hätte ich sicher nicht geschwiegen, wenn Steffen gegen seine Mutter aggressiv geworden wäre. Kann es sein, dass die Beschreibung Ihrer Frau eine Erwartung enthält?
HERR MAURER: Das kann sein, ja.
COACH: Haben Sie eine Idee, welche Erwartung das sein könnte?
HERR MAURER: Schon wieder dieses Gefrage! Ich habe doch vorher gesagt, dass ich diese Fragerei nicht mehr mag. Ich will einen konkreten Ratschlag und damit basta!
FRAU MAURER: Ich will jetzt auch Klarheit und nichts mehr gefragt werden.
COACH: Ich habe eine Vermutung. Und das ist wirklich nur eine Vermutung, nichts anderes. Ich nehme an, dass Sie, Frau Maurer, erwarten, dass sich Ihr Mann sozusagen einschaltet, wenn Steffen aggressiv wird. Und bevor ich weiterrede, möchte ich wissen, ob Sie mit dieser Vermutung etwas anfangen können.
FRAU MAURER: Doch genau, das ist es, das erwarte ich.
COACH: Herr Maurer, wäre es denn für Sie möglich, diese Erwartung zu erfüllen?
HERR MAURER: Welche Erwartung? Von mir wird vieles erwartet, alle möglichen und vor allem die unmöglichsten Leute erwarten was von mir.
COACH: Die Erwartung Ihrer Frau, nämlich dass Sie nach der Beschimpfung oder nach dem Fußtritt Ihres Sohnes selbst aktiv werden und Stellung beziehen. Steffen hört das und Ihre Frau kann sich von Ihnen unterstützt fühlen. Nach dem, was Ihre Frau eben bestätigt hat, nehme ich an, dass sie Ihren Einsatz erwartet, nämlich dass Sie Ihrem Sohn ausdrücklich sagen: Ich billige deine Aggressionen nicht! Wäre das möglich für Sie?
Das ist nur eine Frage, und wenn Ihnen diese Vorstellung nicht passt, dann können wir was anderes überlegen. Sie entscheiden, was Sie tun.
HERR MAURER: Ja, sicher ist das möglich für mich. Ich will ja auch, dass Steffen nicht mehr so austickt. Mir macht das keinen Spaß, wenn ich sehe, dass unser Sohn so aggressiv ist. Wo soll denn das hinführen?

Der Rat, auf diese Weise formuliert, nimmt ausdrücklichen Bezug auf den Beitrag der Ratsuchenden (»nach dem, was Ihre Frau eben bestätigt hat«) und damit auf ihr System. Unter dieser Voraussetzung vertritt Rainer Schwing: »Auch eine direktive handlungsbezogene Intervention ist ein legitimes systemisches Vorgehen, wenn ich die Selbstorganisation des Systems respektiere ...« (Schwing 2009, S. 99).

Der Respekt vor der »Selbstorganisation des Systems« ist zudem dadurch gesichert, dass sich der Rat hier *optional* formuliert und als Möglichkeit ausweist (»wenn Ihnen diese Vorstellung nicht passt ... Sie entscheiden«). Dies bewirkt Folgendes: Die Systembeschreibung der Eltern kann grundsätzlich akzeptabel bleiben, und der Entwurf der Handlungsalternative durch den Coach ist *nur sein*, also *ein* Entwurf. Der Coach macht ein Angebot, nichts anderes. Es gehört zum Wesen des Angebots, dass es auch zurückgewiesen werden kann. Wird der Ratschlag so vorgetragen, mag der Ratsuchende im Gesprächsanschluss bleiben.

Wir wollen wieder kurz jene Leitideen zum systemischen Elterncoaching erwähnen, die in diesem Kapitel den Dialog in Gang gebracht bzw. in Gang gehalten haben. Auf die Anweisung Frau Maurers »Sagen Sie uns, was wir tun sollen, und die Sache ist erledigt« erwidert der Coach: »Frau Maurer, Sie meinen also, ich wüsste, was Sie tun sollen.« Und selbst in dem etwas gereizten Moment, da Herr Maurer fast abschätzig auf Günther Jauch verweist, um »dieses Gefrage« zu beenden, spiegelt der Coach wohlwollend: »Ich kann mir gut denken, dass die ständige Aufmerksamkeit, das dauerhafte Bei-der-Sache-sein-Müssen anstrengend ist.« Diese Spiegel-Sätze fassen wieder prägnant zusammen, was der Coach verstanden hat. Und genau damit erweist er sich präsent. Verständnisrückmeldungen sind unverzichtbar. Sie bringen glaubhaft zum Ausdruck, dass sich der Coach tatsächlich mit den Gesprächspartnern in der Kutsche befindet. Er sitzt im selben Gefährt, ist in ihrer Nähe und unmittelbar gegenwärtig (Leitidee Nr. 1).

Sogleich lässt er Frau Maurer seinen Respekt vor ihrem Standpunkt und ihrer elterlichen Verantwortlichkeit wissen, indem er mitteilt, wie er sie bislang erlebt: als Vielwissende, als eine Mutter, die weiß, was sie von ihrem Kind erwartet: »Sie wissen, dass Sie von Ihrem Kind nicht beleidigt werden wollen.« Frau Maurer kann in diesem Feedback hören, dass ihre Position respektabel wirkt und ihrem mütterlichen Format Konturen verleiht (Leitidee Nr. 2).

Nachdem Frau Maurer eindeutig an ihren Mann die Erwartung richtet, »dass du nicht mehr schweigst, wenn sich Steffen so aufführt«, folgt seitens des Coachs: »Das ist klar formuliert.« Dieser kurze Satz informiert, was er gerade aktuell würdigen kann. Wir vergegenwärtigen uns, dass er gleich Frau Maurer einlädt, diese Negativformulierung konstruktiv neu zu fassen. Sie ist sofort dazu bereit. Und ich sehe im positiven, kompetenzfokussierenden Tenor der Gesprächsführung die Grundlage dieser Bereitschaft (Leitidee Nr. 3). Wie schon in Aussicht gestellt: Den anderen Leitideen werden wir noch begegnen. Unser Coaching, unsere Kutschfahrt, wird bald jene Strecken erreichen, auf denen wir sie brauchen, um gut weiterzukommen.

4.4 Kompetenzen und Ressourcen

Die Diskussion dieses Merkmals systemischen Arbeitens ist schon voll im Gange. Von Kompetenzen und Ressourcen war in der Erörterung der ersten drei Merkmale bereits die Rede.

Frau Maurer konnte im Abschnitt 4.1 zugesichert werden, dass sie sich um einen genauen Blick auf sich selbst und das Erziehungsthema bemüht. Außerdem gab sie ehrlich zu, wie schlecht es ihr mit Steffens Aggression geht.

Ehrlichkeit ist eine Kompetenz und als solche zu würdigen.

Im Abschnitt 4.2 wurde Frau Maurer rückgemeldet, dass ihr Wunsch, Steffen möge sich freundlich verhalten, Ausweis ihrer mütterlichen Verantwortungsbereitschaft sei.

Übernahme von Verantwortung ist eine Kompetenz und als solche zu würdigen.

Am Zenit ihrer Ratlosigkeit schien sie zu kapitulieren und meinte, sie wisse nicht, was zieldienlich zu tun sei. Der Blick auf den bisherigen Gesprächsverlauf wies im Abschnitt 4.3 nach, dass sie bereits sehr viel wusste. Sie war allemal in der Lage zu erkennen, was sie sich von Steffen erwartet.

Zu wissen, was man will, ist eine Kompetenz und als solche zu würdigen.

Dies mag zeigen, wie integral der Fokus auf Kompetenzen und Ressourcen zur systemischen Arbeit gehört. Ohne diesen Fokus geht im systemischen Elterncoaching nur wenig – eigentlich nichts –, und *mit* ihm geht sehr viel.

Ich halte Eltern, wie bereits betont, für Erziehungsexperten – und zwar auch dann, wenn sie Schwierigkeiten haben, die sie zum Zeitpunkt ihrer Bitte um Hilfe nicht bewältigen können. Sie kennen ihre Kinder am besten, sie wissen, wie diese auf was reagieren. Eltern, die Probleme mit ihren Kindern haben und sich hilflos erleben, sagen gewöhnlich, was ihnen nicht passt, also »wo es fehlt«. Dies animiert zu der Gewissheit, dass sie auch sagen können, *was stattdessen sein soll*, worin das Ziel besteht, das sie ansteuern wollen. Daraufhin gefragt werden Eltern in systemisch geführten Gesprächen für ihr Expertentum sensibel.

Was Frau Maurer fehlt, weiß sie selbst ganz konkret. Und auch Herr Maurer weiß, was er mit sich selbst macht und was er bewirkt, wenn er zu den Aggressionen seines Sohnes schweigt, wie wir noch genauer sehen werden. Frau Maurer hört die Zusicherung: »Ich finde es super, dass Sie genau wissen, was Sie wollen.« Wie bereits vermerkt: Im Gespräch werden immer wieder auch geringfügig erscheinende Ressourcen identifiziert und konkret benannt.

Der systemische Optimist arbeitet mit der Unterstellung, dass eine elementare Ressource höchstwahrscheinlich bereits wirksam ist. Diese Unterstellung heißt: Auch die gestresste und genervte Mutter lobt ihr Kind. Irgendwann wird ihr das schon mal »passiert« sein! Mit ihr zusammen wird er genau das herausbekommen. Und dann erfährt sie an sich, dass sie damit ihre Erziehungskompetenz praktiziert: Sie tut, was sie bereits kann. Im systemisch geführten Dialog kommt sie selbst zu der Überzeugung, dass Steffen das Lob braucht, um seelisch gesund wachsen zu können. Und sie erfährt *aus ihrem eigenen Mund*, wie wir gleich lesen: Positive Rückmeldungen an ihren Sohn können Spannungen reduzieren.

Vom Coach angeregt schaut sie auf das, was ihr gut von der Hand geht, was sie macht, wenn Steffen geraume Zeit nicht »austickt«. Dieser Blick auf die »positiven Ausnahmen« ist der ideale Auftakt für kompetenzthematische Fragen. *Fragen nach Ausnahmen vom Problem* wollen dafür sensibilisieren, dass nicht »alles zu spät« ist und dass Ansätze des Guten, des Erfreulichen ausbaufähig sind. Im Dunklen gibt es Helles. Danach erkundigen sich diese Fragen.

FRAU MAURER: Also, mein Sohn ist nicht zum Aushalten. Immer stellt er irgendetwas an und führt sich auf. Es vergeht kein Tag, an dem ich nicht schimpfen muss.

COACH: Wenn häufig Konflikte zwischen Ihnen und Steffen entstehen, ist das bestimmt sehr stressig. Ich kann mir gut vorstellen, dass diese Konflikte schwer zum Aushalten sind.

FRAU MAURER: Genau so ist das. Manchmal bin ich am Abend total fertig.

COACH: Darf ich Ihnen eine Überlegung anbieten? Gibt es auch mal Tage, an denen Sie weniger schimpfen müssen, an denen zu Hause etwas mehr Harmonie herrscht?

FRAU MAURER: Glauben Sie mir etwa nicht? Ich habe doch schon gesagt, dass ich immer schimpfen muss. Der tut und lässt, was er will.

COACH: Und ein halber Tag, ein Vormittag, ein Nachmittag, oder kürzer? War er mal ein paar Stunden »zum Aushalten«? Mussten Sie mal an einem Tag längere Zeit nicht schimpfen?

Die Mutter überlegt. Es ist still. Die Überlegung nimmt viel Zeit in Anspruch.

FRAU MAURER: Na ja, hin und wieder passt es ja.

COACH: Was passt da genau? Was macht er, wenn es passt?

FRAU MAURER: Da spielt er entweder für sich allein oder er spielt sogar mit mir oder auch mit dem Papa, ohne dass er austickt und rumspinnt.

COACH: Und was machen Sie da oder haben Sie gemacht, wenn er mal nicht austickt und sich Ihnen gegenüber freundlich verhält? Vielleicht können Sie sich ganz konkret an bestimmte Tage erinnern. Stellen Sie sich vor, in Ihrem Kopf ist ein Fernseher, ein Bildschirm. Ein DVD-Player ist angeschlossen. Eine DVD-Scheibe gibt wieder, was an diesem Tag oder in den Stunden anders gewesen ist, als Steffen nicht ausgetickt ist.

Sie überlegt wieder, sie überlegt, so lange sie will. Der Coach ist still und lässt ihr Zeit.

FRAU MAURER: Ja, wenn er nicht rumspinnt, ist an diesem Tag schon was anders. Da haben wir meistens mit ihm irgendetwas

gemacht, sind in den Zoo oder ins Kino gegangen. Entweder ich allein mit ihm oder mein Mann allein mit ihm oder wir alle drei.
COACH: Und wenn Sie daheim bleiben? Was ist daheim anders, wenn er nicht austickt?

Frau Maurer denkt angestrengt nach. Sie ist »nicht gewohnt«, wie sie sagt, sich gedanklich darauf zu konzentrieren, was mit Steffen wann gut lief. Dazu lässt er ihr keine Gelegenheit, versichert sie verbittert. *Jetzt* hat sie diese Gelegenheit und kann, großzügig mit sich selbst, viel Zeit darauf verwenden.

FRAU MAURER: Ja, der letzte Samstag lief ganz gut. Da hat Steffen die Spülmaschine eingeräumt. Mein Mann war aber nicht da. Der motzt immer und holt die Tassen und Teller wieder aus der Spülmaschine, die Steffen eingeräumt hat, weil er das nicht »raumsparend« macht, wie ihn mein Mann immer vollabert. Das obere Schiebegitter für die Tassen hat er tadellos hingebracht. Das untere für die Teller nicht. Aber das war egal. Ich hab ihn für das obere Schiebegitter gelobt. Und ich hab ihn mal gelassen, hab ihm nochmals gesagt, dass er das so gut macht, und dann war er wirklich den ganzen Nachmittag friedlich. Wir haben dann eben zweimal die Spülmaschine angemacht, aber das war mir wurscht. Und beim zweiten Mal hab ich ihn auch gelobt. Dann hab ich ihm erlaubt, 'ne Stunde länger wach zu bleiben, weil der Nachmittag so super war.

In diesem kurzen Dialog ist der Übergang von der Problemsprache in die Lösungssprache wieder exemplarisch dargestellt. Nochmals: In der Lösungssprache werden Möglichkeiten, Ressourcen bzw. Kompetenzen fokussiert. Die Mutter ist erfolgreich auf der Suche nach ihren Kompetenzen: Sie war in der Lage, ihr Kind zu loben, und zwar auch dann, als Steffen den Ansprüchen Erwachsener bezüglich der Spülmaschinengepflogenheiten nicht genügen konnte. Sie ließ ihr Kind Kind sein und hat Steffen auf dem Niveau, das er als Kind gut erreichte, positiv verstärkt. Die Mutter erwies sich damit als erziehungskompetent. Und die Kompetenzen des Kindes sind, wie wir eben sehen, neben den Kompetenzen der Mutter *mit* Thema dieser Suche bzw. Untersuchung.

Die Kompetenzerinnerung an diese Szenerie in der Küche kann sehr detailliert besprochen werden. In der Vorstellung darf jede Einzelheit Erwähnung finden, so präzise wie möglich: Steffen räumt die Spülmaschine ein. Wohlgemerkt, das macht er nicht »raumsparend«. Vielleicht will sich die Mutter ein wenig entspannen, wenn sie die Bilder ausmalt, die szenisch in ihrer Vorstellung entstehen.

> Coach: Was bewog Sie, Frau Maurer, Steffen an der Spülmaschine tätig sein zu lassen, ohne ihn zu kritisieren und ohne das Raumsparen anzumahnen?
> Frau Maurer: Ehrlich gesagt, hatte ich Angst, dass er wieder austickt, wenn ich ihn kritisiere.
> Coach: Und dann ist er nicht ausgetickt. Sie haben ihn auch gelobt.
> Frau Maurer: Das hab ich gemacht, weil ich wusste, dass er sich freut.
> Coach: Das freut *mich* jetzt, wenn ich das so sagen darf. Eine Mutter, die ihr Kind lobt, damit es sich freut, hat was drauf, so denke ich.

Der Coach, der in diesem Stil mit der Mutter spricht, lässt von ihr die Annahme beglaubigen, dass sie selbst die Fähigkeit hat, mit ihrem Sohn zurechtzukommen. *Kompetenzunterstellungen* durchflechten seine ganze Arbeit. Zum vollen Austrag kommen diese Unterstellungen durch *Kompetenzerinnerungen*. Die Unterstellung wird zur bestätigten Gewissheit. Sie leitet sich ab aus den Erinnerungen an problemfreie Zeiten, die durchaus kurz sein können. Man ruft all das in Erinnerung, was in diesen angenehmen Zeiten im Verhalten und Erleben der Systemteilnehmer wie wirksam gewesen sein könnte. Der Clou dieser Kompetenzerinnerung liegt in der Reflexion der Möglichkeit, die positiven Ausnahmen und das, was sie als solche qualifiziert hat, schrittweise zur Regel zu machen. Der Blick auf die »guten Seiten« Steffens wird immer wieder geschärft, geübt und mit Verstärkungsplänen kombiniert. Das wäre etwa in der Frage angepeilt:

> Coach: Das haben Sie ja super hingekriegt. Sie haben Steffen gelobt, und er hat sich gefreut. Welche Gelegenheiten und Anlässe könnten Sie *noch* finden, Steffen für das, was er gut gemacht hat, zu loben?
> Frau Maurer: Hm, da muss ich überlegen. Manchmal will er Obstsalat mit mir machen. Die Pfirsiche schneidet er schon sehr gekonnt in kleine Würfel. Na ja, es stimmt, wenn ich mir

unseren Alltag so durch den Kopf gehen lasse, kann ich schon sagen: Steffen tickt dann nicht oder zumindest weniger aus. Er kann was machen und macht das gut. Und dann sag ich ihm das. Es ist schon so, dass er dann 'ne ganze Zeit lang gut drauf ist. Und Sie meinen, dass er weniger austickt, weil ich ihn lobe?

COACH: Ich meine, *Sie*, Frau Maurer, könnten das meinen, wenn *Sie* diese Erfahrung öfter und immer wieder machen. Und diese Ihre Erfahrung heißt offenbar: Steffen ist umgänglicher, wenn er mal ein Lob hört.

Frau Maurer ist gerade dabei, einen linearen Kausalzusammenhang herzustellen: Steffen tickt weniger aus, *weil* er gelobt wird, so beginnt sie zu vermuten. Der Coach hält sich da geflissentlich zurück, wie wir eben lesen konnten. So wenig er »warum« fragt, so wenig wird er einen festen Weil-Nebensatz formulieren. Eltern denken oft in Ursache-Wirkung-Schemata. Der Coach ist da vorsichtig. Was »wirklich« Steffens Friedlichkeit »verursacht«, weiß er nicht – auch wenn Frau Maurer schlüssig auf ihre plausible Ursachenidee kommt. Keinesfalls wird er darum den fixen Ratschlag erteilen: »Loben Sie Ihren Sohn mehr, dann wird er auch verträglicher!«

Der Coach bleibt auch dann vorsichtig, wenn er sich selbst mit Frau Maurers Überlegungsergebnissen befreundet fühlt. Das ist hier der Fall. Ich erlebe in meiner täglichen Arbeit mit verhaltensauffälligen Kindern, dass anerkennende Worte, Achtung und Wertschätzung die Aggressionsbereitschaft reduzieren.

Trotzdem: Der systemisch arbeitende Coach (über)lässt die Empfehlung, Steffen zu loben, ganz der Mutter. Und wenn sie selbst zwischen Lob und häuslichem Frieden ein Ursache-Wirkung-Verhältnis »entdeckt«, wird er davor Respekt haben und zugleich selbst auf kausal-lineare Eindeutigkeitsaussagen verzichten. Denn grundsätzlich lässt er offen, dass Steffen auch dann austickt, wenn er gelobt wird. Zu Frau Maurers Alltagserfahrung, so wie sie sie interpretiert, gehört nun mal dieses Erlebnis: Wenn Steffens Verhalten okay ist, dann ist dabei kontextuell *anders*, dass sie ihn lobt oder gelobt hat (systemisches Merkmal U, Unterschied). Und das will sie festhalten. Super!

Jetzt lassen sich mit der Mutter in aller Ausführlichkeit und Präzision weitere Lob-Möglichkeiten diskutieren, wenn sie das will. Indem der Coach Frau Maurer die Ideen-Autorität lässt, kann das Gesprächsklima schöpferisch produktiv werden. Und dann schäumen die Ideen. Jeder neue Einfall wird willkommen geheißen, jeder neue Anlass, das Kind mit einem guten Wort zu erfreuen, wird begeistert begrüßt.

Für die systemische Praxis macht Rainer Schwing geltend: »Wir müssen uns sehr konsequent an Ausnahmen, an Gelingendes im Leben, an erste Erfolge der Klienten ankoppeln und diese fast übertreibend in den Vordergrund holen. [...] Indem wir (kleine) Veränderungen bejubeln, uns über sie begeistern, sie feiern, können wir Menschen dahin führen, größere Veränderungen anzugehen, mutiger zu werden, sich mehr zuzutrauen« (Schwing 2009, S. 88).

Frau Maurer traut sich in der Tat immer mehr zu. Das geht so weit, dass sie mich auf neue Ideen bringt und ich mich manchmal als ihr Coachee empfinde. Wir diskutieren ausführlich, anschaulich und konkret die Wichtigkeit des guten Zuspruchs, durch den Kinder sich bestätigt fühlen können. Verschiedene Möglichkeiten des guten verstärkenden Wortes notieren wir auf einem Papierbogen. Ich nehme darauf immer wieder Bezug: Kindern geht es gut, wenn sie gelobt werden. Diese Position vertreten meine Kolleginnen und Kollegen so lange entschlossen, bis uns ein Kind vom Gegenteil überzeugt. Das ist an unserer Einrichtung *unsere* Berufserfahrung mit verhaltensauffälligen Kindern. Und da ich systemischem Gedankengut zuneige, will ich diese unsere Position nicht verabsolutieren, keine Garantie formulieren und kein Patentrezept erstellen.

Wie schon geäußert: Frau Maurers Erfahrung und unsere Berufserfahrung ähneln sich. Deswegen lasse ich mich von ihr begeistern und freue mich über unser kollegiales Coaching. Gerne sitze ich auf unserer Kutschreise neben ihr. Wir finden Lob-Anlässe en masse. Nicht nur die gekonnt klein geschnittenen Pfirsichwürfel für den Obstsalat kommen der Mutter in den Sinn. Steffen hat sich gestern mal ohne Aufforderung abends die Zähne geputzt. Dafür will sie ihn noch heute Abend loben.

Anerkennende Worte, die sich an Kinder richten, bauen auf und schaffen ein Klima der Bejahung und des frohen Miteinanders. Diese Erfahrung will und werde ich wiederholen. Wer eine Sprache lernen will, wird die Vokabeln wiederholen und in Satzzusammenhängen verwenden – immer wieder. Auch die Lösungssprache, in der Möglichkeiten friedlichen Auskommens mit Kindern passende Vokabeln finden, können in Zusammenhängen von Erleben und Verhalten wiederholt werden – immer wieder.

Ich möchte hervorheben, dass die Lösungssprache und die Kompetenzunterstellung auch dann helfen, wenn die Eltern problemfixiert bleiben. Wie wir gesehen haben, können sie darauf bestehen, dass ihre Aussichtslosigkeit durch einen ausdrücklich vorgetragenen Rat des Coachs behoben wird. Wir haben das unter 4.3 diskutiert. Die Eltern wollten unbedingt, dass gesagt wird, was »richtig« sei. Der Coach gab dann seine Vorstellung vom »richtigen« Verhalten des Vaters bekannt und dachte laut, der Vater könnte sich einschalten und damit die für den Sohn erlebbare Solidarität mit seiner Frau praktizieren. Dem schloss er die Frage an: »Wäre das möglich für Sie?«

Das Wort *möglich* in dieser Frage transportiert die Annahme, dass der Gefragte *kann*, was möglich wäre. Herr Maurer *kann* am Lösungsmanagement operieren und ist in der Lage, sich vor Steffen mit der Mutter solidarisch zu zeigen. Nochmals: Diese kurze Frage unterstellt ihm Kompetenz und Effizienz, also Wirkmacht. Die Kompetenzunterstellung ist, wie man oft erlebt, wesentlich beteiligt an der Entwicklung aktueller Handlungsbereitschaft.

Und noch etwas Wichtiges in diesem Zusammenhang: Frage ist nicht gleich Frage! Es lässt sich an dieser Stelle hervorragend erläutern, wie ein unerheblich erscheinender Formulierungsunterschied aus einer systemisch günstigen Frage das Gegenteil machen kann. Der Berater könnte, gelenkt von bester Absicht, seine Anregung in den Appell fassen: »Das müsste doch möglich sein für Sie, oder?«

Diese Frage ist qualitativ etwas völlig anderes. Sie enthält einen Mahnruf, also ein Muss, und nimmt dem, der sich (noch) hilflos fühlt, einen ganz wesentlichen Teil seiner Kompetenz, nämlich die Kompetenz der Entscheidung. Nach einer Frage dieser Diktion hat der Gefragte nur noch eine Reaktionsmöglichkeit: Er muss sie mit Zustimmung quittieren, andernfalls liegt er »falsch«. Unterstellt ist hier das Gegenteil von Kompetenz! Die appellative Frage lässt keine Entscheidungsfreiheit mehr, sie diktiert.

Ein Leitwort, das sogar als Buchtitel dient, heißt: »Wer fragt, der führt« (Stein 2008). Dem stimme ich zu. Systemisch aber ist unbedingt dazuzusetzen: »Wer antwortet, führt mit.« Die elementare Bedeutung des Fragens im systemischen Austausch ist unstrittig. Geradeso auch unstrittig, dass die Frage den Gefragten als Entscheider zu respektieren hat. Mit systemischen Fragen, zu denen die Frage nach den positiven Ausnahmen gehört, werden elementare systemische Beratungsprinzipien umgesetzt. Die jüngst oder irgendwann mal genutzte Ressource liegt sprungbereit im Fokus. Ja, sprungbereit: Die Kompetenz steht auf und bewegt sich.

Das französische Wort »Ressource« kommt vom Lateinischen »resurgere« = »wieder aufstehen, sich wieder aufrichten, wieder erwachen«. Die lateinische Wortbedeutung formuliert ganz jenes systemische Vertrauen, das unsere Grundhaltung qualifiziert: Können ist da, und dieses Können *wird wieder*, wenn man es lässt, dieses Können »resurgiert«! Die Ressource ist, wenn ich das im Rückgriff auf ihre lateinische Herkunft so sagen darf, ein Re-Prozess, ein *Erneuerungsvorgang*. Und dieser Vorgang verschränkt sich mit der Lösung. Der Coachee entdeckt sich als Könner *wieder*. Sein Selbstverständnis renoviert sich, er gewinnt Kompetenzgewissheit, findet die Lösung und setzt sie bereits in dem Moment um, da er auf Fragen nach positiven Ausnahmen und auf Lösungsfragen antwortet. Die Antwort selbst ist bereits der Beginn, der Vollzug hochwirksamer Kompetenz und Veränderung. Im Antworten auf systemische Fragen vollziehen sich Neustart, Kompetenzakt und Intervention. Die Kompetenz wird zum erlebbaren Ereignis, da die Lösung wie deren Planung Werk des Antwortgebers ist. Systemische Highlights blitzen immer wieder auf, *wenn der Coachee zu seinem eigenen Coach wird*, da er an seiner Lösung gedanklich kreativ operiert, um sie dann im Alltag wirksam umzusetzen.

Wenden wir wieder einen kurzen Blick auf unsere Leitideen zum systemischen Elterncoaching. Auch in den eben angeführten Gesprächsfragmenten sind sie gut identifizierbar.

Frau Maurers Negativbefund wird zur Kenntnis genommen. Der Coach hört: »Also, mein Sohn ist nicht zum Aushalten.« Er meldet zurück: »Wenn häufig Konflikte zwischen Ihnen und Steffen entstehen, ist das bestimmt sehr stressig. Ich kann mir gut vorstellen, dass diese Konflikte schwer zum Aushalten sind.« An diesem Spiegelversuch können wir Grundsätzliches feststellen: Der Spiegler bringt sich selbst in die Rückmeldung. Was er da spiegelt, ist nicht nur das, was er hört, sondern auch das, was er versteht oder auch verstehen will. In unserem Gespräch setzt sein Verständnis einen neuen Schwerpunkt. Er fokussiert nicht Steffen als »nicht zum Aushalten«, sondern die Konflikte, die zwischen ihm und seiner Mutter »stressig« wirken. Damit spiegelt er sozusagen positiv tendenziös. Die Spiegelung ist also keine Kopie des Gehörten, keinesfalls etwas objektiv Wahres oder Richtiges. Sie ist Produkt des Verstehenden. Es kann durchaus sein, dass der Gesprächspartner sich von den Inhalten der Spiegelung missverstanden oder gar verzerrt fühlt.

Mir kommen gerade die Zerrspiegel des Münchner Oktoberfestes in den Sinn: Ohne Zweifel spiegeln sie den, der vor ihnen steht. Aber was machen sie aus ihm! Die jeweils unterschiedlich gewölbten Spiegeloberflächen schaffen ganz neue Bilder. Ein beleibter, den lukullischen Freuden Zugetaner mag vor einem Zerrspiegel gertenschlank erscheinen. Vielleicht meidet er am Abend nach der Rückkehr in seine Wohnung den Blick auf den ebenflächigen Spiegel an der Innentür seines Kleiderschrankes. Denn der vermittelt jenen optischen Eindruck, der die weiten Rundungen seiner Korpulenz nicht »verschweigt«.

Der systemisch arbeitende Coach will gar nicht »objektiv« spiegeln. Sein Spiegelresultat enthält seine »subjektiven« Verständnisanteile. Und das findet er völlig okay. Der gespiegelte Gesprächspartner wird das auch okay finden oder eben nicht. Ist er mit dem Spiegelergebnis nicht einverstanden, dann sagt er das dem Coach, und der Spiegelprozess kann sich erneuern und verfeinern. Wir sehen an dieser Stelle, dass der Begriff »Spiegeln« eigentlich nicht genau wiedergibt, was er meint. Kein Spiegel ist ein Dialogpartner – der »spiegelnde« Systemiker schon.

Im Coaching, auf unserer Kutschfahrt, bleiben die Fahrgäste im Austausch und stimmen sich aufeinander ab. Wenn sie einander »spiegeln«, schaffen sie etwas Neues, sie reproduzieren nicht nur, sie produzieren auch! In den Spiegelbildern zeigt sich nicht nur der jeweils Gespiegelte, sondern auch der »Spiegler«. Er bringt sich mit dem Gespiegelten in Beziehung. Und genau darin liegt das Spiegelprodukt.

Der Coach will Steffen nicht als Bösewicht gelten lassen. Deswegen spiegelt er nicht, der Junge sei »nicht zum Aushalten«, sondern stellt die »Konflikte« ins Zentrum des Gesprächs:

FRAU MAURER: Also, mein Sohn ist nicht zum Aushalten.
COACH: Ich kann mir gut vorstellen, dass diese Konflikte schwer auszuhalten sind.

Mit welchem Recht tut er das, mit welchem Recht liefert er diese eigenproduktive Veränderung mit? Allein mit dem Recht, das ihm Frau Maurer einräumt. Nach seinem »subjektiv« gefärbten Spiegelsatz meint sie:

FRAU MAURER: Genau so ist das. Manchmal bin ich am Abend total fertig.

Mit dem Spiegelergebnis des Coachs kann sich Frau Maurer also (ein) verstanden fühlen. Jemand hat kapiert, was sie belastet. In ihrer Not ist sie nicht mehr allein, der Coach hält sich thematisch bei ihr auf, ist präsent (Leitidee Nr. 1).

Dass er Frau Maurer *als Mutter* respektiert und damit ihre elterliche Verantwortlichkeit zur Kenntnis nimmt, unterstreicht er ausdrücklich: »Eine Mutter, die ihr Kind lobt, damit es sich freut, hat was drauf, so denke ich.« Wieder mag sich die Gefahr andeuten, dass der Coach wertet. Und wieder bleibt er hier nach meiner Auffassung vorsichtig. Frau Maurer hat im Verlauf ihrer Probleme »gelernt«, sich als Mutter gering zu schätzen. Er entdeckt mit ihr zusammen vieles, was er ihren mütterlichen Qualitäten zurechnen möchte. Und solange er sich auf sich selbst beruft (»so denke ich«) und keine »wahre« Diagnose stellt, kann sich im Gespräch systemisch fruchtbare Bewegung entfalten.

Der Nachsatz »so denke ich« ist ganz Thema unserer zweiten Leitidee zum systemischen Elterncoaching. Denn er beinhaltet grundsätzlich die reale Möglichkeit, dass der Gesprächspartner eine *andere* Position bezieht. Ich erlebe hin und wieder, dass Mütter meinen Standpunkt über ihre Vorzüge zurückweisen: »Ich bin keine gute Mutter!« Aus dieser Meinungsverschiedenheit entsteht dann kein Streit, wer recht hat, sondern die Verständigung, dass Unterschiede in den Auffassungen okay sind. Würde der Coach die Mutter in bester Absicht von seiner Auffassung überzeugen wollen, ließe er es an Respekt vor ihrem Standpunkt fehlen. Den wird er üben, indem er auf Überzeugungsarbeit verzichtet. Und zugleich darf er jenen Respekt äußern, den er angesichts all dessen empfindet, was ihr als Mutter *seiner Meinung nach* gut gelingt (Leitidee Nr. 2): »Das haben Sie ja super hingekriegt. Sie haben Steffen gelobt und er hat sich gefreut.« Freiheraus sagt er Frau Maurer, was er gerade positiv erlebt. Er hält das mütterliche Lob für einen Ausdruck ihrer Kompetenz. Und genau das ist hier Inhalt seines Feedbacks (Leitidee Nr. 3).

Ich möchte diesen Erklärungsversuch in Bezug auf das Wort »systemisch« nochmals zusammenfassen und wiederholen, dass ich Coachinggespräche vor allem dann als wirksam erlebe, wenn ich jene systemische Grundposition beziehe, die sich für mich an den vier Merkmalen erkennen lässt:

1. in Beziehungen und Zusammenhängen denken
2. sich für Unterschiede interessieren
3. Lösungsmöglichkeiten anvisieren
4. Kompetenzen und Ressourcen unterstellen

Wie eben gezeigt sind diese Merkmale selbstverständlich nicht isoliert voneinander zu betrachten. Sie sind in der Praxis eng verschmolzen, ergänzen sich und sind selbst wie ein System. Alle vier beziehen sich aufeinander.

Beziehungen (1) sind für Systemiker vor allem dann interessant, wenn sie sich (2) voneinander unterscheiden. Was ist im Beratungszimmer anders als vor dem Bürofenster, wo Steffen seine Mutter beleidigt und tritt? Wie wir sahen, führt diese Frage direkt ins lebendige Beziehungsgeschehen aller Systemteilnehmer. Und diese Frage nach dem Unterschied schafft zudem jene Voraussetzungen, unter welchen sich Lösungsgedanken (3) und Kompetenzermittlung (4) bestens entfalten können.

Unser Kunstwort will nochmals kurz erwähnt sein. Aus den Anfangsbuchstaben Beziehung, Unterschied, Lösung und Kompetenz bilden wir das Akronym BULK. Es kann uns bei der Orientierung helfen. Sozusagen BULK-gerüstet »wissen« wir nicht nur, wie Berater systemisch denken und arbeiten. Wir können auch identifizieren, was nicht zum systemischen Ansatz passt. Auf Fehlerdiagnosen liegt in heilpädagogischen Arbeitszusammenhängen bedauerlicherweise oft der Schwerpunkt. Darum wiederhole ich, was zu Beginn dieses Kapitels betont ist: Wenn ein Coach beispielsweise einem Vater erklärt, welche Erziehungsfehler ihm unterlaufen und warum seine Kinder keinen Respekt vor ihm haben, mag er damit das Beste wollen. Wir »wissen« jetzt mit Sicherheit: Wer einem Vater die Gründe für seinen Autoritätsverlust erklärt, arbeitet nicht systemisch! Denn der Schwerpunkt des Fehlerdiagnostikers liegt auf den Defiziten, nicht auf dem K. Die Kompetenzen des Ratsuchenden aber sind Thema des Systemikers, mögen diese auch in Konflikten zwischen Eltern und Kindern nur schwer zu finden sein. BULK kann uns also programmatisch anregen und uns fragen lassen, wann der Vater sich zum letzten Mal als liebevolle Autorität erlebte, was da anders war (Unterschied), was zu Zeiten respektvollen Miteinanders der Vater und die Kinder konkret übereinander dachten, was sie in ihren Beziehungen füreinander empfanden, und wie sie jetzt in der Gegenwart zusammen Lösungen aufspüren können. Die detaillierte Erinnerung an väterliche Kompetenzphasen wird diese Lösungssuche enorm erleichtern.

Eine fundiert systemische Arbeitshaltung mag also aus diesen vier BULK-Elementen bestehen. Und die Leitideen animieren uns zu der Überlegung, was wir als systemisch Denkende real machen können.

In unserer oft komplizierten Praxis unterscheiden wir zwischen BULK und Leitideen nicht. Bei der eher theoretischen Überlegung aber, was systemisch ist und was wir systemisch machen, können wir differenzieren: BULK will eine Denkhaltung, ein Denkprogramm markieren, und die Leitideen sind die Umsetzer, die Verwirklicher dieses Denkprogramms.

Ein Bild fällt mir gerade ein: BULK mag das viereckige Beet abstecken, in dem fruchtbarer, gedüngter, humusreicher Boden bereitliegt. In ihm gedeihen die schönsten Blumen (Leitideen und konkrete Handlungsoptionen), wachsen in die Höhe und orientieren sich ganz am Licht.

5 Eltern lassen sich nichts gefallen: Schutz des gewalttätigen Kindes

Auf ein großartiges Ziel einigen sich verantwortungsvolle Eltern in Gesprächen an unserer Einrichtung. Ich erwähnte es bereits:

> *Wir bewältigen Aggressionen und verletzen uns nicht.*
> *Respektvoll begegnen wir uns.*

Dieser Satz, der unser Ziel angibt, liest sich vielleicht rigoros. In der Tat: Er lässt eindeutig keinen Toleranz-Raum für Aggressionen. Vor allem Mütter, die zur Zielscheibe kindlicher Gewalt geworden sind, bewegen mich zu dieser Eindeutigkeit. »Ich mag mein Kind nicht mehr!« – mit dieser bestürzenden Selbst- und Beziehungsdiagnose teilen sie mir oft weinend ihre dunkle Trostlosigkeit mit.

Wenn kindliche Aggressionen alltagsgestaltende Macht ausüben dürfen, wenn ein Kind seine Eltern mit deren Duldung beleidigen oder gar schlagen darf, kann es sein, dass die chronische Angst vor den nächsten Gewaltakten größer wird als Mutter- und Vaterliebe. Es passiert dann häufig, dass Eltern ihre Liebe zu den Kindern nicht mehr spüren, wenn die Angst Regentin des familiären Milieus geworden ist. Die Angst wohnt dann, so könnte man sagen, mit im Haus und belastet die Eltern *und* die Kinder.

»Wir können nicht mehr, wir wissen nicht mehr weiter!« Eltern, die so sprechen, kapitulieren oft vor den Aggressionen ihrer Kinder, bleiben chronisch passiv und leiden nur noch. Da kann oft jenes Erleben nicht mehr empfunden werden, das die Beziehungen zwischen Eltern und Kindern reich macht: Respekt voreinander, wobei Nähe wie Distanz gleichermaßen möglich sind. Ja, auch Distanz! Es mag in einer Familie krachen, laut hergehen, geheult und gestritten werden. In alledem kann der Respekt voreinander intakt bleiben. Zu ihm mag vielleicht hin und wieder unbedingt gehören, dass Streit und Auseinandersetzung die Fronten klären. Und nach meiner Meinung verträgt es sich nicht mit dem Respekt voreinander, dass wir uns entwürdigend wehtun. Wenn Kinder ihre Eltern beleidigen und schlagen dürfen, steht Würde auf dem Spiel. Die Würde der Eltern *und* die Würde der Kinder!

Im systemischen Austausch mit Eltern, die sich von ihren Kindern aggressiv und respektlos behandelt erleben, kommen wir in unseren Überlegungen sehr oft zu folgendem Ergebnis: Die Absage an die kindliche Gewalt wird akut als Selbstschutz der Eltern vollzogen. *Und zugleich auch als Schutz der aggressiven Kinder!* Auch und gerade die Kinder, die ihre Eltern beleidigen oder schlagen, haben einen Anspruch auf Schutz. Dies klingt vielleicht seltsam und abwegig. Der Aggressor hat Anspruch auf Schutz? Er bedroht doch! Schutz haben diejenigen nötig, die er bedroht, möchte man einwenden. Gewiss! Und zugleich gilt unabdingbar: Kinder haben ein Recht zu lernen, wie sie sich in dieser Welt zurechtfinden. Genau das lernen sie nicht, wenn Eltern sich von ihnen respektlos behandeln, beleidigen oder schlagen lassen.

Respektlosigkeit gefährdet gute Beziehungen. Respekt schafft gute Beziehungen, lässt das Miteinander von Eltern und Kinder gelingen. Respekt ist ein Beziehungsbegriff und darum systemisch diskutabel. Seine genaue Bedeutung darf uns interessieren. Mir hilft da wieder einmal der Blick auf seine sprachliche Heimat. Auch das Wort »Respekt« kommt vom Lateinischen und heißt wörtlich übersetzt »Rückblick« (»respicere, respectare« = »zurückschauen, zurückblicken«).

Was hat das Zurückschauen mit Respekt zu tun? Mir kommen da meine Fahrstunden in den Sinn. In der ersten Stunde erklärte mir der Fahrlehrer: Wenn man mit dem Auto die Spur wechseln will, muss man blinken. Aber bevor der Fahrer den Blinker betätigt, muss er in den Rückspiegel schauen, um den nachfolgenden Verkehr genau zur Kenntnis zu nehmen. »Hinter Ihnen«, so der Fahrlehrer, »kann es einen Verkehrsteilnehmer geben, der sich bereits in der Spur befindet, in die Sie gerade überwechseln wollen. Wenn Sie das nicht beachten, kracht es! Sehr viele Unfälle entstehen dadurch, dass Fahrer nicht in den Rückspiegel schauen oder den ›toten Winkel‹ nicht beachten!«

Diese Rückblicke – ich möchte sagen, diese Respekte, diese *Rücksichten* – erkennen an, dass man auf den Straßen nicht allein ist, dass der Verkehr ein riesiges System in Szene bringt. An dieser Szene sind viele beteiligt. Jeder dieser vielen nimmt für sich ein Platzrecht in Anspruch, das die Platzrechte anderer mitdefiniert. Mein Platzrecht endet an dem der anderen, und das der anderen an meinem. Was ein komplexes System ausmacht, ist für mich im Straßenverkehr direkt erlebbar. Dieses System funktioniert nur, wenn jeder auf die Bewegungen der Teilnehmer seiner unmittelbaren Nähe achtet. Und diese Acht aufeinander organisiert sich über Regeln. Die Rücksicht ist

Inhalt einer solchen Regel. Wer in der Fahrprüfung diese Rücksicht nicht nimmt und den Rückspiegel ignoriert, hat eine wichtige Regel nicht gelernt und bekommt den »Lappen« nicht. Der Prüfer hält ihn für verkehrsuntauglich. Der Fahrlehrer wird dem Uneinsichtigen nachdrücklich erläutern, dass er für andere eine massive Gefahr darstellt, wenn er den Rückspiegel unbeachtet lässt. Die Lernbereitschaft des Nichtrückblickenden wird wohl spätestens dann erzeugt, wenn er kapiert, dass er mit seiner *Rücksicht*slosigkeit nicht nur andere, sondern auch sich selbst gefährdet. Der Unfall bedroht auch sein Leben.

Ich möchte diese Überlegung in unser Thema tragen: Wenn Kinder Respekt, also Rücksicht lernen, wird für sie eine unverzichtbare Regel anwendbar – eine Regel, die auch ihr eigenes psychosoziales Überleben sichert:

Ich habe die Spuren, die Bewegungsräume anderer zu respektieren, andernfalls bringe ich sie und mich selbst in Gefahr.

Worin nun besteht die Gefahr, in die Kinder geraten, wenn sie andere beleidigen, schlagen und respektlos behandeln? In der lieblosen Einsamkeit. Genau darin. Das sagen mir die Kinder, deren Sozialverhalten auf ihre Mitmenschen rücksichtslos und aggressiv wirkt. Sie sind einsam und glauben fest, dass sie »niemand mag«, wie ich oft schon gehört habe. Die Tränen eines »Schlägerkindes«, die sich im Schutzraum eines vertrauensvollen Gesprächs auf die Wangen trauen, dürfen uns nicht kalt lassen – sie informieren uns, dass Schutz notwendig ist. Eltern schützen ihre Kinder, wenn sie sich verbale wie tätliche Aggressionen nicht gefallen lassen. Sie schützen sie vor der Erfahrung, die Aggression sei im Falle von Konflikten der einzig gangbare Lösungsweg. Sie schützen sie vor der Erfahrung, dass sie »niemand mag«.

Wenn die Aggression in der Erlebniswelt eines Kindes lange genug wirksam bleiben durfte, besteht die hohe Wahrscheinlichkeit, dass in seinem Beziehungsverhalten Angriff und Verteidigung zum Programm werden. Und dieses Programm startet oft oder meistens auch dann, wenn weder Personen noch Situationen es rechtfertigen. Kinder und Erwachsene mit Aggressionskarriere schlagen zu, auch wenn andere sie gar nicht bedrohen. Es kommt dann zu Unfällen, zu Zusammenstößen, die nur deshalb passieren, weil keine Rücksicht erlernt wurde. Ein achtjähriges Kind erklärte mir einmal, es habe einem Mitschüler die Lippen blutig geschlagen, »weil der so komisch geguckt hat«. Ich habe unzählige Male erlebt, dass es zu Angriffen kommen kann, die niemand veranlasst, und zu Verteidigungsakten, denen kein Angriff vorausgeht.

Kinder müssen erfahren und erleben dürfen, dass man kein Recht hat, einem Mitschüler die Lippen blutig zu schlagen, »weil der so komisch geguckt hat«. Und nochmals: Kinder *wollen* sicher sein, dass sie nicht tun und lassen dürfen, was ihnen gerade passt. Mitschülern, Lehrern oder Eltern nach Lust und Laune wehzutun und zu beleidigen, ist niemandes Recht und niemandes Wunsch. Ich weiß, dass dies schwer zu glauben ist. Ein Kind, das leidenschaftlich zuschlägt, das seine ganze Energie und Wut, vielleicht auch sogar seinen sichtbaren »Spaß« in die Gewaltakte investiert, macht nicht den Eindruck, es wolle sich im Grunde gar nicht aggressiv verhalten. Und, zugestanden, fragt man ein aggressiv auffälliges Kind, ob es wirklich beleidigen oder zuschlagen will, wird es mit hoher Wahrscheinlichkeit scheinbar selbstsicher ein lautes »Ja« hören lassen.

Ich habe von Kindern, die aufeinander losgehen, gelernt, in dieses »Ja« genauer hineinzuhören. Die Bühne der Aggression und Stärke ist nur die Hälfte der gewaltsamen Szenerie – vielleicht sogar noch viel weniger. Es gibt eine großflächige Hinterbühne, und auf dieser Hinterbühne sind Tränen, Weichheit, Verletzlichkeit und der große Hunger nach Zuneigung, Respekt und Anerkennung anzutreffen. Eltern und heilpädagogisch tätige Fachkräfte werden gegen Aggressionen dann am wirksamsten aktiv sein können, wenn sie auf dieser Hinterbühne *sensibel präsent* werden. Mit dieser sensiblen Präsenz darf sich entschlossen die Botschaft verknüpfen, dass Gewalt nicht toleriert wird, dass vor der Aggression niemand kapituliert.

Diese Botschaft – und das ist entscheidend – ist eine Beziehungsaussage! Dem Aggressor macht man mit dieser aktiven Absage an die Gewalt ein Beziehungsangebot. Unser Coachingziel, das Ziel unserer Kutschreise, enthält dieses Beziehungsangebot:

> *Wir bewältigen Aggressionen und verletzen uns nicht.*
> *Respektvoll begegnen wir uns.*

Kinder identifizieren gern den Beziehungsinhalt dieser Botschaft und begreifen, dass die Opposition der Eltern gegen die Gewalt zu ihrer Zuneigung gehört. Sie müssen Nutznießer eines Rechtes sein können, das ihnen aus meiner Sicht niemand streitig machen darf: Jedes Kind hat das Recht auf die Möglichkeit, friedliches Verhalten einzuüben, mit seiner Umwelt auszukommen und beziehungsfähig zu werden. Jedes Kind hat das Recht auf einen Lebensführerschein, für dessen Erwerb das Training von Rücksicht unerlässlich ist.

Dieses Postulat gehört thematisch auf die Ebene sozialen Lernens. Auf einer Ebene, die ganz im Innenraum der kindlichen Seele zu finden ist, ereignet sich folgender, vielleicht zunächst abwegig klingender Zusammenhang:

> *Kinder, die ihre Eltern beleidigen dürfen, fühlen sich von ihren Eltern beleidigt.*

Eine verrückte, widersprüchliche Behauptung? Nochmals und anders formuliert: Kinder fühlen sich respektlos übergangen, in ihrem Wert nicht gewürdigt, wenn sie ihre Eltern respektlos attackieren dürfen.

Woher weiß ich das? Von den Kindern, die ihre Eltern mit Schimpfnamen belegen oder sogar schlagen und dabei keine Opposition seitens der Eltern erfahren! Nur von ihnen weiß ich das, und nur sie, die aggressiv auffälligen Kinder, akzeptiere ich diesbezüglich als authentische Informationsquelle.

Zu folgenden Hypothesen geben mir vertrauensvolle Gespräche mit Kindern Anlass:

- Steffen titulierte seine Mutter vor unserem Bürofenster »dumme Wichserin«. Er erlebte sich respektlos von ihr behandelt, als sie sich diesen Schimpfnamen bieten ließ und »nur« traurig zu Boden und zu seinem Vater blickte.
- Steffen trat seiner Mutter vor unserem Bürofenster mit dem Fuß ans Schienbein. Er erlebte sich respektlos von ihr behandelt, als sie »nur« das Fernsehverbot in Aussicht stellte und dann mit dem Vater davonfuhr.
- Steffen sah seinen Vater schweigend dastehen. Auf seine Attacken gegen die Mutter hörte er nichts von ihm. Er erlebte sich von ihm respektlos behandelt, als er den Eindruck gewinnen konnte, ihn, den Vater, berühre sein aggressives Verhalten nicht.

Wohlgemerkt: Das sind Hypothesen, die jeder gerne anzweifeln kann. Im Hinblick auf innerseelische Prozesse ist nach meiner Meinung analytische Vorsicht angeraten und von fixen Exaktheiten abzusehen. An dieser Stelle allerdings erliege ich der Verlockung, Hypothesen in eine kompakte Sprache zu fassen. Steffen und Kinder ähnlicher Erfahrung lassen mir keine andere Wahl.

Am Tag nach dem Ereignis vor dem Bürofenster bat ich Steffen zu mir.

> COACH: Steffen, ich habe durch das Bürofenster gesehen, was da draußen gestern passiert ist. Du hast deine Mutter »dumme Wichserin« genannt und hast sie mit dem Fuß getreten. Was meinst du, wie ist es deiner Mutter gegangen, als du das gemacht hast?

Steffen schweigt. Er kann oder will auf diese *Empathiefrage* (Empathie = Einfühlung) zunächst nicht antworten, denn er rechnet mit Kritik und Vorwürfen. Das ist keine Katastrophe. Steffen darf aus meiner Sicht gern erwarten, dass die Umwelt zu Aggressionen nicht schweigt und Stellung bezieht. Auch und gerade eine Pädagogik, die sich therapeutisch begreift, also Heilpädagogik sein will, muss Orientierung ermöglichen, in welcher der Mut der Erwachsenen erkennbar ist, Gewalt zu missbilligen. Steffen spürt diesen Mut, und das spricht für ihn!

Steffen sagt lange nichts. Seine Sprachlosigkeit wird nicht als Ausdruckslosigkeit empfunden. In ihr meldet sich vielleicht die wichtige Information, dass er sich selbst ein Rätsel ist und ihm deswegen die Worte fehlen. Der Coach schließt sich dem Schweigen an und spiegelt damit still, meldet im eigenen Schweigen, wie das Schweigen des Gefragten wirken kann.

Dann unterbricht Steffen die Stille.

> STEFFEN: Ich weiß es nicht.

Oft sind Kinder überfordert, wenn der Anspruch an sie gerichtet wird, sich selbst zu reflektieren. In dieser Antwort kann auch der Versuch liegen, sich die aktive Auseinandersetzung mit der Aggression zu ersparen. Wie dem auch sei: Diese Antwort markiert nicht das Ende, sondern den Beginn des Themas: friedliche Beziehungsfähigkeit. Mit dieser Antwort Steffens, er wisse nicht, wie es seiner Mutter gegangen ist, wird sich der Coach nicht begnügen, sondern den Einstieg fortsetzen.

COACH: Ich bin fest überzeugt, Steffen, dass du da draufkommst. Du blickst ja durch und hast immer super Beiträge, wenn wir in der Gruppe miteinander reden ... Mir hat deine Mutter erzählt, wie es ihr geht, wenn du ihr wehtust. Und so wie ich dich kenne, kannst du mir gut sagen, was in ihr passiert, wenn du sie »dumme Wichserin« nennst und sie mit dem Fuß trittst. Also, ich weiß, wie es deiner Mutter geht. Und ich will wissen, ob du das auch weißt.

Dieser Beitrag des Coachs ermutigt zur Gesprächsbereitschaft, indem er Steffens bisher wirksam genutzte soziale Intelligenz zum Thema macht. Kompetenzerinnerung und Kompetenzunterstellung verbinden sich und kommen zum dialogischen Einsatz (systemisches Merkmal K, Kompetenz).

Dann setzt ihn der Coach unverblümt davon in Kenntnis, dass sich seine Mutter an ihn gewandt hat. Steffen weiß somit, dass sie nicht allein ist. Das landet bei Steffen als Nachricht von systemischer Tragweite. Die Mutter hat sich »vernetzt«, sie verflicht sich in Beziehungen, die sie unterstützen und die auf Steffens Aggression reagieren. Die Aggression ist damit entanonymisiert, sprich veröffentlicht im Sinne von *offener* Information. Und genau dies übt auf sie eine hemmende Wirkung aus.

Den Gesprächsverlauf regiert Eindeutigkeit. Der Coach tut gut daran, den Inhalt bzw. Anlass immer wieder konkret zu formulieren. Die Details von Steffens Angriffen sind für den Coach kein Tabu. Er wiederholt darum ohne Scheu den Schimpfnamen und benennt den Tritt Steffens gegen seine Mutter *ausdrücklich*. Die ehrliche Begegnung des Kindes mit sich selbst kann bestens gelingen, wenn seine Gesprächspartner Authentizität und Klarheit erlebbar demonstrieren.

STEFFEN: Ich glaub, dass sie traurig ist, wenn ich so was mache. Es geht ihr nicht gut.
COACH: Das ist richtig, Steffen, es geht ihr nicht gut. Sie ist sehr traurig, wenn du zu ihr »dumme Wichserin« sagst und sie mit dem Fuß trittst. Deine Antwort zeigt mir, dass du durchblickst. Willst du denn, dass deine Mutter traurig ist?
STEFFEN: Nee, nee, will ich nicht.

Die Frage, ob Steffen will, dass seine Mutter traurig ist, gehört nicht in eine Kategorie klassischer systemischer Fragen. Denn sie öffnet nur zwei Antwortoptionen: entweder ja oder nein. Es gehört zum Wesen systemischer Fragen, Möglichkeiten zu vervielfachen und nicht einzuschränken. In (heil)pädagogischen Arbeitszusammenhängen allerdings kann eine Frage im reduktiven Entweder-oder-Stil hilfreich sein – und zwar dann, wenn das Kind für sich schnell Orientierung und eine eindeutige Information über sich selbst braucht. Hier in unserem Moment wirkte Steffen sehr unsicher. Die Frage, wie es seiner Mutter ging, wenn er sie attackierte, hat ihn überrascht und verwirrt. Mit dieser Frage hat er nicht gerechnet. Diese Unsicherheit ist dosiert zu begrüßen, sie regt emotionale Bewegung an. Belässt man aber ein Kind zu lange in dieser Unsicherheit, endet wahrscheinlich seine Gesprächsbereitschaft. Eine Ja-nein-Frage, die diese Verwirrung auflösen hilft, kann den Anschluss des Kindes retten.

Der Coach war sich sicher, dass Steffen die Traurigkeit seiner Mutter nicht wollte. Die meisten Kinder haben nicht die Absicht, ihre Eltern traurig zu machen, auch wenn das sehr oft geschieht. Was aber, wenn auf diese Frage ein »Ja« folgt? Was, wenn das Kind zusichert, es wolle seine Eltern traurig machen? Dann kann systemisch weitergefragt werden, etwa: »Was genau macht dir Freude, wenn deine Eltern traurig sind?« Es mögen dann Vorwürfe und Anklagen gegen die Eltern laut werden, die in ihrem Beisein abgeklärt werden können. Für jetzt soll meine Erfahrung hinreichen, dass die meisten Kinder das Leid ihrer Eltern nicht wollen. Und an dieser Erfahrung will ich mich im Weiteren orientieren.

Die Empathiefrage, wie es der Mutter ging, als Steffen ihr wehtat, will systemisch durch eine zirkuläre Frage ergänzt werden.

> COACH: Was, meinst du, Steffen, überlegt deine Mutter, wenn du ihr wehtust? Vielleicht stellt sie sich die Frage: »Was denkt mein Kind über mich?« Oder: »Was für einen Wert habe ich für mein Kind? Steffen tritt mich, was wird er da von mir halten?«
> STEFFEN: Das versteh ich jetzt gar nicht.
> COACH: Glaubst du, dass deine Mutter meint, du magst sie, wenn du ihr wehtust?

Auch die letzte Frage an Steffen, wiewohl zirkulär gestellt, lässt nur zwei Antwortmöglichkeiten. Zum differenzierten und detaillierten Nachdenken haben Kinder, deren Aggressionen Thema sind, zunächst oft keine Lust. Und da kann es sein, dass sie auf systemische Fragen bereitwilliger antworten, wenn sie vereinfacht werden.

An dieser Stelle sei ganz kurz und knapp der Unterschied zwischen Empathiefrage und zirkulärer Frage dargelegt: Die Empathiefrage will nur wissen, wie es jemandem geht. Die zirkuläre Frage will mehr. Sie erkundigt sich danach, wie es jemandem mit anderen geht und wie es anderen mit diesem jemandem gehen könnte. Die zirkuläre Frage ist am Ergehen interessiert *und* daran, was dieses Ergehen mit anderen zu tun hat (systemisches Merkmal B, Beziehung).

> STEFFEN: Vielleicht meint sie, ich mag sie nicht, wenn ich ihr wehtue.

Steffen ist jetzt selbst betroffen von seiner eigenen Antwort. Er weint. Denn mit dieser Antwort auf die zirkuläre Frage ist ihm die ganze Beziehungsdimension bewusst geworden, in der sich seine Aggressionen vollzogen haben. Steffen beruhigt sich wieder. Der Coach stellt eine Lösungsfrage:

> COACH: Was könntest du denn vor dem Bürofenster machen, damit deine Mutter nicht mehr traurig ist und damit sie sicher sein kann, dass du sie magst?
> STEFFEN: Lieb sein zu ihr und nicht Ausdrücke sagen und nicht mit dem Fuß treten. Aber vielleicht ist die Mama gar nicht so traurig.

Die Gesprächsstimmung verändert sich deutlich und spürbar. Steffens Betroffenheit weicht. Es kommt außerdem zum Widerspruch gegen das bisher Gesagte.

> COACH: Wie meinst du das?
> STEFFEN: Ach, die sagt oft nichts daheim, wenn ich bös bin und mich aufführe.
> COACH: Magst mir das genauer erzählen, damit ich das verstehen kann? Wie kommst du auf die Idee, dass deine Mama nicht traurig ist, wenn du dich daheim aufführst?
> STEFFEN: Ich sage oft zu ihr, dass sie blöd ist und da sagt sie nichts. Ich darf mich oft aufführen. Und bei dir tut sie so, dass ihr das was ausmacht und dass sie traurig ist. Ich sage zu ihr oft Ausdrücke und schmeiße was auf den Boden, wenn ich austicke, und sie sagt nichts.
> COACH: Deine Mutter hat dir gestern Fernsehverbot erteilt.

STEFFEN: Das Fernsehverbot hab ich dann doch nicht gekriegt, weil ich versprochen hab, dass ich am Abend lieb bin und keinen Zirkus mache. Da hat der Papa das Fernsehverbot aufgehoben.
COACH: Ich will das jetzt nochmals hören, Steffen. Was, meinst du, Steffen, denkt deine Mutter, wenn du ihr Schimpfnamen zurufst, wenn du austickst, wenn du zu ihr sagst, sie ist blöd, wenn du was auf den Boden schmeißt – und sie sagt nichts dagegen?
STEFFEN: Was weiß ich, ich glaub schon, dass sie traurig ist, das hab ich ja schon gesagt. Aber vielleicht ist sie auch nicht traurig. Kann sein, dass es ihr egal ist, sonst würde sie ja was sagen. Und sie sagt oft nichts.
COACH: Was sagt denn dein Vater?
STEFFEN: Meinem Vater ist es oft egal. Der sagt ja oft nichts. Aber das ist schon cool, dass er gestern das Fernsehverbot aufgehoben hat. Und er weiß auch, dass das alles gar nicht so schlimm ist und dass die Mama gar nicht so traurig ist. Das ist nicht so schlimm, wenn ich bös bin zur Mama.

Steffen interpretiert das Schweigen seiner Eltern und die Aufhebung des Fernsehverbots schlüssig als Ausdruck ihrer Gleichgültigkeit. Er kann jetzt denken, die Eltern legten auf seine Zuneigung keinen Wert. Zu dieser Interpretation kommt es, wenn Eltern beim besten Willen (zu) nachsichtig sind. Kindliche Aggressionen gegen Mutter und Vater halte ich für Störungssignale. Eltern, die meinen Standpunkt nicht teilen, setzen mir entgegen: »Unser Kind ist zwar aggressiv, wir lieben es aber trotzdem, und deswegen wollen wir mal nicht katholischer sein als der Papst. Wir wissen, dass uns unser Kind lieb hat, auch wenn es hin und wieder zuhaut. Wir tun doch alles für unser Kind!«

An diesem Statement schätze ich elterliche Verständnisbereitschaft und elterlichen Nähewunsch. Zugleich habe ich manchmal den Eindruck, dass sich mit dieser tolerant und flexibel klingenden Erklärung erzieherische Inkonsequenz rechtfertigen soll.

In Kapitel 2 wird Frau Maurer zitiert. Der Stress mit Steffen bewegt sie zu der Aussage, dass sie ihren Sohn nicht mehr möge, wenn er sich ständig aggressiv verhalte. Das klingt sehr hart und lieblos. Und ich will Ihnen jetzt eine ganz wichtige Erfahrung mitteilen: Mit Eltern, die so etwas »Schlimmes« sagen, kann ich hervorragend systemisch zusammenarbeiten! Sie begreifen die Aggressionen ihres Kindes als Beziehungsthema, als Beziehungsstörung, und empfinden dabei nach meiner Meinung zutiefst systemisch (systemisches Merkmal B, Beziehung).

Wenn Steffen die Mutter beleidigt und tritt, beleidigt und tritt er seine Mutter *als ihr Sohn*, als Steffen! Person und Verhalten gehören hier eng zusammen. Wir tun gut daran, an dieser Stelle Folgendes zu registrieren: Kinder, die sich aggressiv verhalten, empfinden ihr Handeln und sich selbst als Einheit, die sie oft nicht auflösen wollen und können. Ich bin, was ich gerade tue! So erleben sich die meisten Kinder, die zuhauen oder andere übel beschimpfen.

Oft trennen Eltern, Pädagogen oder Psychologen Person und Verhalten und wollen damit dem Klienten bzw. dem Kind eine Hilfe sein. In der systemischen Therapie ist diese Trennung manchmal sogar methodisch indiziert. Wir haben diese Trennung schon kennengelernt. »Externalisierung« heißt diese therapeutische Isolierung des Problems von der Person. Frau Maurer hat für ihre Neigung, negativ über sich selbst zu denken, eine Figur gefunden, den Schlecht-denk-Teufel (s. Kapitel 3).

Als der Coach in Abschnitt 4.4 Frau Maurers Ergehen spiegelt, reformuliert er nicht ihren Satz »Mein Sohn ist nicht zum Aushalten«. Er spricht von den »Konflikten«, die »nicht zum Aushalten« seien. Auch an dieser Stelle: Trennung von Person (Steffen) und Problem (Konflikte). Der schlüssige Sinn dieser Trennung liegt auf der Hand: *Nicht die Person, sondern das Problem soll gelöst werden.*

Im Zusammenhang mit kindlichen Aggressionen passt diese Trennung von Person und Verhalten nicht immer. Vor allem dann nicht, wenn zwischen Problem und Problemakteur *ein intensives Absichtsverhältnis, eine intentionale Beziehung* besteht. In diesem Fall erscheint mir diese Trennung von Person und problematischem Verhalten oft nicht günstig.

Eltern, Therapeuten oder pädagogische Betreuer wollen dem aggressiv handelnden Kind die aus ihrer Sicht großartige Botschaft vermitteln: »Ich mag dich, aber ich mag nicht dein Verhalten.« Die gute Absicht dieser Botschaft ist für mich unverkennbar. Das Kind, das für sein aggressives Verhalten kritisiert wird, soll an seinem eigenen persönlichen Wert keinen Abstrich empfinden. Mit diesem therapeutischen Ideal möchte mein Denken unbedingt in Verbindung bleiben. Geradeso will an dieser Stelle meine Erfahrung erwähnt sein, dass aggressiv aktive Kinder diese ausdrückliche Unterscheidung zwischen sich selbst und dem, was sie gerade machen oder gemacht haben, meistens nicht verstehen. Ich habe selten erlebt, dass ein Kind einsichtig gewirkt oder einsichtig reagiert hat, wenn die Eltern ihm feierlich unterbreitet haben, dass sein »böses« Verhalten »furchtbar«, es selbst aber okay sei. Dieses Differenzieren zwischen Person und Verhalten kann im Umgang mit Kindern in konfliktthematischen Zusammenhängen alle Beteiligten überfordern.

*Absichts*verhalten und Person verbinden wir Erwachsenen oft ganz eng. Keinerlei Bedenken empfinden wir da: Eine Frau, die von ihrem immer wieder alkoholisierten Mann geschlagen wird, muss zwischen seinem Verhalten und seiner Person nicht unterscheiden. Er weiß, was er tut, wenn er verantwortungslos zur Flasche greift und dann seine Selbstkontrolle verliert. Dass *er* widerlich *ist*, mag ihr – verstehbarer – Befund sein.

Ein Vater macht den ganzen Samstag lang mit den Kindern Unternehmungen, weil er möchte, dass die Mutter mit ihrer Freundin unbeschwert einen langen Einkaufsbummel in die Großstadt starten kann. Sie, die Mutter, muss zwischen seinem Verhalten und seiner Person nicht unterscheiden. Sie kann *ihn* einfach super finden. Dass *er* super *ist*, mag ihr – verstehbarer – Befund sein.

Kinder, auf deren aggressives Verhalten reagiert bzw. nicht reagiert wird, fühlen oft keinen Unterschied zwischen sich und dem, was sie gemacht haben. Die Auskunft über ihr Verhalten ist eine Auskunft über sie selbst. Wir tun gut daran, vor dieser Einheit, die das Kind zwischen sich und seinem Tun erlebt, Respekt zu üben. Nochmals: Diese Einheit in aggressionsthematischen Erlebnisfeldern künstlich aufzulösen, ist oft unsinnig. Darum lasse ich diese Einheit, wenn sie mir unverrückbar fest erscheint, in Ruhe und zerstückle nichts! Ich nehme sie vor allem dann zur Kenntnis, wenn ein Kind sagt, den Eltern sei egal, was es tut! Es fühlt sich dabei *selbst* egal. Und an diesem *Gefühl* ist nach meiner Auffassung nichts zu korrigieren!

Ich überhöre nicht Steffens Freude über die Aufhebung des Fernsehverbots. Er informiert uns über die oft erlebte Reaktionslosigkeit der Eltern und über seinen Schluss, es sei ihnen egal, was er mache. Dies sagt er keineswegs traumatisiert, durfte er doch die väterliche Amnestie genießen und trotz seiner Aggressionen gegen die Mutter fernsehen. Der Schaden, den Steffen mit dieser »Nachsicht« in Kauf nehmen muss, liegt auf der Hand. In seiner Freude über das Trotzdemfernsehen-Dürfen liegt fatalerweise die Erfahrung: Meinen Eltern ist egal, was ich mache, und *ich* bin ihnen auch egal.

In einem anderen Zusammenhang – seine Eltern holten ihn einmal zu spät ab – äußerte Steffen wörtlich: »Ich bin denen wurscht!« Kein Kind wird wegen einer Verspätung so leicht zu diesem brechenden Urteil über die Eltern kommen, wenn nicht Erfahrungen vorausgingen, die seiner Würde den Respekt verweigerten.

Das Leid Steffens berührt mich emotional, wenn ich eben diese Sätze niederschreibe. Daher formuliere ich radikal: Die Aufhebung des Fernsehverbots durch den Vater war ein grober Akt der Respektlosigkeit gegen die Mutter und zugleich ein grober Akt der Respektlosigkeit gegen Steffen, den Aggressor! Steffen durfte sich über etwas freuen, was sich gegen ihn und seinen persönlichen Wert richtete. Darin liegt die ganze Diabolik dieser furchtbaren Szenerie!

Die Kinder selbst klären uns auf, was in ihnen vor sich gehen kann, wenn sie gegen ihre Eltern mit Schimpfworten ausfällig werden dürfen: Sie fühlen sich wert*los*! Wert*voll* fühlen sich Kinder, wenn sich Mutter und Vater keine Beleidigungen bieten lassen und ihnen zeigen, wie friedliches Miteinander und Wiedergutmachung gelingen. Wenn dies gelernt worden ist, werden Eltern im Fall beleidigender Entgleisung beharrlich darauf bestehen, dass ihre Kinder sich um Gleichklang mit ihnen bemühen und sich entschuldigen (Entschuldigungsritual Kapitel 8.5).

Ich halte es für verantwortungslos, auf kindliche Aggressionen nicht oder mit einem »Verständnis« zu reagieren, das die Aggressionen legitimiert. Nicht selten höre ich von Eltern, man müsse »verstehen«, dass ihr Kind hin und wieder mit Schimpfworten gegen sie »Spannungen« oder »Frust abbaut«. »Anderswo« sei es »verprellt oder vor den Kopf gestoßen worden, und daheim lässt es das raus. Deswegen kann man das schon durchgehen lassen«. Nach meiner therapeutischen Arbeitserfahrung ist ein »Verständnis«, das kindliche Aggressionen gegen Eltern hinnimmt, kein Verständnis, sondern sein Gegenteil! Kein »Anderswo-Frust« des Kindes erteilt ihm die Erlaubnis, Mutter und Vater zu beleidigen. Wer diese Erlaubnis erteilt, nimmt in Kauf, dass das Kind sich wertlos fühlt.

Eltern, die sich keine Beleidigungen und keine tätlichen Angriffe gefallen lassen, sichern den Selbstwert ihrer Kinder. An dieser elterlichen »Intoleranz« dürfen sie erleben, dass sie wichtig sind, und zwar so wichtig, dass es nicht egal ist, was sie sagen oder tun.

Milde und Nachsicht, wenn ein »irgendwie frustriertes« Kind Eltern attackiert oder einem anderen die Lippen blutig schlägt, »weil der so komisch geguckt hat«, führen zu einem nicht verantwortbaren Ergebnis: Die Kinder, die aggressiv in Erscheinung treten, haben das Nachsehen! Mit Nachsicht, die Aggressionen toleriert, enthält man ihnen elementare Lernerfahrungen vor! Nach meiner Auffassung handeln wir dann verantwortlich, wenn wir Lernerfahrungen ermöglichen, die den friedlichen Austausch und sein Gelingen anzielen.

6 Systemische Ergebnisoffenheit?

Auf unserer Kutschreise, in unserem Coaching, sind wir ins Debattieren gekommen. Eine im Elterncoaching immer wieder gestellte Frage klingt mir jetzt aufdringlich im Ohr: »Was ist richtig?«

Es wird Sie vielleicht überraschen: Systemiker *wollen* sich mit dieser Frage schwertun! Sie sind vorsichtig und verarbeiten damit die Erfahrung, dass Richtigkeiten sehr oft etwas Rabiates beinhalten und wertvolle Vorbehalte niedertreten. Das klingt sehr nach Neutralität.

Dem Schluss des vorigen Kapitels ist allerdings klar zu entnehmen, dass man als Pädagoge bzw. Psychologe keineswegs ein inhaltsleeres Blatt, ein orientierungsloses Neutrum sein muss. Im Elterncoaching sind Erziehende und Coachs unterwegs auf ein Ziel hin. Ich möchte es wiederholen:

> *Wir bewältigen Aggressionen und verletzen uns nicht.*
> *Respektvoll begegnen wir uns.*

Als Systemiker bleibe ich bei diesem Ziel. Ganz »unneutral« erlebe ich mich da. An diesem Punkt sehe ich einen grundlegenden Unterschied zwischen systemischer Psychotherapie, die man mit erwachsenen Klienten zusammen praktiziert, und systemischem Elterncoaching bzw. systemischer (Heil-)Pädagogik.

Ein Beispiel soll dies verdeutlichen: Eine Klientin, die sich in der ersten Sitzung selbst als depressiv beschrieb, schilderte ihren »furchtbaren Alltag«. Ihr Mann beleidige sie, schlage sie sogar, wenn er mal »ein paar Bierchen zu viel« getrunken habe. Sie gab ihr Ergehen sehr konkret und anschaulich wieder: »Ich fühle mich wie Dreck, wenn er mich so behandelt!« Wir diskutierten die Möglichkeiten einer Trennung. Und da kam sie zu dem Ergebnis, dass sie zumindest momentan keine Kraft dazu finde. Es ließe sich beim besten Willen für eine Beendigung dieser Beziehung keine Kraftquelle aufspüren. Ihre finanzielle Lage sei zudem desaströs und nicht zu bewältigen. Sie müsse sich da noch absichern, das werde sie schon hinkriegen. Sie habe auch schon Ideen, die aber momentan nicht umsetzbar seien. Sie konnte im Verlauf der Therapie die aus ihrer Sicht gut reflektierte Entscheidung treffen, sich vorerst weiter von ihrem Partner im Alltag demütigen zu lassen und die Folgen seines »Bierchenkonsums« zu tragen. Die Trennung hätte ihr zum fraglichen Zeitpunkt mehr Nachteile gebracht, als für sie erträglich war.

Der systemische Therapeut hat dies zu respektieren und zu würdigen. Mitnichten wird er eigene Wertmaßstäbe propagieren. Worin aber soll in diesem Fall der Therapieerfolg bestehen, wenn die Klientin, die über dauerhafte depressive Verstimmungen klagt, sich von ihrem Mann weiter niedermachen lässt? Erhält sie mit diesem Zustand vielleicht gar eine elementare Depressionsbedingung aufrecht? Das mag sein. Aber was jetzt *anders* sein kann, ist Folgendes: Die Klientin ist jetzt nicht mehr Objekt, sie ist nicht mehr hilflose Dulderin. Der systemische Austausch hat sie souveränisiert. Sie ist jetzt gestaltendes Subjekt ihres Alltagsgeschehens. Wenn sie fortan erträgt, was der Ehepartner ihr zumutet, wenn sie sich weiterhin vielleicht sogar schlagen lässt, dann weiß sie jetzt eines: Sie befindet sich in der Position der mündigen Entscheiderin. Und das verändert das Verhältnis der Klientin zu sich selbst fundamental. Sie ist aus der Opferrolle herausgetreten und entschließt sich entweder für den Verbleib in dieser Partnerschaft oder für deren Beendigung. Das Wohl der Klientin ist Sache *ihrer* Entscheidung und *ihrer* inhaltlichen Definition! Sie, kein anderer, trägt für ihr Ergehen Verantwortung. Der Gewinn, den die Klientin aus systemischen Therapiesitzungen dieses Ausgangs zieht, kann in der völlig neuen Sicht auf ihre Möglichkeiten bestehen. Wenn jetzt der Partner ihr das Leben schwer macht, weiß sie, dass er das nur insofern kann, als sie ihm das erlaubt. Momentan (noch) hat sie gute Gründe, sich mit seinen Aggressionen abzufinden. Diese Gründe wird sie weiter abwägen und reflektieren. Sie ist nicht mehr Schicksalsopfer, sondern Schicksalsgestalterin. Als solche hat sie auch unbedingten Anspruch auf die prinzipielle Offenheit des Therapieergebnisses. Und dieses Ergebnis verantwortet sie, kein anderer.

Diese Ergebnisoffenheit möchte ich in Erziehungsfragen relativieren: Denn für Kinder sind die Eltern, Erwachsene also, verantwortlich. Kinder können über ihr Ergehen nur in begrenztem Maße Entscheidungen treffen. Und das gilt es unbedingt zu berücksichtigen! Berücksichtigt wird dies dann, wenn kindliche Aggressionen im Erziehungsalltag als *Bewältigungsthemen* rangieren. Im Elterncoaching komme ich nicht umhin, genau diese Position erkennen zu lassen. Es kann durchaus sein, dass Eltern eine Meinung vertreten, die da heißen mag: »Vorerst lasse ich mich von meinem Kind beleidigen oder schlagen.

Es hat momentan schwere Probleme. Da will ich mal nicht so streng sein.« Mütter und Väter, die so denken, haben gewiss den Wunsch, ihre Kinder zu verstehen. Sie wollen sie nicht überfordern. Dieser Wunsch nötigt mir Respekt ab, er freut mich zudem! Und zugleich will ich an dieser Stelle die Bedenken des vorigen Kapitels wiederholen. Nach meiner Arbeitserfahrung sollte es *keinen* Zeitpunkt geben, zu dem Kinder ihre Eltern »vorerst« beleidigen und schlagen dürfen.

Überfordert sind die Kinder nicht vom Aggressionsverbot, sondern von der Aggressionserlaubnis!

Kinder zeigen mir immer wieder unmissverständlich, wie sehr sie belastet sind, wenn sie ihre Eltern beleidigen oder schlagen dürfen. Darum glaube ich, dass elterliche Verständnisbereitschaft vor allem dann für das Kind und seine Entwicklung ein Segen ist, wenn sie die Toleranz gegenüber Aggressionen ausschließt.[5]

Hier an dieser Stelle will ich betonen: Das Kind hat Anspruch auf Führung und auf Information über seine Welt, es ist kein Erwachsener! Kinder müssen als Kinder lernen dürfen. Und zwar zu allererst von ihren Eltern, die sie liebevoll an der Hand nehmen, sie führen und über ihre Welt informieren. Und eine Information muss heißen: »Mit Aggressionen bist du, meine Tochter, mein Sohn, in deiner Welt höchstwahrscheinlich im Nachteil. Es gibt friedliche Alternativen!«

Ich habe gerade das Wort »müssen« verwendet. Als systemisch denkender Psychologe spüre ich geradezu die Hemmung in meinen Fingern, wenn ich das Wort »müssen« niederschreibe. Systemiker halten sich gerne skeptisch gegenüber »Müssereien«, vermeiden es lieber zu sagen, was sein muss, weil Müssen in der Regel einschränkt und nicht weitet. In unserem Kontext weitet das Müssen! Kinder, deren Aggressionen keine Grenzen gesetzt werden, bleiben isoliert, haben keine weiten sozialen Bewegungsräume. Eltern, die ihre Kinder bei uns vorstellen, teilen uns oft weinend mit, dass sich auf Spielplätzen andere Kinder und Eltern aus dem Staub machen, wenn sie mit ihrem »Wilden« erscheinen. Da mutet mich jene elterliche Verständnisbereitschaft sehr problematisch an, die Aggressionen duldet, »weil das Kind

---

[5] Ich möchte hier betonen, dass sich das Ideal des Aggressionsverzichts selbstverständlich auch und zuallererst an die Eltern richtet. Mütter oder Väter, die ihre Kinder schlagen, werden es schwer haben, Aggressionsverbote plausibel auszusprechen und überzeugend umzusetzen.

Probleme hat« oder weil es »psychisch leidet«. »Mal nicht so streng« wollen Eltern deshalb sein, wie schon zitiert.

In dem Buch *Autorität ohne Gewalt* befassen sich auch Omer und von Schlippe mit diesem Standpunkt und resümieren: »Ein Kind, das als ›seelisch krank‹ bezeichnet wird, muss nicht weniger als ein ›gesundes‹ lernen, zwischen Gut und Böse zu unterscheiden« (Omer u. von Schlippe 2008, S. 163). Auch ein Kind mit Belastungen also *muss* lernen – so präzisiere ich für uns hier –, dass Aggressionen nicht hingenommen, sondern bewältigt werden können.

Elterliche Verantwortungspflicht gilt nach meiner Auffassung auch und gerade jenen Kindern, die mit Schwierigkeiten und misslichen Umständen zurechtkommen müssen (beispielsweise Absenz eines Elternteils). Dass ein Kind Probleme hat, darf ihm aus meiner Sicht nicht die Möglichkeit wichtiger sozialer Lernprozesse verschließen. Diese Lernprozesse machen etwas möglich, sie sind Angebote, die dem Kind zeigen, wie friedliches Miteinander gestaltet werden kann. Das ist zentraler Inhalt erzieherischer bzw. (heil)pädagogischer Verantwortung. Wenn Eltern oder Pädagogen die Kinder sich selbst und ihren Aggressionsimpulsen überlassen, also nicht einschreiten, wirken sie einschränkend. Sie verdunkeln damit die Aussichten prosozialen Konfliktmanagements. Insofern schaffen Eltern, die Kinder verantwortungsvoll erziehen, Optionen und öffnen Räume für Chancen versöhnlichen Auskommens.

Ich verwende also das Wort »müssen« angesichts erzieherischer Belange, weil ich überzeugt bin, dass Verantwortung in die Pflicht nimmt. Systemische Ergebnisoffenheit kann für mich also niemals Inkaufnahme kindlicher Aggressionen heißen. Allemal heißt sie für mich: Aufgeschlossenheit für alle Möglichkeiten, auf Aggressionen zu verzichten und stattdessen respektvolles Miteinander zu praktizieren.

Das ist meine Position. Ich fühle da keinerlei Neutralität, sondern erlebe oft, dass Eltern diese Nichtneutralität schätzen und dabei für ihre eigene Verantwortlichkeit (wieder) sensibel werden. Genau das kann aufwendiges und unverzichtbares Engagement in Gang bringen. »Elterncoaching ist Arbeit und macht Arbeit« stellt Wolfgang Loth völlig zu Recht fest (2006, S. 32). Und diese Arbeit richtet sich nicht gegen etwas oder jemanden. Eltern leisten sie *für* ihre Kinder, denn im Verlauf dieser Arbeit können sie überzeugt sein, dass Kinder nicht nur müssen, sondern auch *wollen*! Kinder *wollen* lernen, welche friedlichen Mittel der Auseinandersetzung und Konfliktlösung zur Verfügung stehen. Ich unterstelle jedem Kind den Wunsch nach Frieden und den Wunsch zu wissen, wie dieser Friedenswunsch in der Bewältigung von Angst und Aggression praktisch in Erfüllung gehen kann. Kindern, die sich nicht mehr aggressiv verhalten und sich auf freundliche Kommunikation verstehen, geht es besser. Das erfahre ich jeden Tag. Und genau das ist unser Ziel, da wollen wir mit unserer Kutsche, in unserem Coaching, hin: keine Aggression (mehr) und freundliche Kommunikation. Auf dieses Ziel hin können wir uns systemisch bewegen. Wir haben auf dem Weg zu diesem Ziel die besten Chancen, wenn wir es kennen und uns immer wieder konkret vergegenwärtigen.

Wie schon betont, die konkrete Benennung des Ziels erleichtert systemisches Arbeiten. Die Stationen unserer Kutschfahrt werden ganz präzise identifiziert. Systemische bzw. lösungsorientierte Verfahren »sehen in der Formulierung klarer Therapieziele die Grundvoraussetzung für ihre Arbeit« (von Schlippe u. Schweitzer 2003, S. 210).

Hargens betont, »ein ganz entscheidender Aspekt lösungsorientierten Arbeitens« sei die Anschaulichkeit der Therapieziele. Diese Anschaulichkeit liegt inhaltlich in dem Angebot, »die Beschreibung von Zielen ... in den Bereich des Handelns zu verlagern«. Um dies im Rahmen der systemischen Psychotherapie gelingen zu lassen, stellt Hargens Lösungsfragen, zum Beispiel: »... Was genau *tun* Sie dann, wenn Sie sich besser fühlen?« (2007, S. 39).

Auf unseren Kontext übertragen hieße diese Frage: »Was *tun* Kinder und Eltern, wenn es friedlich zugeht?« Danach stellen sie sich die Lösung vor und überlegen dabei, was sie im Fall harmonischen Auskommens konkret machen werden. In der Lösungsvision entfaltet sich somit eine Lösungs*aktion*, wenn ich Hargens recht verstanden habe. Und genau das macht die Lösung praktikabel, umsetzbar.

Wir erinnern uns: Nachdem Frau Maurer ihre Erziehungsnot geschildert hatte, konnte der systemische Dialog erst richtig in Gang kommen, als sie »handfest« sagte, was sie von Steffen bzw. von ihrem Mann erwartete.

Frau Maurer: Wenn ich ihn frage, wie viel Hausaufgaben er aufhat, kann er mir freundlich eine Antwort geben und dann, wenn wir losfahren, sich auch von uns verabschieden. Vielleicht sagt er auch noch »bis heut Abend« oder so ähnlich.

6 Systemische Ergebnisoffenheit?

Und an ihren Mann gewandt, ließ sie konkret wissen, was sie wünschte und brauchte.

> FRAU MAURER: Ich will, dass du auch was sagst, wenn Steffen aufdreht. Das wär mir eine ganz große Hilfe.

Systemische Ergebnisoffenheit meint unbedingt, die Vielfalt der Lösungsmöglichkeiten auf der Handlungsebene zu begrüßen. Diese Offenheit heißt in der systemischen Zusammenarbeit zugleich, das Ergebnis genau zu erfassen: das Wohl des Kindes und der Eltern, keine Aggressionen, sondern friedliches Miteinander!

Eltern und Coach kennen dieses Ergebnis. Und wir kennen das Ziel unseres Coachings, unserer Kutschfahrt. So können wir die Kraft der besten Pferde nutzen und vorwärts kommen.

7 Beziehung lernen

Wenn Mutter und Vater das Wohl ihrer Kinder vor Augen haben und wollen, dass es ihnen gut bzw. besser geht, dann werden sie sie durch den Urwald ihrer unübersichtlichen Welt führend begleiten. In diesem Urwald gibt es eine Unzahl von Gewächsen und Tieren, die Erlebnisreichtum und abenteuerliche Freude ermöglichen. Ich denke an das *Dschungelbuch*, an Mowgli, an seine Unbeschwertheit, an sein Glück, zuverlässige Gefährten und satte Zufriedenheit finden zu können. Wie gerne summe ich das großartige Lied des Bären Balu vor mich hin: »Probier's mal mit Gemütlichkeit, mit Ruhe und Gemütlichkeit ...!« Gut verstehe ich Mowglis Sehnsucht, dieses Lied möge auf Dauer exklusives Lebensprogramm sein! Diese Sehnsucht blieb unerfüllt. Der Dschungel, wie wir aus dieser bewegten Geschichte wissen, war nicht nur ein Paradies der Kummerlosigkeit und des grenzenlosen Vergnügens. Bedrohliche Gefahren ließen nicht auf sich warten – Gefahren, bei deren Bewältigung Mowgli Hilfe brauchte. Er selbst erscheint im »Dschungelbuch« nicht aggressiv. Aber wir erinnern uns: Die Hilfe, mit der er zur »Menschensiedlung« gelangen sollte, wies er zunächst entschlossen zurück, wie uns die emotional aufgeladenen Dialoge dieser Erzählung nahe bringen. Nichtsdestoweniger war er auf die Hilfe seiner engsten Freunde angewiesen, um in der »Menschensiedlung« anzukommen und dort in jenes Netz, in jenes System zu finden, das ihm angemessene Beziehungsmöglichkeiten bot.

Kinder sind auf die Hilfe ihrer Eltern angewiesen. Und Hilfe brauchen sie unbedingt, wenn sie anfangen, die Aggression als Mittel der Auseinandersetzung an Mutter und Vater oder an anderen Kindern zu erproben. Hilfe muss vor allem dann geleistet werden, wenn Kinder oder auch Jugendliche sie laut ablehnen und sie zugleich still wünschen. Ich bin überzeugt, dass Kinder in höchster Gefahr sind, wenn sie lernen, dass sie mit Gewalttakten Ziele erreichen, wenn sie lernen, sich selbst zu asozialisieren. Ihre Beziehungswirklichkeit, ihre aktuelle wie künftige Beziehungskompetenz steht auf dem Spiel.

Das erste, was ein Kind, das in diese Welt tritt, lernt, ist Beziehung – Beziehung zur Mutter, die es stillt, zum Vater, zu Verwandten, Bekannten, dann zu Gleichaltrigen in Kindergarten und Schule, später Beziehung auch zur sexuell geliebten Person, dann vielleicht zu den eigenen Kindern usw.

Last, but not least ist die Beziehung zu sich selbst das große Lebensthema. Und diese Beziehung leitet sich ab aus der Beziehungsgeschichte, die ich mir aus Vergangenheit und Gegenwart selbst erzähle, aus der Begegnung mit Menschen, die mich mögen oder ablehnen. Genau diese Erfahrung fließt ein in mein Verhältnis zu mir selbst.

Beziehung steht am Beginn unserer Existenz und bleibt in ihrem ganzen Verlauf ein Dauerbrenner. An diesem Dauerbrenner, so möchte ich gerne generalisieren, entscheidet sich wesentlich, wie es uns geht, ob wir glücklich sind oder ob wir seelisch wie körperlich leiden. In den mittlerweile fast zwanzig Jahren meiner Berufstätigkeit als Psychologe bin ich keiner einzigen seelischen Not begegnet, die nicht mit leidvollen Beziehungserfahrungen in Zusammenhang gebracht worden wäre. Und *immer* haben mir strahlende Klienten erzählt, es ginge ihnen in ihren Beziehungen derzeit super.

Dieser Zusammenhang enthält für mich eine elementare Botschaft: Menschen, die sich aggressiv verhalten, fühlen sich in ihren Beziehungen wahrscheinlich hilflos und unglücklich. Nicht selten hat diese Hilflosigkeit in der Vergangenheit ihre Wurzeln. Aggressionen gegen Mitmenschen sind sehr oft Hilflosigkeitsakte und resultieren aus Lernerfahrungen, nach welchen der Aggressor von heute das Opfer von gestern verkörpert. Es ist wahr: Viele Schläger sind Geschlagene, ohne Zweifel. Eltern, die ihre Kinder ohrfeigen, erzählen mir durchweg, dass sie selbst von ihren Eltern Ohrfeigen erhielten. Und nicht selten höre ich den stereotyp wiederkehrenden Satz: »Eine Ohrfeige hat noch niemandem geschadet!«

Oft habe ich den Eindruck, dass dieser Satz die Aggressionen von früher bagatellisiert, um die von heute zu rechtfertigen: Wenn mir selbst keine Ohrfeige geschadet hat, dann darf ich meinen Kindern auch hin und wieder eine klatschen, so mutet mich diese moralische Entlastungslogik an. Wie dem auch sei: An Menschen, die sich aggressiv verhalten, ist sehr oft selbst aggressives Unrecht begangen worden.

Meine Praxiserfahrung informiert mich noch über ein anderes Phänomen: Nicht nur die Aggressionsopfer von gestern verhalten sich heute aggressiv. Auch Nichtgeschlagene können zu Schlägern werden.

Ein liebenswürdig wirkender Diplom-Ingenieur, Herr Lanz, der wöchentlich etwa zwei Mal seine Frau und den Jungen schlug, erzählte mir, dass seine Eltern ihn »nie angerührt« hätten. Er, 42 Jahre alt, habe eine »glückliche Kindheit« gehabt, habe tun und lassen dürfen, was er wollte. Wenn seine »Mama«, wie er sie noch nannte, »nicht gespurt habe«, habe er ihr eben eine »geklatscht«. Auf meine Frage, wie alt er war, als seine Mutter von ihm die erste Ohrfeige empfing, reagierte er unsicher. In der Schule sei er schon gewesen, ganz gewiss. Sein Vater habe ihn und die Mutter verlassen »wegen einer anderen«. Das war noch vor seinem Schuleintritt. Und nachher habe es oft Konflikte »mit der Mama« gegeben, die nicht selten durch ihn aggressiv eskalierten. Er erwähnte zwischenhinein immer wieder, dass das alles nicht so schlimm gewesen sei. Eine »glückliche Kindheit« habe er erlebt, betonte er kontinuierlich.

Freilich, seine Mutter sei schon immer wieder traurig gewesen, wenn er ihr eine »geschmiert« habe, aber »sie hat mich lassen, weil sie dafür Verständnis hatte, dass ich unter dem Weggang des Vaters zu leiden hatte«. Bereitwillig diskutierte er mit mir seine »glückliche Kindheit«. Und auf meine Frage, was gewesen wäre, wenn sich »die Mama« gegen seine Ohrfeigen zur Wehr gesetzt hätte, entgegnete er, dann hätte es »noch mehr Streit« gegeben. Daher sei es Zeichen ihres pädagogischen Feingefühls gewesen, dass er gegen sie aggressiv sein durfte.

Als ich ihn fragte, ob er mir seine bisherigen Beziehungsgeschichten erzählen wollte, war ohne eine Spur der Unsicherheit von ihm zu hören: Er habe schon viele Frauen gehabt, aber »die schwachen Weiber« sind alle »getürmt«, weil sie seine »männliche Stärke« nicht ertrugen. Die »Watschen« (bayrisch = Ohrfeige), die er seinen »Weibern« hin und wieder zum Zweck eiliger Konfliktlösung verpasst habe, seien alle missverstanden worden. Wir leben, so gab er mir prophetisch bekannt, »in einer Welt, in der nichts mehr ausgehalten werden kann«. Wo man hinschaue, herrschten »Verweichlichung und Verhätschelung«.

Mir gelang es beim besten therapeutischen Willen nicht, Herrn Lanz aggressionskritisch zu sensibilisieren und ihm zu zeigen, dass er mit seinen Attacken gegen Menschen, die zur Nähe mit ihm bereit waren, keine Beziehung glücklich gestalten konnte. Viel Leid bringe er zudem über seine Familie, so wollte ich ihm klarmachen. *Ich* wollte ihm das zeigen, *ich* wollte ihn zur Selbstkritik anregen. Damals hatte ich noch zu wenig erlebt, dass ich als Therapeut kein Macher sein kann und scheiterte wahrscheinlich deswegen. Zu dieser Zeit praktizierte ich außerdem noch eine Dialogform, die kausalanalytisch angelegt war, mit der ich also immer nach »Gründen« suchte. Ich meinte damals, wenn ich die »Gründe« für Erziehungsfehler oder seelisches

Leid wüsste, könnte ich auch helfen. Diese Einstellung erwies sich in meiner Praxis sehr oft als großer Irrtum. Das »Wissen« um die »Gründe« brachte dem Klienten und mir in den meisten Fällen nichts. So auch in den Gesprächen mit Herrn Lanz. Oft fragte ich ihn, *warum* er zuschlage und sich nicht friedlich arrangieren wolle. Eine Unzahl entsetzlicher »Gründe« fürs Zuschlagen hatte ich mir anhören müssen. Herr Lanz wollte ständig mit mir darüber diskutieren, welche Gründe fürs Schlagen triftig sein könnten. Ein »triftiger« Grund beispielsweise bestand für ihn darin, seinen Jungen mit »der Härte der Wirklichkeit« vertraut zu machen. Dieser »Grund« klang durchaus plausibel. Ich durfte mir noch anhören, dass die Schläge seinen Sohn »von seinen Flausen befreien«. Das sei, so »begründete« er grobsinnig, wie mit einem Teppich. Der werde am saubersten, wenn ein Teppichklopfer den Staub »herausdrischt«. Ich war hilflos und bestritt in den Gesprächen mit Herrn Lanz die Triftigkeit dieser »Gründe«. Und je mehr ich opponierte, desto weniger war er im Sinne nichtaggressiver Erziehungspraxis korrekturbereit. Mit meinem psychologisch vielleicht gut gemeinten Widerspruch und mit meiner Warum-Fragerei – mit meiner Warumitis – bot ich seinem »Starrsinn« ein breites Forum. Und das entsetzlich Delikate daran war: Auf diesem Forum bewegte ich mich mit!

Die Erfolglosigkeit meiner damaligen Bemühungen um familientherapeutische Regulation zählte ich in den 1990er Jahren zu meinen großen beruflichen Misserfolgen. Ich entlaste mich heute gern ausredenverdächtig damit, dass meine systemisch therapeutische Zusatzausbildung erst nach der Jahrtausendwende begann.

Was soll dieser Ausflug an eine meiner beruflichen Schwachstellen von einst? Ich will aus diesem Ausflug berufliche Erfahrungsinhalte holen, die meine Position, wie ich hoffe, erklärlich machen: Einem Kind, das lange Zeit seiner Entwicklung beleidigen und zuschlagen darf, werden höchstwahrscheinlich elementare Informationen über gelingende Beziehungsgestaltung vorenthalten.

Herr Lanz schilderte mir, dass er seit seinem Schuleintritt seine Beziehungswirklichkeit aggressiv mitgestalten durfte. Aggressionen kamen offenbar als Methoden des Konfliktmanagements zur regulären Anwendung. Davon ist seinen Angaben zufolge auszugehen. Mehr, so räume ich ein, geben seine Schilderungen nicht her. Die Geschichte von Herrn Lanz' Kindheit erzählt mir nicht, *warum* er dann als Ehemann und Vater seine Frau und sein Kind schlug. Die »Ursache«

können wir grundsätzlich nicht rekonstruieren. Es wäre interpretativ anmaßend und reinstes Mother-Blaming, würde ich seine Mutter und ihr Erziehungsverhalten als »Schuldige« identifizieren. Andererseits kann und will ich nicht ausschließen, dass fragliche Lernerfahrungen mit seinem späteren Erleben und Verhalten in Zusammenhang stehen. Und in welchem, in welcher Intensität? Wie sehr nimmt das, was jemand früher erlebt hat, auf sein Heute Einfluss? Das kann niemand genau wissen.

Zu Beginn dieser Geschichte erwähne ich die oft bestätigte Erfahrung, dass Aggressionsopfer von gestern zu Tätern von heute würden: Wer als Kind geschlagen wurde, schlägt später selbst.

Herrn Lanz' Biografie zeigt, dass es auch anders sein kann. Er, der jede Woche mehrmals seine Familie aggressiv terrorisierte, wurde als Kind nicht geschlagen. Seine Erfahrung lässt sich hypothetisch vielleicht so zusammenfassen: Wer als Kind schlagen durfte, schlägt später selbst.

Ist das nun »richtig«? Wieder muss man sagen: Das kann niemand genau wissen. Ich bin sicher: Zahllose andere Lebensgeschichten können die Gültigkeit auch dieses Satzes relativieren und »widerlegen«. Auch im Leben von Herrn Lanz gab es zudem Erfahrungen, die diesen Satz zum Wackeln bringen. In der Schule beispielsweise, so erzählte er mir, durfte er nicht schlagen. Warum hat er sich da nicht grundlegend korrigieren lassen? Warum haben ihn seine Mitschüler oder Lehrer nicht »zurechtgerückt«? Da hätten doch fundamentale Veränderungen herbeigeführt werden können! Und dann hat sich nicht jeder bzw. nicht jede seine Aggressionen bieten lassen. Eines der vielen »Weiber«, die sich von ihm verabschiedet hatten, hat ihm genau dargelegt, so Herr Lanz, »was ich für ein Arsch bin«. Genug Menschen, so darf man meinen, haben ihm und seinen Aggressionen Grenzen gesetzt. Trotz der Tatsache also, dass er auch oft genug nicht schlagen durfte, entwickelte er sich zu einem Ehemann und Vater, der später Frau und Kind schlug. Die Frage nach dem Warum vermeiden wir Systemiker. Niemand kann alle Lernerfahrungen eines Menschen und ihre komplexen Vernetztheiten kennen.

Man kann aus den Berichten von Herrn Lanz keine Wahrheit, keinen unwiderlegbaren Satz schließen. Aber sie stützen eine Vermutung, die sich manchmal zur Gewissheit verdichtet und dabei ohne Richtigkeitsanspruch und Blaming-Eifer auskommt. Diese Gewissheit ist an Schuldfragen nicht interessiert, sehr wohl aber an der Frage:

7 Beziehung lernen

»Wie lerne ich Beziehung?« Beziehungskompetenz ist das Ergebnis einer Entwicklung. Und im Verlauf dieser Entwicklung vermitteln Eltern, Lehrkräfte und (heil)pädagogische Fachkräfte im Fall kindlicher Aggressionsversuche jene Botschaft authentisch, der wir im Verlauf unseres Coachings, bereits begegnet sind:

> *Wir bewältigen Aggressionen und verletzen uns nicht.*
> *Respektvoll begegnen wir uns.*

Diese Botschaft gehört inhaltlich ganz zentral zum Arbeitsprogramm an unserer Heilpädagogischen Tagesstätte. Auch ich bin hin und wieder Zielscheibe kindlicher Aggressionen. Als ich meine Arbeit vor fast 20 Jahren aufnahm, war ich unsicher. Sollte ich Attacken von Kindern hinnehmen angesichts der Tatsache, dass es ihnen seelisch nicht gut ging? Ich kannte ja die Akte eines jeden Jungen genau und wusste, was Kinder- und Jugendpsychiater in ihren Biografien als »pathogen« (Leid verursachend) diagnostiziert hatten. »Verständnisvolle« Toleranz also angesichts kindlicher Gewalt?

Dazu ein konkretes Beispiel: Kurt (9 Jahre) fragte mich nach dem Mittagessen, ob er Vitamin-Bonbons haben könne. Ich bejahte, stellte die Süßigkeit aber erst für den Zeitpunkt in Aussicht, zu dem er nachmittags seine Mathe-Hausaufgaben erledigt hätte. Da haute er mir wütend mit der Faust in die Nieren und meinte, ich sei ein »Scheißkerl«. Ich war wütend, irritiert und orientierungslos. Mich steuerte damals die Überzeugung, es schicke sich nicht für einen Psychologen, »auszurasten« und dem jungen Aggressor gehörig den Marsch zu blasen. So beherrschte ich mich und gab Kurt scheinbar emotional gefasst zu verstehen, dass ich seinen Schlag und seine Beleidigung nicht wünschte. Das nahm er regungslos zur Kenntnis. Nachdem er sein Mathe-Pensum erledigt hatte, kam er auf mich zu und forderte in unfreundlichem Ton die Vitamin-Bonbons. Patzig erinnerte er mich, dass ich sie ihm versprochen habe. Wieder bemühte ich mich um »Souveränität« und gab sie ihm.

Heute reagiere ich auf kindliche Aggressionen anders. Ich habe in den Jahren meiner Arbeitspraxis mit der scheinbar fachmännisch abgeklärten Bereitschaft, »über« den Gewaltakten der Kinder zu stehen, ganz schlechte Erfahrungen gemacht. Das Wort »über« steht bewusst in Anführungsstrichen, denn ich war beim »Darüberstehen« nie oben, sondern unten! Ganz drunten befand ich mich, unzufrieden, unglücklich mit mir selbst, wenn ich meine Wut versperrt hielt und so tat, als hätte ich die Pflicht, den ichlos Unberührbaren zu spielen.

Nicht nur um meine Gefühle darf es jetzt gehen. Von fachlicher Bedeutung ist die Tatsache, dass ich mich mit meiner unechten Souveränität an meinem Arbeitsauftrag vorbeimogelte. Und der hieß wie die Überschrift unseres Kapitels »Beziehung lernen«. Das Delikate: Der Lernende war zuerst und vor allem ich selbst! *Ich musste lernen, wie Beziehung mit Kindern gelingen konnte, die sich aggressiv verhielten.* Durch gelehrsame Empfehlungen und sachte Ermahnungen änderte sich nichts. Kurt verhielt sich mir gegenüber weiterhin unfreundlich und aggressiv. Wenn Kinder heute Kollegen und mich attackieren, dann reagieren wir so, dass sich Aggressionen selten oder überhaupt nicht wiederholen.

Ich frage nicht »Warum?«, sondern ganz systemisch (systemisches Merkmal U, Unterschied): »Was ist heute anders?« Um diese Frage exemplarisch zu beantworten, bleibe ich gern bei Kurt, wiewohl ich damals mit ihm den folgenden, unten stehenden Dialog nicht geführt habe. Es hat aber in der Folge viele »Kurts« gegeben, und es gibt sie heute noch – Kinder also, die meinen, sie dürften uns aggressiv respektlos begegnen. Der Name »Kurt« steht dabei für alle Kinder, die uns erziehende Erwachsene beleidigen und tätlich angreifen und auf die wir heute so reagieren, dass die Aggressionen aufhören können.

Kurt hat eben Vitamin-Bonbons gefordert. Nach der Mathe-Hausaufgabe werde er sie bekommen, versprach ich ihm. Er haut mir in den Rücken, in die Nierengegend, und beschimpft mich als »Scheißkerl«. Ich habe Schmerzen, bin wütend. Laut schreie ich:

A. H.: Du hast mir wehgetan! Dazu hast du kein Recht. Ab zu den Hausaufgaben!

Laut bin ich geworden. Das idealisiere ich an dieser Stelle nicht. Meine Wut und der Schmerz in der Nierengegend bestimmen den massiven Stil meiner Reaktion. So wenig ich daraus eine Empfehlung konstruiere (»Werden Sie laut!«), so wenig kritisiere ich mich dafür. Ich bin wütend und habe Schmerzen, mir kommt die Galle hoch. Das darf Kurt gern miterleben.

Der Junge wirkt etwas konsterniert und will mit mir diskutieren.

Kurt: Aber ich wollte doch nur die Vitamin-Bonbons!

A. H.: Darüber reden wir später. Du hast mir wehgetan. Dazu hast du kein Recht! Ich bin wütend, habe Schmerzen. Und ich hab *jetzt* keine Lust, mit dir zu reden! Ab zu den Hausaufgaben!

Jeder weitere Versuch Kurts, mit mir zu verhandeln, wird *zum Zeitpunkt meines Schmerzes und meiner Wut zurückgewiesen* – immer mit dem Hinweis: »Du hast mir wehgetan. Dazu hast du kein Recht! Ich bin wütend, habe Schmerzen.« Erst wenn Schmerz und Wut abgeklungen sind, nehme ich das Gespräch mit Kurt wieder auf. Schmerz und Wut sind wichtige Reaktionsfaktoren – kein Nachteil, sondern authentische Botschafter akuter Wirklichkeit, die auch der Junge detailliert zur Kenntnis nimmt.

Eine gegebenenfalls harte Auseinandersetzung steht jetzt an. Kurt wird im Dialog gefordert und zugleich gefördert. Idealerweise nehmen die pädagogischen Kollegen und die ganze Kindergruppe am Gespräch teil. Andernorts habe ich Gruppengespräche mit Kindern, die sich aggressiv verhalten, ausführlich geschildert (Hergenhan 2010).

Hier will ich mich auf den Hinweis beschränken, dass Beziehungslernen nach meiner Berufserfahrung unbedingt auf die Bereitschaft der Erziehenden angewiesen ist, kindlichen Aggressionen eine unmissverständliche Absage zu erteilen. Aber: Darf diese Absage an Gewalt auch heißen, dass ich Kurts Gesprächswunsch unmittelbar nach seiner Aggression zurückweise? Sicher! Von keinem Pädagogen, von keinen Eltern ist zu erwarten, dass sie ihre Gesprächsbereitschaft als Billigware betrachten bzw. betrachten lassen. Ich nehme mir im Umgang mit verhaltensauffälligen Kindern Zeit für meine Verletzbarkeit. Empfindlich bzw. empfindsam will ich sein dürfen! Es gibt Momente, in denen angegriffene Erwachsene keine Lust haben, mit Kindern zu reden. Deswegen kann es gut sein, dass sie *vorerst* keinen Dialog führen. Selbstverständlich wird das Gespräch später den Kontakt herstellen – später, wenn genug Zeit war, dass sich der attackierte Erwachsene »gefangen« hat und in der Lage ist, gemeinsam mit dem Kind Erziehungsziele klar und transparent zu verfolgen. Dass die Tür nicht zugeschlagen ist, sichert ihm am Gipfel der Wut die Aussage zu: »Darüber reden wir später.«

Beziehung lernen wir mit den Kindern gemeinsam, wenn wir sie, die Beziehung, für etwas Wertvolles halten. Genau das vermitteln wir den Kindern, indem wir ihnen zeigen, wann und wie eine gute Beziehung in Gefahr gerät.

Nachdem Kurt die Mathe-Hausaufgaben in seinem Heft tadellos bearbeitet hat, komme ich zu ihm und bespreche fraglichen Vorfall in der Gruppe. Selten erfolgt diese Besprechung mit dem Kind allein. Unten sind die wichtigsten Elemente daraus ohne die Beiträge der Gruppe dargestellt. Den meisten Eltern fehlt im Alltag die Möglichkeit, an einem Klärungsgespräch mehrere Personen zu beteiligen.

> A. H.: Kurt, zwischen uns liegt etwas ganz Schlimmes. Ich war heute sehr wütend. Kannst du mir sagen, was mich so wütend gemacht hat?

Vielleicht reagiert Kurt auf dieses Gesprächsangebot zögerlich oder ist zum Gespräch gar nicht bereit. Unser Arbeitsteam erlebt das aber nur selten. Meistens wollen Kinder Missstimmungen »aus der Welt schaffen«. Und mein Gesprächsangebot ist so formuliert, dass es Kurt gar nicht auf die Anklagebank zerrt. Zuallererst rede ich von mir. *Ich* bin wütend gewesen. Kurt bekommt nicht zu hören, was ich ihm vorzuwerfen hätte. Freilich habe ich Kritik parat, denn ich denke nicht daran, mir Aggressionen bieten zu lassen. Meine Kritik allerdings ist Inhalt einer Einladung: Kurt selbst wird diese Kritik formulieren.

> Kurt: Ja, ich habe dir auf den Rücken geschlagen und »Scheißkerl« zu dir gesagt.
> A. H.: Top, das hast du gerade genau auf den Punkt gebracht. Kannst du dir vorstellen, wie es mir da gegangen ist? [Empathiefrage]
> Kurt: Ja. Du warst wütend, wahrscheinlich hat es dir auch wehgetan. Aber ich wollte doch nur die Vitamin-Bonbons.
> A. H.: Das stimmt, es hat mir sehr wehgetan. Und du hast wirklich gemeint, dass ich dir die Vitamin-Bonbons gebe, wenn du mich beleidigst und schlägst?
> Kurt: Eigentlich nicht. Aber ich war eben wütend, dass du sie mir nicht gegeben hast.
> A. H.: Das mag sein. Du warst wütend. Nicht gleich konntest du sie haben, sondern erst nach den Mathe-Hausaufgaben. Jetzt hast du sie ja gemacht. Und, Kurt, ich habe nicht die geringste Lust, dir die Vitamin-Bonbons zu geben. Für mich ist das ganz

furchtbar, was du gemacht hast. Ich will, dass du das in Ordnung bringst.

Kurt weiß, wie er »das in Ordnung bringen« kann.
Beziehung ist etwas Kostbares. Kurt wird dieses kostbare Gut reparieren und sich bei mir entschuldigen. Dazu ist er bestens in der Lage. Die Entschuldigung ist das Ergebnis eines konstruktiven Gesprächs mit Kurt. Darin erfährt er von mir Folgendes: Ich dulde nicht, dass meine wertvolle Beziehung zu ihm durch primitive Aggressionen zerstört wird.

In dieser »Unduldsamkeit« können Eltern, Sozialpädagogen, Erzieher und Psychologen auch in Wut geraten. Sie erscheint nicht schicklich, diese Wut, sie lässt Hilflosigkeit spüren. Und das ist für mich mittlerweile völlig in Ordnung. In unserem heilpädagogischen Arbeitsteam erlauben wir uns die Wut auf Kinder, die uns Erwachsenen wehgetan haben. Die Wut ist wichtig. Ich mache die Erfahrung, dass ich mit ihr gut arbeiten kann, wenn ich sie nicht verleugne. Die Wut kann zeigen, dass wir keine Beleidigungen und Schläge wollen. Wenn wir Kindern erlebnisnah mitteilen, dass wir uns nicht beleidigen und schlagen lassen, fördern wir sie. Es ist ihr Recht zu erfahren, dass und wie tragfähige Beziehungen begonnen und erhalten werden können. Eltern, die sich von ihren Kindern keine Aggressionen bieten lassen, stellen sich nicht gegen sie, sondern agieren *für* sie und begeben sich darum in eine *für*sorgende Position. Genau in dieser Position nehmen sie Verantwortung wahr.

Nochmals möchte ich an dieser Stelle die dialogische und damit beziehungsrelevante Dynamik von Verantwortung herausstreichen. Ver*antwortende* Eltern *antworten* auf die stets aktuellen Fragen des Kindes: »Wie komme ich in dieser Welt zurecht? Was kann ich machen, dass mich andere mögen und es mir gut geht?«

Eltern, die sich für das Wohl ihrer Kinder verantwortlich fühlen, werden alles tun, um auf diese Fragen handelnde Antworten zu finden. Durch handelnde Antworten kann man mit den vitalen Beziehungswünschen unserer Kinder sensibel, liebevoll und konsequent in Kontakt kommen. Konkret: Eine handelnde Antwort besteht in der oben zitierten Reaktion auf Kurts Aggression gegen mich. Wie komme ich – wütend und zunächst überhaupt nicht gesprächsbereit – nun sensibel, liebevoll und konsequent mit seinem Beziehungswunsch in Kontakt? Kurt will, so unterstelle ich jedem Kind, eine Beziehung, die wertvoll ist, und in der darum nicht jeder machen kann, was er will. Eine wertvolle Beziehung duldet keine Niveaulosigkeiten, wenn die sich aufeinander beziehenden Personen einander wertschätzen! Und das wird Kurt unmissverständlich mitgeteilt. Die nächste handelnde Antwort auf seinen Beziehungswunsch ist die Wiederaufnahme des Gesprächskontakts und das Bestehen auf einer Entschuldigung.

An dieser Stelle erinnern wir uns kurz an die Familie Maurer: Eine handelnde Antwort wäre die konsequente Einhaltung des Fernsehverbots für Steffen gewesen. Dass er *doch* fernsehen durfte, hat ihm die Wirksamkeit einer Regel vorenthalten: *Mein Sprechen und Tun hat Folgen.* Steffens Sprechen und Tun blieben folgenlos, und damit wurde ihm das »Recht« erteilt, seinen Eltern wehzutun, und zugleich das Recht *genommen*, just bei dieser Gelegenheit zu lernen, wie der Verzicht auf Aggression und ein freundliches Arrangement gelingen können. Ein Kind, das sich an handelnden Antworten orientieren darf, wird leichter in der Lage sein, in dieser komplizierten Welt frohe Beziehungen zu knüpfen und zu gestalten. Ich erlebe, dass frohe sowie krisenstabile Beziehungen möglich sind und weit weniger Aufwand fordern als Feindseligkeit und Aggression.

Auf unserer Kutschreise sind wir bereits den ersten drei Leitideen zum systemischen Elterncoaching begegnet. Wir wollen jetzt alle sechs Leitideen nacheinander durchsehen und wiederholen dabei Wichtiges. Diese Geschichte von Steffen und seinen Eltern verfolgen wir weiter.

Bisher haben wir uns die ersten drei Leitideen jeweils nach den Gesprächssequenzen vergegenwärtigt. Jetzt machen wir es anders: Wir präsentieren zuerst die Leitidee, nehmen dann das Gespräch auf und schauen, wie praktikabel und umsetzbar sie sein kann.

8 Die Leitideen zum systemischen Elterncoaching

Kurz sei wiederholt: Die vier Merkmale für »systemisch« (Beziehung, Unterschiede, Lösung, Kompetenz – BULK) umreißen eine Grundhaltung. Mit dem Verweis auf diese Merkmale lässt sich knapp beantworten, was unter »systemisch« überhaupt verstanden werden kann. Und die Leitideen zum systemischen Elterncoaching möchten die konkrete Verwirklichung dieser Grundhaltung praktisch erläutern.

> »BULK« ist die Voraussetzung, eine Leitidee die Umsetzung.

An unserer Eingangsgeschichte lässt sich dies von Beginn an nachvollziehen. Frau Maurer reflektiert sich als Mutter, die »gar nicht erziehen kann«. Sie bescheinigt sich totale pädagogische Inkompetenz. Ihr Coach bleibt Optimist und denkt kompetenzorientiert (systemisches Merkmal K, Kompetenz). Dies ist die Voraussetzung für die Umsetzung der Leitidee Nr. 3, die zur Identifikation von Ressourcen anregt. Unter der Voraussetzung der **Kompetenzorientierung** erkundigt er sich nach dem Verlauf des Alltags im Hause Maurer. Und diese Erkundigung führt zu dem erfreulichen Ergebnis, dass die Mutter Enormes leistet. Täglich sichert sie beispielsweise eine höchst verantwortungsvolle Morgenversorgung. Dieses Ergebnis kann er ihr rückmelden als das, was er gerade positiv erlebt (Leitidee Nr. 3).

8.1 Basalkriterium 1: Persönliche Präsenz

> *Leitidee Nr. 1 zum systemischen Elterncoaching*
> Wir spiegeln und suchen Anschluss an die Erlebniswelt der Eltern. Ihre Gedanken, Bilder und Geschichten nehmen wir auf.

Präsenz heißt Anwesenheit. Wenn ich präsent bin, bin ich da.

Die Systemiker erörtern gerne, dass dieses Dasein Wirkung hat. Präsenz bezeichnet etwas Aktives, etwas Wirkungsvolles.

Der systemische Coach praktiziert diese aktive Präsenz, indem er Fragen stellt. Mit diesen Fragen ersucht er um Eintritt in jenen Raum, in dem sich der Gefragte gerade befindet. Damit schafft er Anschluss. Hereinkommen darf er, anschließen darf er sich, wenn die Frage nicht vorwurfsvoll gestellt ist und ein lebendiges Interesse am Gesprächsteilnehmer und seinem Ergehen signalisiert.

COACH: Herr Maurer, was hat Sie denn vor dem Bürofenster gehindert, auf die Beleidigung und auf den Fußtritt Steffens gegen seine Mutter zu reagieren?
HERR MAURER: Wie man's macht, ist es verkehrt! Verbiet ich was, bin ich zu streng, lass ich ihn, sagt man, ich bin zu lasch!

Die eben gestellte Frage zielt ins Zentrum der akuten Erziehungsproblematik, ohne einen Vorwurf zu beinhalten. »Was hat Sie gehindert?« heißt nicht »Warum haben Sie nicht reagiert?«. Die Warum-Frage würde mit hoher Wahrscheinlichkeit den Anschluss vereiteln und Verteidigungsreden provozieren. Distanz wäre die Folge. Die Präsenz des Coachs ist möglich, da sich die Frage auf Hindernisfaktoren bezieht und nicht etwa auf erzieherische Inkompetenz. Genau das ermutigte den Vater, für seine Ratlosigkeit ehrliche Worte zu finden. Herr Maurer gab bekannt, dass er für sich keine adäquate Reaktionsmöglichkeit sah, mit der er seine väterliche Position in wirksames Handeln hätte übersetzen können.

Karl Heinz Pleyer verwendet hierfür den Begriff »parentale Hilflosigkeit«. In seinem gleichnamigen, viel zitierten Artikel erwähnt er als einen kognitiven Aspekt dieser Hilflosigkeit den »erheblichen Verlust der parentalen Wirksamkeitsüberzeugung« (Pleyer 2003, S. 479).

Da er sich zu keiner zielführenden väterlichen Wirksamkeit in der Lage sah, verblieb Herr Maurer »parental« unsicher und hielt sich zurück, bevor er etwas »falsch« machte. Lieber gar nichts machen als etwas ohnehin »Falsches« – so lautete seine Devise.

Unser Präsenzthema ist an dieser Stelle nicht nur in der Coachingbeziehung zwischen Herrn Maurer und Coach aktuell, sondern auch in der Vater-Sohn-Beziehung. Diese gibt uns ein besonderes Moment bekannt, dem wir in unserer Arbeit immer wieder begegnen:

Mit der Haltung vor dem Bürofenster war Herr Maurer für seinen Sohn Steffen und für seine Ehefrau *trotz physischer Präsenz absent*, abwesend. Er hatte nichts »Richtiges« zur Verfügung, hielt sich zurück und übernahm keine steuernde Funktion für seinen Einfluss. Und jetzt wird's vielleicht etwas kompliziert: Seine Absenz, sein Nichthandeln, sein Mangel an fruchtbarer Wirksamkeit bedeutet nicht Wirkungslosigkeit. Seine Absenz hatte Wirkung, unbedingt! Er hat *Einfluss genommen*, obwohl er *nicht gehandelt* hat. Der Vater war sichtbar da, aber erzieherisch, pädagogisch abwesend, weil er nicht wusste, was »richtig« hätte sein können, und weil er deswegen nicht *einschreitend* reagiert hat. Z*ugleich* übte er mit seiner Passivität eine enorme Wirkung aus: Er hat die Aggression zugelassen und Steffen sowie seine Mutter allein gelassen! Wie wir noch sehen werden, wollte er gerade das nicht! Und doch beteiligte er sich an diesem Dilemma, da er schweigend zusah und nicht einschritt.

Der Begriff »einschreiten« erscheint mir in unserem Zusammenhang sehr anschaulich. Mit »einschreiten« verbindet man gewöhnlich die Vorstellung, dass derjenige, der einschreitet, etwas verhindert und unterbindet. Ich möchte diesen Begriff an seiner Wörtlichkeit erfassen: Der Einschreitende bewegt sich, geht hinein, betritt einen Raum, ein Feld, einen Bezirk und ist dort anwesend. Einschreiten ist also ein Präsenzbegriff, und als solchen will ich ihn verwenden. Wer einschreitet, wird bzw. ist präsent. Herr Maurer verzichtete auf das Einschreiten, und genau deshalb war er abwesend.

Ich wiederhole, weil es ganz wichtig ist: Diese pädagogische Abwesenheit des Vaters hatte ungeachtet ihrer scheinbaren Wirkungslosigkeit fatale Konsequenzen! Steffen musste denken, dass er seinem Vater »wurscht« sei, weil er die Aggression gegen die Mutter zuließ. Und ich weiß aus vielen Gesprächen mit Kindern, dass der Begriff »fatale Konsequenzen« nicht übertrieben ist. Jemandem »wurscht«, also egal zu sein, ist oft schlimmer, als gehasst zu werden.

Das Gegenteil von Liebe ist nicht Hass, sondern Gleichgültigkeit!

So klärten mich unzählige Kinder auf. Man kann also nicht sagen, dass Abwesenheit bzw. Nicht-einschreitend-Reagieren ohne Folgen bliebe. Und darum hat ein vielleicht verrückt klingender Widerspruch Gültigkeit:

Nichtreaktion ist Reaktion![6]

---

6 *Menschliche Kommunikation*, der Klassiker von Watzlawicks et al. mag an dieser Stelle Erwähnung finden. Über die »menschliche Kommunikation« wird in diesem Werk erläutert: »Verhalten hat kein Gegenteil ... Man kann sich nicht *nicht* verhalten.« Daraus ziehen die Autoren den Schluss, »dass man, wie immer man es auch versuchen mag, nicht *nicht* kommunizieren kann. Handeln oder Nichthandeln, Worte oder Schweigen haben alle Mitteilungscharakter: Sie beeinflussen andere, und diese anderen können ihrerseits nicht *nicht* auf diese Kommunikation reagieren und kommunizieren damit selbst« (Watzlawick et al. 2007, S. 51). Dieser Gedanke trifft den Kern unseres aktuellen Themas: Das »Nichthandeln« bzw. »Nichtreagieren« der Eltern oder Pädagogen teilt etwas mit und

8.1 Basalkriterium 1: Persönliche Präsenz

Mit *allem*, was Herr Maurer vor dem Bürofenster machte und nicht machte, hat er auf den Fußtritt von Steffen reagiert, obwohl jeder, der die Szene mitverfolgen konnte, zunächst feststellen mochte: »Der Vater reagiert nicht.« Auch ich habe das im ersten Moment gedacht, als er sich zurückhielt und die Aggression kommentarlos geschehen ließ. Und doch: Der Vater hat reagiert, auch wenn er das scheinbar nicht tat! Seine Zurückhaltung hatte Wirkung, wie wir von Steffen wissen. Die Zurückhaltung ist eine wirkmächtige Haltung. Herr Maurer ermittelte dies im regen Dialog sehr treffsicher.

Der folgende Abriss setzt an der Stelle an, an der Herr Maurer überlegt, dass seine Nichtreaktion reaktive Qualität hatte.

HERR MAURER: Ja, wenn das so ist, handle ich auch, wenn ich nicht handle. Da hab ich ja gar kein Schlupfloch mehr, wenn Steffen austickt. Da kriegt man's ja mit der Angst zu tun. Es bleibt einem wirklich nichts erspart.

COACH: Ihre Formulierung ist für mich gut verständlich, Herr Maurer. Das bringt es auf den Punkt. Kein Schlupfloch! Genau so haben wir das vorhin besprochen! Da ist kein Entwischen. Wir reagieren, ob uns das passt oder nicht.

Die Systemiker nehmen die Bilder aus den Beiträgen der Klienten gerne auf, um lösungssprachlich bei ihnen anzudocken und in enger Gesprächsberührung zu bleiben. Ein Bild sagt mehr als 1000 Worte. In der Tat: Ein Bild vermittelt direkt und umweglos eine Fülle von Informationen. Und mit diesen Bildinformationen ist fruchtbar zu arbeiten, weil sie aus dem Erleben, aus der mehrsinnlichen Wahrnehmung kommen. Die Leitidee Nr. 1 zum systemischen Elterncoaching lässt uns jede methodische Variabilität. Das Bild vom Schlupfloch nimmt der Coach auf, er lässt es intensiv und vielseitig verwenden. In der Vorstellung ist es sichtbar, spürbar und sogar motorisch buchstäblich auszumalen: Man bückt sich, wenn man durch will, macht sich kleiner und spürt es an Kopf und Hüfte. In einer Coachingsitzung ist das Schlupfloch leicht real zu verwenden. Man lässt in einen großen Pappbogen ein Loch hineinschneiden und lädt den Ratsuchenden ein »durchzuschlüpfen«. All das, was er da an Körperveränderungen wahrnimmt, wenn er das Durchschlüpfen in der Sitzung motorisch

---

hat Einfluss. Darum können in der Folge auch die Kinder »nicht *nicht*« reagieren. Sie reagieren sehr oft mit Aggressionen und mit einer Einstellung zu sich selbst, die da heißt: Ich bin meinen Eltern »wurscht«!

durchspielt – zum Beispiel das Sich-bücken-Müssen –, ließe sich in die Sprache zurückübersetzen und böte dann ergiebige Inhalte für fruchtbare elterliche Selbstreflexion.

Manchmal kommt mir das »Bilderverbot« in den Sinn, das im Judentum und im reformierten Christentum die Vergötzung von Gegenständen und Personen verhindern sollte. Für die Theologen dieser Konfessionen mag dieses Verbot sehr sinnvoll sein. Auch die Systemiker regen keine Vergötzung von irgendetwas an, aber allemal *Versinnlichung* – je bildlicher, sinnlicher bzw. mehrsinnlicher, desto wirkungsvoller! Ich spreche im Austausch mit Kollegen, mit heilpädagogischen Mitarbeitern gerne vom *systemischen Bildergebot*, oder besser: *Bilderangebot* (»Angebot« klingt weniger rigide als »Gebot«).

Systemische Zusammenarbeit, die Bilder verwendet, wirkt erlebnisaktiv und genau darum »psychotrop«. Bilder beeinflussen oft unmittelbar die aktuelle psychische Verfassung der Ratsuchenden.

Das »Schlupfloch« ist ein sehr ergiebiges Bild, das uns Herr Maurer angeboten hat. Mit ihm können wir gut verstehen, was passiert, wenn Eltern »nicht reagieren« und absent sind.

> COACH: Welches Gefühl, Herr Maurer, treibt Sie an das Schlupfloch, wenn Steffen austickt?
> HERR MAURER: Das hab ich schon gesagt. Unsicherheit ist in mir, vielleicht sogar Angst. Angst, dass ich wieder mal was falsch mache!
> COACH: Viel Ehrlichkeit erlebe ich gerade bei Ihnen. Menschen tun sich sehr oft schwer, Angst zuzugeben und schämen sich, weil sie Angst haben. Nehmen wir an, Sie, Ihre Frau und Steffen sind in einem Raum, in dem Steffen austickt. Wo wird sich das Schlupfloch befinden?
> HERR MAURER: So 'ne komische Frage! Na unten, an der Bodenleiste, ich muss ja durchkommen und kann keinen Luftsprung machen, wenn ich durchschlüpfen will.
> COACH: Klar, welche Körperhaltung nehmen Sie ein, wenn Sie durch das Schlupfloch das Weite suchen und finden wollen? Wie bewegen Sie sich da?
> HERR MAURER: Ich geh auf die Knie und krabble auf allen Vieren durch.

Er lacht laut und schüttelt den Kopf. Auf einmal wird er sehr ernst. Seine Miene verfinstert sich. Er schaut den Coach eine Weile mit stechendem Blick an.

HERR MAURER: Sagen Sie mal, wollen Sie mich verarschen? Ist das irgendein seichter Psychotrick, mit dem Sie mich aufs Glatteis führen wollen? Vielleicht wollen Sie mir verklickern, dass ich mich wie ein Hund benehme, der vor einem Fußtritt Angst hat und deswegen zum Schlupfloch flüchtet. Machen Sie mich ja nicht wütend! Mir reicht, was ich mir schon alles habe anhören müssen über mein Versagen. Und jetzt kommen Sie mit Ihrer Psychokacke!

Wir sehen, dass unser systemisches Bilderangebot mit Sensibilität und Vorsicht zu nutzen ist. Man kann mit Bildern den Beratungsprozess auch blockieren, wenn sich der Klient nicht in ausreichender Weise *gewürdigt* fühlt. Das Bild muss Verständnis ermöglichen und darf niemals mit der Selbstachtung des Klienten bezahlt werden! Diese Gefahr besteht jetzt akut – ihr muss man wirksam begegnen. Und das geht nur, wenn der Würdigungsakt erneuert bzw. nachgeholt wird.

COACH: Das ist echt nachvollziehbar, was Sie da sagen, Herr Maurer. Denn wenn man auf allen Vieren krabbelt, kann man sich schon so vorkommen, als sei man ein Hund. Und ich möchte mich – wie Sie – wehren gegen den Eindruck, der da eben entstanden ist. Ich mag auch nicht mit einem Tier verglichen werden! Hab Ihr Bild vom Schlupfloch aufgegriffen, weil ich es nützlich finde. Sie haben dieses Bild verwendet. Und deswegen habe ich geglaubt, ich dürfe es auch verwenden und mit Ihnen zusammen ausbauen. Aber, wenn Sie das nicht wollen, dann lassen wir es einfach.

HERR MAURER: Nee, nee, ist schon okay.

Herr Maurer hat angesichts dieses Hundevergleichs vom Coach kein verschrecktes Dementi gehört, etwa: »Nein, oje, Sie haben mich falsch verstanden!«

Diese Aussage »Sie haben mich falsch verstanden!« hat nach meiner Auffassung auf den Lippen des Coachs nichts zu suchen! Und zwar niemals! Aus einem ganz einfachen Grund: Dieser Korrekturversuch unterstellt dem Versteher Verständnisfehler! Das ist Inhalt und Wirkung dieses Dementis! Lassen Sie mich rabiat formulieren:

> Es gibt keine Verständnisfehler.
>
> Was der Gesprächspartner im Coaching verstanden hat, ist immer sinnvoll.

Seine Sicht und sein Verständnis sind auch und gerade dann zu würdigen, wenn sie an den Vermittlungsabsichten des Coachs vorbeigingen! Es kann durchaus sein, dass der Gesprächspartner, der Coachee, etwas so verstanden hat, wie es der Coach nicht gemeint hat. Aber dann hat er es eben *anders, nicht aber falsch* verstanden! Und das ist nicht nur kein Unglück, sondern zentraler Inhalt systemischen Interesses (systemisches Merkmal U, Unterschied)!

Der Coach wollte Herrn Maurer mit Sicherheit nicht auf die Stufe eines Hundes bringen und damit diskreditieren. Aber das, was er in diesem Moment des Gespräches wollte und gemeint hat, ist hier nicht wichtig. Wichtig ist, was Herr Maurer mit der Frage nach der Körperhaltung am Schlupfloch gemacht hat. Die Idee, sich dann in der Position eines Hundes zu finden, ist allemal plausibel, sehr sinnvoll sogar, auch wenn Herr Maurer diese Idee selbst verwirft und der Coach sie keineswegs auch nur nuancenweise angedacht hat!

Verständnisprobleme können äußerst willkommen sein. Und unser aktuelles »Problem« zeigt eines allemal: Herr Maurer könnte sich beim genauen Blick auf das Schlupflochbild wie ein Hund fühlen und will sich auf keinen Fall selbst so definieren! Es ist daran nichts, absolut nichts falsch! Aus meiner Praxis weiß ich: Wenn ich von Eltern »falsch verstanden« wurde und ich ihnen das rückmeldete, war damit die Zeit der fruchtbaren Zusammenarbeit vorbei. Ratsuchende, denen ich ein »falsches Verständnis« attestiert hatte, erlebte ich folglich als Menschen, die sich nicht kompetent genug fühlten, die weisen Gedanken des Höherstehenden zu kapieren. Systemiker begreifen sich niemals als Höherstehende, die das Richtige parat haben und darüber dann bei zweifelhaftem Bedarf gescheite Vorträge halten. Das kann auch den Berater von fachlichem Perfektionsdruck spürbar entlasten – der Niemals-Höherstehende muss nicht ständig recht haben. Er selbst wird sich in seiner Praxis nicht die Kriterien von »richtig« oder »falsch« aufbürden, sondern im Dialog mit seinen Gesprächspartnern primär immer wieder der Frage nachspüren: Passe ich? Treffe ich mit dem, was ich sage, auf die Welt meines Gegenübers? Diese Fragen sind weit anspruchsvoller als die plumpe Überlegung, ob etwas richtig oder falsch sei.

Lassen Sie mich an dieser Stelle von unserem systemischen Bilderangebot profitieren: Der Coachee, der Ratsuchende, ist wie eine Steckdose, aus der Energie kommt – der systemische Coach der Stecker. Als ich kürzlich in Rom den voluminösen Stecker meines Laptop-Ladekabels in die Steckdose des Hotelzimmers drücken wollte, passte er nicht – die Metallstifte waren zu dick. Ich musste mir einen Adapter kaufen. Einen Adapter – was für ein geniales Wort! Es kommt vom Lateinischen (»aptus« = »geeignet«, »adaptare« = »anpassen, geeignet machen«). Dieser Adapter war sozusagen der Anpasser, das Anschlussstück, das die Verbindung herstellte zwischen den dicken Metallstiften meines Ladekabels und den kleinen Löchern der römischen Steckdose. An meinem Ladekabel hängt kein falscher oder schlechter Stecker. Auch die römische Steckdose ist keine falsche oder schlechte Steckdose. Das einzig Feststellbare war lediglich, dass sie nicht zueinander passten. Der Adapter brachte Abhilfe und erwirkte, dass die Energie ungehindert fließen konnte. Der Anpasser schuf eine Verbindung – unbeschadet der Tatsache, dass dabei meine Steckerstifte dick und die Löcher der römischen Steckdose eng blieben.

Zurück zu unserem Gespräch mit Herrn Maurer, das auf den Hund gekommen schien. Obwohl scheinbar ein »Miss«verständnis vorlag, hat er sehr gut verstanden, und zwar sich selbst! Er verstand hervorragend, was er an diesem Bild auf keinen Fall akzeptieren wollte, nämlich dass er sich am Boden wie ein getretenes Tier davonmachte. Genau dieser Verständniserfolg musste ihm rückgemeldet werden. Der Coach nimmt, wenn man so will, einen Adapter, einen Anpasser, er *spiegelt*, formuliert in eigenen oder in den Worten des Gesprächspartners, was er gehört hat. *Dieser Adapter lässt Herrn Maurer so, wie er ist, der Adapter lässt ihm das Recht auf seinen Protest!* Stecker und Steckdose bleiben, wie sie sind! Jeder behält seine Identität. Und genau dieses Erlebnis sichert das Fundament für den weiteren Dialog. Herr Maurer realisiert durch das Spiegeln, dass er verstanden wurde und auf *sein* Verständnis ein Recht hat. Dieses Verständnis wird ausdrücklich als nachvollziehbar ausgewiesen und aus ihm die Möglichkeit abgeleitet, die dialogische Bearbeitung dieses Bildes zu beenden oder fortzusetzen.

Ich mache die Erfahrung, dass Eltern gesprächsbereit bleiben, wenn man den Coachingprozess in eben geschilderter Weise gestaltet. Es muss grundsätzlich die Möglichkeit bestehen und benannt werden, dass man ein Gespräch auch anders, alternativ fortsetzen – sprich, den Adaptationsvorgang differenzieren und verfeinern – kann.

Es gibt auch noch anspruchsvollere Adapterausführungen. Sie haben in der Mitte die beiden Löcher, in die jeder Stecker passt, und an den Seiten nach allen Richtungen hin mehrere Metallstiftpaare unterschiedlicher Dichte und Anordnung. Wie ein Stern sehen sie aus. Damit kann man energiesicher durch die ganze Welt reisen, überall ist Stromanschluss möglich.

Jeder Ratsuchende spricht und versteht anders. In der Verschiedenheit der Sprachen und der Verständnisse sehen die Systemiker die entlastende wie angenehme Pflicht, sich von absoluten Standpunkten zu verabschieden. Bei der Erfüllung dieser angenehmen Pflicht werden eigene Positionen immer wieder relativiert. Ein Coach relativiert sich, wenn er seinen Adapterstern bereithält und ihn je nach Sprache und Verständnis bewegt.

Das Spiegeln will den Coach und Herrn Maurer (wieder) in Verbindung bringen. Der Vater mag erleben, dass seine Sicht nicht negativ bewertet wird. In dem, was er sagt, liegt Wertvolles. Der Adapter, das würdigende Spiegeln, ist dabei, Passung zu schaffen.

> COACH: Dürfen wir also das Bild vom Schlupfloch weiter verwenden?
>
> HERR MAURER: Ja, aber nur, wenn ich mir nicht blöd vorkommen muss dabei.
>
> COACH: Klar, da bin ich ja ganz Ihrer Meinung. Und nochmals, ich halte Ihr Bild einfach für sehr nützlich, deswegen meine Frage, ob wir es weiter besprechen dürfen. Sie entscheiden, ob das okay ist, nicht ich.
>
> HERR MAURER: Passt! Ich hab ja vorhin nur gemeint, dass Sie mir irgendwas aufdrücken wollen und an mir psychomäßig rumtricksen. Wer weiß, ob das nicht doch stimmt. Vielleicht kauen Sie mir jetzt irgendwas vor, damit ich es schlucke. Ich kenne die Psycho-Heinis. Die lassen einen reden, tun recht freundlich, und man merkt dann nicht, dass man in eine Falle geht.

Der Coach begegnet erneut dem Verdacht, dass er »rumtricksen« wollte und spürt wieder den Wunsch, sich endlich zu verteidigen. Denn das »psychomäßige Rumtricksen« liegt »wirklich« nicht in seiner Absicht. Jetzt wiederholt Herr Maurer, was eigentlich schon ausgeräumt schien. Er wärmt Altes auf und setzt seinen Argwohn gegen die »Psycho-

Heinis« dazu. Diesen Argwohn formuliert er zudem in unverschämt klingendem Ton. Das kann eine harte Nuss sein. Es gilt hier, streng darauf zu achten, *dass es zu keiner Verteidigung des Coachs kommt!*

Von Kollegen höre ich dagegen oft den Einwand, sie seien keine Prügelknaben und müssten sich nicht jede Unterstellung bieten lassen. Sie hätten das Recht, Missverständnisse aufzuzeigen und zu korrigieren. Das Recht haben sie, gewiss. Nur, wenn sie von diesem »Recht« Gebrauch machen, können sie aus meiner Sicht für sich keine systemische Grundhaltung mehr reklamieren. Wir erinnern uns an den letzten Buchstaben des BULK-Denkmodells (K = Kompetenz) und halten uns bewusst, dass jedes Inkompetenzattest den Dialog gravierend beeinträchtigen kann. Wenn der Coach nun doch der Versuchung erliegt, sich zu verteidigen, wird er Herrn Maurer sagen, dass er an ihm nicht »psychomäßig rumtricksen« wollte. Genau damit bescheinigt er ihm Inkompetenz. Er schickt ihm die Botschaft, dass sein erneuerter Verdacht falsch, dass etwas falsch gelaufen sei – dass er also *nicht fähig* war, etwas »richtig« zu verstehen. Es ist nichts falsch gelaufen, es ist nichts falsch verstanden worden, mag dieser Eindruck auch immer wieder entstehen. Es ist von Vorteil, wenn der Coach sich das ständig vergegenwärtigt: Es wird nichts falsch verstanden, sondern *nur anders* und damit basta!

Herr Maurer versicherte, er kenne die »Psycho-Heinis«. Offenbar hat er eine Beratungskarriere hinter sich, in deren Verlauf er schon oft seine »Fehler« präsentiert bekam. Seine Opposition mag dem Coach vielleicht aktuell Unrecht tun. Zugleich ist dieser Widerstand aber aus Herrn Maurers Sicht nicht nur verständlich, sondern auch notwendig. Er schützt ihn, den Widerstehenden. Nichts kann daran »falsch« sein! Mit dieser Position, die den Widerstand für wertvoll hält, bleibt der Coach im systemischen Anschluss. Arnold macht die »systemische Angeschlossenheit« an der »Fähigkeit« fest, »die funktionale Bedeutung gewachsener Weltsichten zu erkennen und zu würdigen« (Arnold 2006, S. 189).

Herrn Maurers Sicht ist gewiss aus der Begegnung mit Beratern, die alles »besser« wissen, *gewachsen* und damit *funktional* bedeutsam: Er hat augenscheinlich keine Lust (mehr), sich von einem »Psycho-Heini« schuldanalytisch definieren zu lassen. Das ist das funktional Bedeutsame an seiner Wehr. Und genau das muss gewürdigt werden! So bleibt die »systemische Angeschlossenheit« zwischen Coach und Coachee intakt. Der Coach will aber unbedingt deutlich machen, er habe nicht »psychomäßig rumtricksen« wollen. Auch *sein* Motiv, kein

Prügelknabe, kein »Psycho-Heini« zu sein, bedarf der Würdigung. Dieses Motiv der Selbstverteidigung ist ja nachvollziehbar und nicht schon deswegen »schlecht«, weil es den systemischen Ablauf des Gesprächs gefährden kann. An dieser Stelle mag Folgendes wieder hilfreich sein: Der Coach stellt sich wiederholt auf die Seite des Ratsuchenden und fühlt die Bedrohung der »psychomäßigen Rumtrickserei« ausdrücklich mit! Auf diese Weise ist eine *würdigende Spiegelung* möglich und der Wunsch nach Selbstsicherung allseitig erfüllbar.

> COACH: Ich bin froh, dass Sie das noch einmal betonen. Wir sind uns da völlig einig. Ich möchte auch nicht, dass man an mir psychomäßig herumtrickst. Wir sind ja keine Psycho-Versuchskaninchen.

Herr Maurer lacht, nickt und vermerkt kurz, dass das Bild jetzt okay sei für ihn.

> COACH: Und, Herr Maurer, wenn ich den Eindruck auf Sie mache, ich sei ein »Psycho-Heini«, der Ihnen eine Falle stellen will, sagen Sie mir das bitte sofort. Ich interessiere mich dafür, was von dem, was ich sage, für Sie eine Fallenstellerei sein könnte. Tun Sie mir bitte den Gefallen und hauen Sie mir gleich um die Ohren, was Ihnen nicht passt. Ich habe den Eindruck, dass Sie ehrlich sind zu mir, und so was mag ich.

Herrn Maurers Argwohn konnte als Ausdruck von Authentizität gewürdigt werden. Dies ermöglichte die Passung, weil ihm nicht »nachgewiesen« werden musste, dass er mit seiner Psycho-Heini-Schmähung »falsch« lag. Nochmals: Er lag nicht falsch! Erwägt man die Möglichkeit seiner vielleicht abträglichen Beratungsgeschichte, lag er gold-»richtig«!

> COACH: Wir dürfen also das Schlupflochbild weiter verwenden, sagen Sie. Herr, Maurer, wenn Sie durch das Schlupfloch erfolgreich das Weite gesucht und gefunden haben, was fühlen Sie dann?
> HERR MAURER: Na, Erleichterung!
> COACH: Was genau erleichtert Sie?
> HERR MAURER: Ich bin dann nicht mehr so schuld, wenn was schief geht. Und meistens geht ja was schief. Und meine Frau kann

dann nicht sagen, ich war zu streng, oder ich hätte das oder jenes nicht sagen dürfen oder was weiß ich tun müssen. Ich kann Ihnen nicht sagen, wie sehr mir dieser ganze Scheiß auf den Sack geht!

In meinem systemischen Arbeitskontext artikulieren sich Eltern hin und wieder sehr drastisch. Vor allem in emotional aufgeladenen Gesprächen schwindet flugs der Sinn für sprachliche Noblesse. Dieser Umstand irritiert mich nicht. Obendrein sehe ich darin ein Signal für emotionale Beteiligung. Ich verzichte gern darauf, an den Worten der Ratsuchenden herumzufeilen, nur weil sie in diesem Buch veröffentlicht werden.

> COACH: Habe ich Sie richtig verstanden? Das Schlupfloch ist ein Ausgang für Sie? Ein Ausgang, der in ein Gebiet führt, in dem Sie sich geschützt fühlen vor Schuldsprüchen und Vorwürfen?
> HERR MAURER: Ja, genau, da hab ich dann weniger Angst, dass man mir nachweisen kann, ich bin ein schlechter Vater.

Herr Maurer weint und schluchzt dabei schwer verständlich, dass ihn Steffen schon lange nicht mehr »Papa« gerufen hat.
Den Tränen wird Raum gelassen. Es wird eine Zeit lang nicht gesprochen. Wenn Gefühle intensiv nach Ausdruck verlangen, können Worte auch mal Pause machen.

> COACH: Es macht Sie sehr betroffen, Herr Maurer, dass Steffen Sie schon lange nicht mehr »Papa« gerufen hat. Was fehlt Ihnen, wenn Ihr Sohn diese Anrede nicht gebraucht, wenn Sie das Wort »Papa« von ihm nicht hören?
> HERR MAURER: Das hab ich doch schon gesagt, eben, dass er nicht mehr »Papa« sagt. Das fehlt mir. Ich sprech doch nicht Chinesisch, oder?

In aufwendigen Gesprächen, die den Totaleinsatz gestresster Eltern fordern, kommt es öfter zu Gereiztheiten, die sich in mürrischer Sprache niederschlagen können.

> COACH: Ja, da muss ich mich wohl präziser ausdrücken. Wenn Steffen Sie anspricht, was will er da meistens von Ihnen?

> HERR MAURER: Oft will er, dass ich ihm irgendeinen Wunsch erfülle, dann spricht er mich an.
> COACH: Welcher Wunsch Steffens ist denn da am dringendsten?
> HERR MAURER: Na ja, zurzeit will er immer den neuen Fußball, hab ihm einen neuen gekauft. Den geb ich ihm nicht jeden Tag, soll er doch zuerst den alten verschießen. An einigen Stellen hat der schon Risse am Leder.

Die Frage, was dem Vater fehle, wenn der Sohn zu ihm nicht »Papa« sagt, war zu abstrakt. Damit konnte Herr Maurer nichts anfangen. Wenn ich mich in einem Gespräch abstrakt verirrt habe, hilft mir meistens die Bezugnahme auf das konkrete Alltagsgeschehen, auf das konkrete Verhalten. Ich halte mir dann die Wendung wie einen Merkzettel im Kopf parat:

Wer macht was, wann und wo?

Mit konkretisierenden Fragen wird der Gesprächsstau meistens aufgelöst.

> COACH: Steffen kommt also und bittet um den neuen Fußball, was fühlen und denken Sie genau, wenn er in die Bitte das Wort »Papa« hineinbringt. Was ist, wenn er dieses Wort weglässt? [systemisches Merkmal U, Unterschied]

Herr Maurer überlegt lange. Der Coach stört den Überlegungsvorgang nicht und ist ruhig.

> HERR MAURER: Also, ich geb ihm den Fußball viel schneller, wenn er »Papa« sagt. Da freu ich mich dann, dass er bei mir ist. Und wenn er das Wort »Papa« nicht sagt, dann sag ich ihm oft, dass er mich nicht stören soll, dass ich was Wichtiges zu tun hab und ich keine Zeit hab.
> COACH: Wenn Steffen also »Papa« sagt, dann fühlen Sie sich nicht so schnell gestört von ihm. Darf ich sagen, dass Sie dann viel lieber auf das eingehen, was er will, und dass Sie dann sogar länger mit ihm sprechen?
> HERR MAURER: Ja klar, genau so ist es.
> COACH: Es ist also viel mehr persönliche Nähe da, wenn er »Papa« sagt?

HERR MAURER: Ganz genau.
COACH: Und wenn es Sie traurig macht, dass er nicht mehr so oft »Papa« sagt, dann macht es Sie traurig, dass weniger Nähe spürbar ist zwischen Ihnen und Ihrem Sohn?

Herr Maurer sagt nichts, nickt aber zustimmend.

COACH: Darf ich aus alledem den Schluss ziehen, dass Sie mehr Nähe wollen zu Steffen? Mehr Nähe, die sich darin zeigt, dass er zu Ihnen häufiger »Papa« sagt?
HERR MAURER: Ja, top, so erleb ich das. Das ist richtig, was Sie da sagen.

Mit diesem Schluss ist dem Coach die Identifikation einer zentralen väterlichen Qualität gelungen. Er sieht jetzt die Chance, jenes Negativbild verändern zu lassen, das sich vorhin andeutete. Herr Maurer hatte die Angst benannt, »ein schlechter Vater« zu sein. Jetzt wurde deutlich, dass er Nähe zu seinem Sohn will. Das ist eine Ressource, mit der sich weiter systemisch gut zusammenarbeiten lässt.

Im systemischen Ressourceneifer bin ich einige Male schon in eine Falle gelaufen. Der Coach könnte mit Verweis auf den zu würdigenden Wunsch nach Nähe dem Vater zusichern, es zeige sich darin, dass er ein guter Vater sei. So habe ich mich schon manchmal geäußert und dabei Folgendes erlebt: Dieser plumpe Denk-positiv-Elan kann opponente Reaktionen provozieren. Kaum ein Ratsuchender, der über ein Minimum an Selbstachtung verfügt, wird sich Sie-sind-Diagnosen bieten lassen, mögen sie auch würdigende Komplimente enthalten. Es ist hier ganz behutsames Vorgehen angezeigt.

Ein meines Erachtens systemisch bedenklicher Beitrag soll hier kurz verdeutlichen, dass man sich mit Sprüchen dieser Qualität den Weg zu engagierten Eltern ungeschickt erschweren kann – wie es mir zu Beginn meiner Berufstätigkeit gelegentlich geschehen ist:

COACH: Sie wollen also mehr Nähe zu Ihrem Sohn. Daran sieht man, dass Sie ein guter Vater sind. Sie haben keinen Grund, von sich schlecht zu denken. Sie sind ein guter Vater, glauben Sie mir das!
VATER: Wer ich bin, das weiß ich schon selbst, das brauchen Sie mir nicht hinzureiben! Das sind heiße Psycho-Himbeeren, die Sie mir da unter die Nase halten. Vielleicht haben Sie das aus irgendeinem Buch über »Positives Denken«. Solches Zeug sieht man in jeder Buchhandlung.

Der Leser mag wieder denken, solche Reaktionen seien harte Bandagen und sicher eher selten. Ich bin mittlerweile überzeugt: Ein Protest dieser Massivität mag ein wichtiger Hinweis darauf sein, dass wir uns vielleicht zu wenig am Gesprächsanliegen der Eltern orientiert haben. Und worin besteht dieses Anliegen? Etwa nicht genau darin, dass der Berater einem selbstunsicheren Vater sagt, er sei ein guter Vater? Ist nicht das lädierte Selbstbild des hilflosen Gesprächspartners ein zentrales Veränderungsthema systemischer Zusammenarbeit? Schon, ja! Aber, wie bereits mehrmals betont, *wir tun gut daran, bei der Renovierung dieses Selbstbildes dem Selbstbildner die Regie zu überlassen.* Wenn wir unsere Gesprächspartner definieren und ihnen sagen, wer sie sind, nehmen wir ihnen diese Regie aus der Hand.

Da wir vier Merkmale systemischen Arbeitens parat haben, können wir uns die Frage gestatten, welches Merkmal an diesem eben zitierten Beispiel unberücksichtigt bleibt. Systemisch erfreulich an ihm wären doch sein **B**eziehungsschwerpunkt (väterlicher Nähewunsch), die implizite **U**nterschiedsmarke (zum negativen Selbstverständnis gibt es eine reale Alternative) und der **L**ösungsverweis (diese Alternative öffnet Bewältigungsaussichten, ein guter Vater will sich mit seinem Sohn arrangieren); eindeutig unsystemisch ist aber der Mangel an **K**ompetenz (systemisches Merkmal K). Ohne es vielleicht zu wollen, hat der Berater durch seine Sie-sind-Diagnose dem Vater die Kompetenz genommen, über sich selbst zu befinden. Die Botschaft unter der Oberfläche dieser Sie-sind-Diagnose heißt: »Wer Sie sind, können Sie selbst nicht richtig einschätzen, also sag ich Ihnen das direkt!« Und genau dagegen wehren sich Eltern meistens – völlig zu Recht nach meiner Meinung!

Zweifelsohne schränkt ein negatives Selbstbild den Lebensvollzug der Ratsuchenden oft leidvoll ein. Bei Herrn Maurer ist mit hoher Wahrscheinlichkeit davon auszugehen. Die Notwendigkeit der Intervention, die auf das Selbstbild des Vaters zielt, mag akut bestehen.

Und wie bleibt diese Intervention systemisch? Wenn der systemische Dialog intensiv und fruchtbar läuft, kann interaktional wirksames Vertrauen entstehen. Und auf der Basis dieses Vertrauens erscheint mir manchmal eine zirkuläre Frage passend, die den Fragenden, also den Coach, selbst einbaut. Wir sehen gleich, dass diese zirkuläre Frage die Kompetenz (systemisches Merkmal K) nicht nur unbeschädigt lässt, sondern sie fördert, stärkt und vertieft.

> COACH: Herr Maurer, Sie wollen mehr Nähe zu Ihrem Sohn. Wir führen jetzt schon einige Gespräche. Ich bin überzeugt, dass Sie

8.1 Basalkriterium 1: Persönliche Präsenz

> sich auch von mir ein Bild machen. So ein Gespräch ist ja nichts Einseitiges. Ich merke, dass Sie ganz scharf denken und jede Silbe von mir verfolgen. Sie sparen auch nicht mit Kritik. Das zeigt mir, dass Sie genau darauf schauen, was Sie akzeptieren können und wollen. Sie werden auch auf mich genau schauen. Darf ich Ihnen eine Frage zu mir selbst stellen? Wenn ich höre, dass Sie mehr Nähe zu Ihrem Sohn wollen, lasse ich das nicht unbewertet. Ich habe dazu einen Standpunkt, ich habe eine Meinung. Was, Herr Maurer, glauben Sie, denke ich darüber, dass Sie mehr Nähe zu Ihrem Sohn wollen?

Herr Maurer ist von dieser Frage ein wenig überrascht, überlegt aber nicht lange.

> HERR MAURER: Sie werden sicher denken, dass das okay ist. Wenn ein Vater Nähe zu seinem Kind will, werden Sie das nicht schlecht finden. Ich glaube, dass Sie meinen, es gehört zu einem guten Vater, dass er nahe bei seinem Sohn sein will.
> COACH: Sie haben den Punkt genau getroffen. Sie schätzen mich sehr gut ein.

Dieses direkte zirkuläre Einbeziehen des Coachs ist nach meiner Erfahrung dann möglich, wenn eine stimmige Gesprächsatmosphäre spürbar ist. An unserer Heilpädagogischen Tagesstätte entsteht im Rahmen der Elternarbeit zwischen Betreuern und Eltern nicht selten wechselseitige Achtung, mitunter sogar Sympathie. Dies kann auch im systemischen Coaching als wertvolle Ressource zur Verfügung stehen. Wenn es dem Sozialpädagogen, Erzieher oder Psychologen förderlich erscheint, mag er sich selbst behutsam einflechten und sein Denken in gerade zitierter Weise zur Diskussion stellen.

Mit der oben genannten kurzen Sequenz ist der systemische Charakter des Gesprächs erhalten und praktiziert. Das **K** (systemisches Merkmal K, Kompetenz) überlebt nicht nur, sondern ist produktives Thema dieses Dialogabschnitts. Herr Maurer kann über sich als »guter Vater« nachdenken und sprechen, ohne dass er sich mit einem direkten Zuspruch (»Sie sind ein guter Vater!«) auseinandersetzen muss. Die mögliche Abwehr dagegen erübrigt sich insofern, als *er keinen Befund hört, sondern um einen Befund gebeten wird*. Dieser Befund erstreckt sich auf das, was der Coach denken könnte und nicht auf die Frage, ob Herr Maurer ein guter Vater *ist*. Herr Maurer überlegt, was sein Coach für seine Vaterqualität halten mag. Und wenn er das tut, denkt und spricht er sich in die Möglichkeit hinein, dieser würdigenden Position zuzustimmen. Herr Maurer hat die Wahl, das schlechte Vaterbild über sich beizubehalten, oder sich mit der Alternative des Coachs anzufreunden. Diese Alternative, wohlgemerkt, ist Herrn Maurers Gedanken erwachsen. Und genau das macht aus dieser Alternative ein ichkonformes Angebot.

Die zirkuläre Frage leistet an dieser Stelle Wertvolles: Sie lässt Standpunkte übereinander diskutieren und den Verzicht leisten, über »wahre« oder »falsche« (Selbst-)Aussagen zu urteilen. Auch atmosphärisch kommt in diesem Gesprächsabschnitt das Merkmal K zum fruchtbaren Austrag: Wenn Herr Maurer gefragt wird, was der Coach über ihn als Vater denken könnte, wird ihm allein durch diese Frage Kompetenz zugetraut. Einen Inkompetenten ersucht man nicht um einen Befund. Die Kompetenz Herrn Maurers erweist sich darin, die Position des Coachs treffsicher zu erfassen. Dafür bekommt er ein positives Feedback.

> COACH: Sie wollen mehr Nähe zu Ihrem Sohn und glauben, dass ich das okay finde. Sie haben das schöne Wort vom »guten Vater« verwendet. Es gibt eine Geschichte in der Bibel, die mir gerade einfällt. Die berichtet von einem Sohn, der sich vom Vater den Erbteil ausbezahlen ließ und dann von zu Hause abgehauen ist, um die ganze Kohle zu verjubeln. Als er pleite war, musste er anderswo Schweine hüten und hungern. Einsichtig kam er dann wieder zu seinem Vater zurück. Der Vater hat den Heimkehrer nicht wütend zurückgewiesen, sondern sich maßlos darüber gefreut, dass er wieder da war, dass wieder Nähe zwischen ihnen beiden bestand. Der »gute Vater« will Nähe zu seinem Sohn, darin besteht sein Wesen, so erzählt uns diese alte Geschichte. Sie kommt mir gerade in den Sinn, weil in unserem Gespräch Nähe zwischen Vater und Sohn Thema ist.
> HERR MAURER: Ja klar, ich kenn diese Geschichte. Das ist die vom verlorenen Sohn. Dieser verlorene Sohn hatte ja noch einen Bruder. Der blieb brav daheim und hat nicht mit dem Geld des Vaters woanders den großen Macker gespielt. Der war dann stinkig, als der Angeber heimkam, weil der Vater vor lauter Freude eine teure Fete veranstalten ließ. Wenn ich als Kind diese Geschichte gehört habe, war ich immer auf der Seite des Bruders,

der dem Vater Vorwürfe machte, weil der wegen der Rückkehr des Versagers so viel Aufwand betrieben hat. Ich glaub, der Vater ließ das Mastkalb schlachten für die steile Hausparty.
COACH: Ja, die Wut des Bruders, der anständig daheim blieb, ist nachvollziehbar. Das ist echt 'ne aktuelle Geschichte, die auch klassische Geschwisterrivalitäten erwähnt.
    Vater und Sohn, bzw. Söhne. Das ist ein altes, eben auch konfliktbesetztes Thema. Menschen aller Zeiten schlagen sich damit rum. Ihr Thema, Herr Maurer, ist also ein Thema mit ganz langer Geschichte. Sie wollen Nähe zu Ihrem Sohn. Die zeigt sich darin, wie Sie mir vorhin sagten, dass er zu Ihnen öfter »Papa« sagt. Und was meine Einstellung betrifft: Sie haben ganz recht, ich glaube, es gehört zu einem guten Vater, dass er nahe bei seinem Sohn sein will.

Es erschien mir legitim, diese Geschichte aus der Bibel zu zitieren, weil Herr Maurer in seiner Kirchengemeinde sehr engagiert war. So ließ sich passend andocken.

    Geschichten sind atmosphärische oder auch inhaltliche Adaptationsmöglichkeiten und werden von Gesprächspartnern meistens aufmerksam gehört. Ihre Verwertung gelingt oft insofern, als sie Ratsuchende hineinbinden in ein Netz der vielen anderen, die auch Probleme und Schwierigkeiten haben. Das entlastet sie von der Auffassung, man sei exklusiv erwählt, Leiden ertragen zu müssen. Die Hilfe, die die Geschichte anbietet, heißt: Du bist nicht allein und wirst verstanden, weil Deine Geschichte die Geschichte auch anderer ist. Yalom hält dies für einen therapeutischen Wirkfaktor der Gruppenpsychotherapie und verwendet in diesem Zusammenhang den Begriff »Entkräftung des Gefühls der Einzigartigkeit«. Dieses Gefühl, einzig Auserkorener eines ungünstigen Schicksals zu sein, werde relativiert durch die Erfahrung, »dass andere ähnliche Gefühle haben und Ähnliches erleben wie sie [die Ratsuchenden, A. H.]« (Yalom 2007, S. 29). Dies ist ein gruppentherapeutischer Effekt, der auch im Einzelgespräch genutzt werden kann, wenn Geschichten gedanklich imaginativ Leidensgenossen ins Gespräch holen.

    Retzlaff zählt diese Methode zu den »narrativen Techniken«. Er verwendet den Begriff der »Spiegelgeschichten«, die das Problem »mit kleinen Änderungen« wiedergeben (Retzlaff 2008, S. 228). In unserem Zusammenhang spiegelt die »Geschichte vom Verlorenen

Sohn« einen alten Grundkonflikt, in dessen Zentrum der Wunsch des enttäuschten Vaters nach Nähe zum Sohn liegt. Dieser frustrierte Wunsch ist der eben aktuelle Gesprächsinhalt, den der Bibeltext einfühlsam und bilderreich wiedergibt. Der therapeutische Charakter der Geschichte kann für Herrn Maurer in der Kenntnisnahme liegen, dass ihn der Autor dieser alten Erzählung aus der Bibel gewiss versteht. Und damit ist sozial bedeutsame Entlastung möglich. Vater-Sohn-Konflikte und ihre schwierige Lösbarkeit sind ein menschliches Grundthema, an dem er, wie viele andere auch, nicht vorbeikommt. Es ist die gewiss generell gültige Lebenslogik, die ihn da ereilt: Wo Eltern und Kinder zusammen leben, gibt es eben auch Konflikte. Sein Problem ist nichts Herr-Maurer-Spezifisches. Diese Gewissheit kann Selfblaming-Prozesse, also zersetzende Selbstbeschuldigung, verhindern.

Auch diese Spiegelgeschichte aus der Bibel sagt nicht, dass Herr Maurer ein guter Vater ist. Sie gibt lediglich wieder, was der neutestamentliche Autor gedacht hat: Ein guter Vater will Nähe zu seinem Sohn. Herr Maurer begegnet in dieser Geschichte einem Standpunkt, keinem Befund über sich. Diesen Befund wird der Coach *ihm selbst* überlassen.

> COACH: Darf ich Ihr Schlupflochbild noch einmal verwenden?
> HERR MAURER: Ja klar! Hab eben vorher nur gemeint, dass Sie an mir rummodeln wollen.
> COACH: Für das, was Sie empfinden, werden Sie Ihre guten Gründe haben. Ich wiederhole mich und bitte Sie nur, dass Sie mir das gleich sagen, wenn Sie meinen, ich modle an Ihnen rum.
> HERR MAURER: Top! Das mache ich also sofort, wenn ich das meine. Da bin ich ja gespannt, was Sie dann sagen.
> COACH: Wir haben vorhin festhalten können, dass das Schlupfloch so was wie ein Ausgang ist für Sie. Ein Ausgang, der in ein Gebiet führt, in dem Sie sich geschützt fühlen vor Schuldsprüchen und Vorwürfen. Vielleicht denken wir uns in dieses Bild noch einmal hinein. Wenn Sie durch dieses Schlupfloch den Raum verlassen haben, wer befindet sich dann noch in diesem Raum?
> HERR MAURER: Na, Steffen und meine Frau.
> COACH: Was, meinen Sie, Herr Maurer, denkt Steffen von Ihnen, wenn Sie den Raum verlassen haben, wenn er sich mit seiner Mutter ohne Sie in diesem Raum befindet?

Das ist wieder eine zirkuläre Frage, eine Beziehungsfrage. Systemische Fragen sind keine Weichspüler und können auch Widerstände hervorrufen, wie wir dialogisch auf unserer Kutschreise bereits erlebt haben. Herr Maurer zeigt uns gleich, dass seine Protestbereitschaft keineswegs lahmliegt. Jederzeit reagiert er auf das, was ihm nicht passt. Diese Reaktion muss nach meiner Meinung in der Erlebniswelt ratsuchender Eltern ihren festen Platz haben dürfen. Der Widerstand übt eine unverzichtbare Funktion aus.

Unsere Leitidee Nr. 1 regt uns an, in der Erlebniswelt der Eltern zu bleiben – auch und gerade dann, wenn es darin recht lebendig zugeht.

> HERR MAURER: Jetzt werde ich aber wütend! Genau das ist es! Das ist diese verdammte Psychotrickserei. Diese Frage stellen Sie mir nur, weil Sie Ihre Kritik an meinem schlechten Vaterverhalten in Ihrer Munition haben, in Ihrem Gewehr. Sie haben ein Gewehr auf mich gerichtet. Das laden Sie gerade. Sie werden gleich losballern. Steffen soll jetzt denken, dass ich einen Fehler gemacht habe. Mein Sohn soll schlecht von mir denken. Sie haben keinen Blöden vor sich. Vielleicht wollen Sie von mir auch noch wissen, ob mich mein eigener Vater genug geliebt hat. Das wollen die Psycho-Fritzen alle wissen. Und dann erklären sie einem, dass ich ein schlechter Vater bin, weil mein Vater auch ein schlechter Vater war. Es stimmt, mein Vater war ein Scheißkerl. Der hat mich geschlagen, wo er nur konnte. Ich schlage mein Kind nicht, obwohl ich manchmal Lust dazu hätte, wenn mir der Gaul durchgeht. Jetzt schauen Sie aber, was?

Der Gefühlssturm des zirkulär Gefragten lässt es krachen. Herr Maurer gerät in Rage, ist außer sich und gestikuliert wild mit den Händen. Seine Körpersprache verrät, dass er dabei ist, die Fassung zu verlieren.

An dieser Stelle will ich unsere Kutschfahrt auf die Überlegung lenken, welche Rolle Gefühle in der systemischen Zusammenarbeit spielen könnten. Wenn wir im Rückblick auf eine Auseinandersetzung behaupten, sie sei »sehr emotional« geführt worden, dann denken wir gewöhnlich an ihren unsachlichen Charakter. Gern meint man dann, rational (vernünftig) sei das Gegenteil von emotional, und man müsse dem rationalen Stil grundsätzlich den Vorzug geben. In emotionalisierten Konflikten mache man leicht Fehler, so die gängige Überzeugung. Wichtige Entscheidungen verschiebt man darum lieber auf Zeiten, in denen das Seelenthermometer geringere Gefühlstemperaturen angibt, wie es das viel zitierte Bonmot aus der systemisch therapeutischen Fachliteratur nahelegt: »Schmiede das Eisen, wenn es kalt ist!«

In der inhaltlichen Unmöglichkeit liegt der besondere Reiz dieser Empfehlung. Man kann kein kaltes Eisen schmieden. Der Widerspruch dieser Aufforderung gegen ihre Praktikabilität erzeugt rhetorische Spannung. Hier ist eine Interpretation notwendig, weil auf einmal Interesse an dem entstanden ist, was *eigentlich* gemeint sein könnte. Die Interpretation wird jedem leicht fallen, der besondere Sinn des offenbar Unsinnigen ist geschwind ermittelt: Wenn jemand »außer sich« ist vor Zorn, Wut und Verdruss, wenn also »das Eisen heiß« ist, wird man sich schwertun, mit ihm zusammen zu »vernünftigen« Gesprächsergebnissen zu kommen.

Intensive Emotionen erhöhen die Wahrscheinlichkeit, dass nicht alle Aspekte einer Entscheidung oder Position zur Kenntnis genommen werden. Wer wütend ist, hat meist nur ein reduziertes Sichtfeld, sieht von seinem ganzen Kontext nur einen kleinen Ausschnitt. Das muss nicht unbedingt ein Nachteil sein. Das Eisen darf heiß werden. Der Wütende mag das, was er ausschnittsweise sieht, sehr angespannt und intensiviert erleben. *Diese Intensität kann eine wertvolle Klärungshilfe bieten.* Denn in diesem emotional verdichteten Ausschnitt liegt die wichtige Information: »Mir passt was nicht!« Herrn Maurer passt einiges nicht. Seine Wut informiert uns schnell und unmittelbar. Und diese hoch emotionalisierte Information, wie sie sich auch in Coachingprozessen manchmal erleben lässt, ist nach meiner Meinung systemisch nicht nur in Kauf zu nehmen, sondern zu begrüßen!

Als Kind wunderte ich mich in einer Zoohandlung darüber, dass in einem riesigen Terrarium mit Eidechsen trotz Tageslichts eine große Glühbirne montiert war. Der Verkäufer meinte, das sei keine Lichtquelle, sondern eine Wärmelampe. Die »Viecher« zeigen und bewegen sich nur, wenn die Wärmelampe im Terrarium für sommerliche Hitze sorge. Kunden wollen keine Tiere, die man nicht sieht und die sich nicht bewegen.

Durch die Hitze kommt auch in das Coachinggeschehen Bewegung – und mit der Bewegung Identifizierbarkeit! Mit nicht erhitzbarem »Eisen« tu ich mich in meiner »Schmiede« schwer. Herr

Maurer kooperiert »heiß« und zugleich »sichtbar« brillant, wie wir lesen werden. Gefühle liefern über sein Ergehen bestens verwertbare Informationen. Sein Ergehen bewegt sich und wird damit sichtbar. Das Eisen kann gerne heiß werden!

Auch beim Coach sorgen Gefühle für Bewegung und Identifizierbarkeit. Wenn ich mich während eines Gesprächs mit Eltern oder Kindern freue, signalisiert mir diese Freude, dass etwas gerade gut läuft. Wie gut, dass es diese Emotion, die Freude gibt! Und wie gut, dass es die Wut gibt! Sie macht uns unmittelbar deutlich, dass uns etwas gegen den Strich geht.

Was Eidechsen bei Hitze »leisten«, ist geradeso für Kinder, Eltern, Pädagogen und Psychologen von erklecklicher Bedeutung: Kommunikationsprozesse, die von Gefühlen unterfüttert und vitalisiert sind, bewegen sich und lassen sich damit vorteilhaft identifizieren.

Sehr oft bestätigt sich in unserer Arbeit zudem, was Rotthaus mit Verweis auf Watzlawick unterstreicht, nämlich, »dass rationale Erkenntnis selten zu einer Verhaltensänderung führt, wenn sie nicht durch emotionales und/oder körperliches Wahrnehmen und Erleben gestützt bzw. begleitet wird« (Rotthaus 2009, S. 127 f.).

Herr Maurer reagierte wütend auf die Frage, was sein Sohn denke, wenn er, der Vater, das familiäre Konfliktfeld verlasse. Dieses Gefühl, wiewohl zunächst negativ empfunden, hat ihn richtig engagiert und ins Veränderungsgeschehen hinein aktiviert. So widersprüchlich sich das anhören mag: Was der Vater da aufgebracht *gegen* die systemische Zusammenarbeit zu melden hatte, war *für* sie zu nutzen.

Eine Voraussetzung dieser systemischen Erfolgschance ist nach unserer Erfahrung eine Grundhaltung, wie sie Ritscher für eine systemisch aktive Fachkraft delikat paradox postuliert: »Systemische Demut« werde sie üben, denn sie »kann nur Einfluss nehmen, wenn sie die Macht der Adressatinnen anerkennt, ihr diesen Einfluss zu verwehren« (Ritscher 2007, S. 109). »Systemisch demütig« also akzeptieren wir jederzeit, dass der Coachee unser Mühen eventuell wütend zurückweist. Und zugleich wissen wir diese Wut zu würdigen. Sie ist hier in unserem Moment willkommen, da sie Herrn Maurer und sein Befinden erkennbar macht und Reformenergien freisetzt.

COACH: Sie haben gerade das Gefühl, Herr Maurer, dass ich ein Gewehr in der Hand halte und gleich losballere. Das ist ein Bild, das für mich Bedrohung zum Ausdruck bringt. Wenn ich Sie da richtig verstanden habe, darf ich Sie vielleicht fragen, wovon Sie sich genau bedroht fühlen.

Herr Maurer: Davon, dass Sie mir sagen, dass ich als Vater grobe Fehler mache. Das kommt immer bei solchen Gesprächen heraus. Ich soll überlegen, was Steffen von mir denkt, wenn ich verschwinde. Der kann ja nur schlecht denken. Und am Ende heißt das: Ich baue Scheiß. Ich mag keine Vorwürfe mehr. Die Vorwürfe bedrohen mich ganz schlimm.

Coach: Nehmen wir an, Herr Maurer, es käme heraus, dass Sie »Scheiß bauen«. In unserem Gespräch wäre nachgewiesen, dass Sie einen »groben Fehler« machen, wie Sie sagen. Ich will Sie jetzt ganz genau verstehen. Was bedroht Sie da genau, sodass Sie glauben, es sei ein Gewehr auf Sie gerichtet?

Herr Maurer: Wenn herauskommt, dass ich einen groben Fehler mache, fühl ich mich ganz mies, ich glaube dann, dass ich schlecht bin, wie soll ich das sagen, dass ich ganz einfach nichts wert bin.

Coach: Das Gefühl der Bedrohung zeigt also, dass Sie persönlich nicht entwertet werden wollen, wenn Sie etwas machen, was andere kritisieren könnten?

Herr Maurer: Genau so ist das. Mann, ist das alles kompliziert! Und außerdem: Ich arbeite tagtäglich schwer und schau, dass die Finanzen stimmen. Ich bin beruflich oft sehr geschafft. Glauben Sie, ich habe Lust, mir dann am Abend oder jetzt von Ihnen anzuhören, dass ich ein schlechter Vater bin?

Coach: Was wollen Sie denn stattdessen? Was würden Sie gerne hören, wenn Sie von der Arbeit heimkommen? [systemisches Merkmal U, Unterschied]

Herr Maurer: Mal vielleicht ein anerkennendes Wort oder so. Meine Frau könnte mich ja mal fragen, ob der Tag heute stressig war oder ob's mir gut geht. Dass ich mich täglich abplage, ist schon meine Pflicht, klar. Aber irgendwie ist das alles, wie soll ich sagen, zu selbstverständlich. Und dann diese verdammten Vorwürfe nach der Arbeit, wenn Steffen wieder mal ausgetickt ist.

Coach: Gestresst von der Arbeit und dann fühlen Sie auch noch privat Druck, erleben Konflikte! Sie wollen das nicht. Und ich habe Sie jetzt so verstanden, dass Sie der Befund, Sie seien ein schlechter Vater, schlimm bedroht: Sie fühlen sich entwertet und Sie stehen unter hoher beruflicher Anspannung. Nach Dienstschluss können Sie nicht noch zusätzlich Nerviges ertragen.

HERR MAURER: Ja genau. Ich fühle mich einfach total mies, wenn mir einer so daherkommt und so tut, als sei ich ein fauler und schlechter Kerl, nur weil mir daheim alles zu viel wird. Das mein ich mit dem Gewehr. Und Sie haben eben auf mich auch den Eindruck gemacht, dass Sie mit Vorwürfen losschießen.

Der Coach hat dieses Bild vom Gewehr nicht als Kritik an seiner bisherigen Arbeit gewertet. Das könnte durchaus naheliegen. Die rundweg massive Opposition des Ratsuchenden erzeugt vielleicht im Coach fachliche Selbstzweifel. Wer will schon im Elterncoaching oder in der Therapie als massiver Bedroher gelten? Eine »Richtigstellung« wäre verlockend: »Ich will Sie nicht wie ein Gewehr bedrohen« oder »Ich habe Sie nicht bedroht«.

Systemisch aufgetankt weiß ich heute: Diese »Richtigstellung« wäre ein grober systemischer Schnitzer! Ich wiederhole mich: Der Ratsuchende versteht nichts falsch. Und wenn er im Coach gerade eine Bedrohung identifiziert, ist das aus seiner Sicht verständlich. Er wird seine guten Gründe haben für diese Empfindung. Wichtig ist, dass der Coach *würdigend spiegelt,* indem er das herausdestilliert, was nachvollziehbar und wertvoll erscheint: Herr Maurer wehrt sich gegen die persönliche Entwertung, die Vorwürfe seinem Empfinden zufolge verursachen. Von der Arbeit gestresst ist er außerdem daheim nicht mehr so belastbar. Solange er diese seine Stresswirklichkeit nicht verständnisvoll zurückgemeldet bekommt, sie also nicht *würdigend gespiegelt* erfährt, wird das Gewehr auf ihn gerichtet sein. Die Rede vom Gewehr ist sehr hilfreich. Wir denken an unser systemisches Bilderangebot und wollen mit der Bildsprache der Eltern fruchtbar arbeiten. Für mich hat Herr Maurer das Gefühl der Bedrohung mit dem Wort vom Gewehr »fotografiert«. »Fotografieren« kommt aus dem Griechischen und ist zusammengesetzt aus »phos« = »Licht« und »graphein« = »schreiben«. Eine Fotografie ist also eigentlich eine »Lichtschreibung«. Diese ungelenke Übersetzung passt mir hier gerade. Mit seinen Bildern beschreibt Herr Maurer hell und licht, was in ihm passiert. Er schildert erhellend und macht dabei Licht, lässt sehen, was sich in seiner Empfindungswelt dynamisch ereignet. Wenn wir uns die »Fotografien« der Ratsuchenden zunutze machen, erfahren wir, dass ihre Positionen wertvoll und gut verwertbar sind. Genau dadurch bleiben Coach und Coachee im Gespräch präsent.

> COACH: Ich finde das Bild vom Gewehr sehr hilfreich. Vielleicht können wir dafür ein Symbol verwenden. Ich habe natürlich kein Gewehr da, auch kein Spielzeuggewehr. An unserer Einrichtung wollen wir nicht, dass Kinder Plastikschusswaffen zum Spielen verwenden. Ich hol mal einen Besenstil. Den leg ich jetzt auf den Tisch. Und wenn Sie im Gespräch mit mir den Eindruck haben, dass sich das Gewehr lädt, nehmen Sie diesen Besenstil und richten das Ende mit dem Eisengewinde auf sich, wenn Sie das wollen.

Herr Maurer lacht, erklärt sich damit einverstanden und hantiert schon probeweise mit dem Besenstil. Da er sich gerade nicht bedroht fühlt, bleibt er quer liegen.

Abb. 3: Besenstiel

»Metaphorische Techniken« wie die Verwendung eines Symbols für Erlebnisinhalte haben wir bereits mehrmals diskutiert (systemisches Bilderangebot, Externalisierung).

Der Besenstil, der das Gewehr darstellen soll, »externalisiert« das Erlebnis der Bedrohung. Herr Maurer hat mit dieser eigenen »metaphorischen Technik« das Gespräch bestens entwickelt. Das Gewehr, die »Fotografie« seines Bedrohungsgefühls, brachte Dynamik in den

Gesprächsfluss. Dieses Gefühl, das zunächst den Dialog zu hemmen schien, ist jetzt sichtbar – und nicht mehr sozusagen »geheimnisvoll wirksam« in und zwischen uns. Es liegt *vor* uns auf dem Tisch. Wir können es sogar anfassen, *handhaben*, buchstäblich *begreifen*. Unbegreifliches wird metaphorisch begreiflich. Der weitere Gesprächsverlauf profitiert davon insofern, als die Bedrohung vom »Bedroher« und »Bedrohten« als »Objekt« besprochen werden kann. Das Gefühl der Bedrohung darf jetzt ein Ereignis sein, das sich durch den Besenstil »versachlicht«. Absichten oder Nichtabsichten der Gesprächsteilnehmer werden dadurch zweitrangig. Kein systemischer Berater oder Coach muss sagen, er wollte nicht bedrohen oder sei falsch verstanden worden. Und kein Ratsuchender oder Coachee muss mit Schuldzuweisungen gegen den »Bedroher« aufwarten.

Dass Herr Maurer sich bedroht fühlt, ist nicht nur in Ordnung, sondern für den weiteren Verlauf der systemischen Zusammenarbeit ein großer Vorteil. Das Gefühl der Bedrohung verweist uns ins Zentrum der Problemstruktur. Und der Besenstil ermöglicht gesprächsorganisatorisch Optimales: Wir gehen mit der Bedrohung um, nicht mehr sie mit uns. Das *veranschaulicht* die Externalisierung, das Symbol.

Wenn ich eben Beschriebenes nochmals durchlese, merke ich, wie schwierig ein Vorgang dieser Emotionsdichte mit Worten darzustellen ist. Man muss ihn einfach erleben: Mit dem Objekt Besenstil, der die Bedrohung auch optisch und haptisch (Berührung) zum Gegenüber macht, reduziert sich die Angst. Aus der geheimnisvollen Bedrohung wird ein Fakt, mit dem die Auseinandersetzung möglich ist. Auseinandersetzung ist hierbei wortwörtlich zu verstehen: Bedrohung, »Bedrohter« und »Bedroher« sind *auseinander* und kommen in einen klärenden Austausch.

COACH: Also abgemacht: Sobald Bedrohung für Sie spürbar wird, drehen Sie den Besenstil. Es freut mich, dass Sie damit einverstanden sind. Ich muss nochmals zu dem Bild vom Schlupfloch. Sie haben den Raum, in dem sich Ihre Familie befindet, verlassen. Die beiden sind ohne Sie. Ich möchte nochmals auf Steffen kommen und auf das, was er denkt.

Herr Maurer dreht den Besenstil, sodass das Eisengewinde sich in seine Richtung bewegt. Er dosiert die Bewegung allerdings: Das »Gewehr« zielt (noch) nicht ganz auf ihn.

COACH: Sie haben gerade den Besenstil in Bewegung gebracht. So, wie er jetzt liegt, würde »das Gewehr« Sie aber nicht treffen.

HERR MAURER: Na ja, ich will mal abwarten. Bis jetzt bringt mich das nicht um, was Sie sagen.

COACH: Super, und Sie werden sofort wieder an den Besenstil fassen, wenn das Gefühl der Bedrohung intensiver wird. Und ich bleibe dabei. Wenn ich Sie jetzt weiter frage, dann ist bei alledem für mich wichtig, was Steffen wünscht und braucht. Es ist Ihnen ein Anliegen, dass er sich nicht mehr aggressiv verhält. Und das ist auch mein Thema. Mit diesem Thema haben Sie mir sozusagen einen Arbeitsauftrag erteilt. Und aus meiner Sicht gehört unbedingt zu diesem Arbeitsauftrag die Frage, was Steffen denkt und fühlt, wenn Sie im Fall von Konflikten den familiären Raum verlassen. Ich bleibe bei dieser Frage, weil ich glaube, dass sie für die Überlegung wichtig ist, wie es mit ihm, mit Ihnen und mit seiner Mutter weitergeht.

Der Coach wartet. Er lässt Herrn Maurer Zeit, am Besenstil sein Bedrohungsgefühl sichtbar zu machen. Herr Maurer fasst an den Besenstil und legt ihn wieder quer, mit Worten also: Er fühlt sich in diesem Moment nicht bedroht.

Möglicherweise ist das Bedrohungspotenzial dadurch gesunken, dass der Coach ausdrücklich seinen Arbeitsauftrag nochmals deutlich formuliert und das gemeinsame Ziel klarmacht. Damit ist Transparenz geschaffen. Herr Maurer weiß bei aller Empfindlichkeit gegen Kritik, was er und sein Coach wollen. Allein diese Klarheit kann Unsicherheiten reduzieren und, wie ich oft erlebe, sogar zur Kritiktoleranz führen. Die Kritik ist nicht Ziel des systemisch geführten Gesprächs. Aber, und das muss ich bei aller Liebe zu systemischer Stilistik einräumen, Kritik kann Thema werden – und zwar dann, wenn sie der Coachee aus dem Dialog mit dem Coach *selbst* ableitet.

HERR MAURER: Wie Sie sehen, fühl ich mich jetzt nicht bedroht von dem, was Sie da äußern. Und trotzdem, wenn ich ehrlich bin, muss ich Ihnen sagen, dass mich das alles einfach furchtbar anstrengt. Am liebsten wäre es mir, wenn ich meine Ruhe hätte. Ich würd Ihnen am liebsten sagen: »Lassen Sie mich einfach in Ruhe!«

COACH: Das kann ich sehr gut nachvollziehen. Einfach Ruhe haben. Unser Gespräch war bisher in der Tat sehr anstrengend,

auch für mich. Wir haben auch viel geschafft. Wir sind so langsam dabei, uns zu verstehen, so erlebe ich das. Und deswegen trau ich mich, Sie nicht in Ruhe zu lassen. Was, meinen Sie, macht es mir so schwer, Sie in Ruhe zu lassen?
HERR MAURER: Ja, ja, ich weiß, wir müssen zusammenarbeiten. Sie betreuen ja mein Kind, und ohne Eltern läuft gar nichts, sagen Sie immer.
COACH: Genau, Sie haben meinen Spruch gleich parat. Und ich will sicher sein, dass wir uns einig sind in Bezug auf Steffens Entwicklung. Darf ich Ihre Erwartung noch mal hören?
HERR MAURER: Das war schon okay von vorhin, ich mein, dass wir eigentlich alle wollen, dass Steffen nicht mehr so aggressiv ist. Deswegen hab ich ja auch den Besen quer gelegt. Aber ich will jetzt echt eine Kippe.

Eine kleine Pause wird spannungsreduzierend wirken.

Bislang hat sich Großartiges ermitteln lassen: Der Vater will Nähe zu seinem Sohn. Das ist die Beziehungsressource, die jetzt fokussiert wird (systemisches Merkmal B, Beziehung, und systemisches Merkmal K, Kompetenz). Außerdem kann Herr Maurer sich mit dem Gefühl der Bedrohung auseinandersetzen. Dieses Gefühl meldet ihm bei Kritik die Gefahr der Selbstentwertung.

COACH: Herr Maurer, Ihr ergiebiges Bild vom Schlupfloch ist einfach großartig für mich. Ich will es weiter anschauen. Und wenn Sie etwas bedroht, fassen Sie an den Besenstil. Den haben Sie ja in greifbarer Nähe. Wir hatten ermittelt, dass Sie nach Verlassen des Raumes, in dem sich Ihre Frau und Ihr Sohn befinden, in einem Gebiet sind, in dem Sie sich geschützt fühlen vor Schuldsprüchen und Vorwürfen. Wir haben auch unser gemeinsames Ziel ermittelt: Wir wollen, dass sich Steffen nicht mehr so aggressiv verhält. Und um dieses Ziel mit Ihnen zusammen ansteuern zu können, möchte ich Fragen stellen dürfen. Aus meiner Sicht müssen wir diskutieren, was in Steffen abgeht, wenn er austickt und wenn er sieht, dass Sie dann durch das Schlupfloch ins Freie getreten sind.
HERR MAURER: Wahrscheinlich wird er denken, dass ich meine, mich geht das nichts an, wenn er austickt, dass ich damit nichts zu tun haben will. Vielleicht denkt er auch, dass ich, weil ich

weg bin, erlaube, dass er frech zu seiner Mutter ist und aggressiv wird.
COACH: Sie fassen nicht an den Besenstil, wenn Sie das sagen.
HERR MAURER: Ja, ich fühl mich jetzt gar nicht bedroht, mittlerweile glaub ich nicht mehr, dass Sie mir eine drübergeben wollen. Sie haben ja gesagt, worum es Ihnen geht.
COACH: Das tut mir echt gut, was Sie da sagen. Das ist jetzt wirklich ein Lob für uns, weil es uns offenbar gelungen ist, füreinander verständlich zu sein. Was wäre denn, Herr Maurer, wenn Sie in diesem Raum blieben? Wir stellen uns vor: Steffen tickt aus, Sie bleiben in diesem Raum und Sie würden das Ziel verfolgen, dessentwegen Sie ja hier sind, und das wir gemeinsam vor Augen haben, nämlich, dass Steffen sich nicht mehr so aggressiv verhält. Also, was könnten Sie da machen, was wäre anders? [systemisches Merkmal U, Unterschied, und systemisches Merkmal B, Beziehung]
HERR MAURER: Ich würd mich auf die Seite meiner Frau stellen und ihm verbieten, sich so frech und aggressiv zu benehmen. Deutlich sagen würde ich ihm das.
COACH: Und was dächte Steffen dann? Wie ging's ihm damit?
HERR MAURER: Vielleicht zunächst schlecht, weil der Zirkus dann bestimmt größer wird.
COACH: Zirkus heißt was genau?
HERR MAURER: Dass er sich aufführt und rumspinnt. Da schreit er dann, gibt meiner Frau und mir vielleicht Schimpfnamen und wird im schlimmsten Fall handgreiflich. Sie kennen ja die Szene.
COACH: Was könnte denn Steffen damit bezwecken? Sie bleiben also, und er macht den Zirkus noch größer. Was will er damit vermutlich erreichen?
HERR MAURER: Er wird austesten wollen, ob ich auch wirklich da bleib, ob ich nicht doch noch aufgebe und verschwinde. Vielleicht will er wissen, ob sein Zirkus stärker ist als ich.
COACH: Ihre Vermutung, dass Steffen austestet, interessiert mich genauer. Sie haben vorhin etwas gesagt, was ich für sehr wichtig halte: Wenn Sie weg sind, sobald er mit seinem Zirkus beginnt, wird er denken, dass Sie damit nichts zu tun haben wollen. So haben Sie formuliert. Wenn Sie jetzt da bleiben, was wird er dann denken? [systemisches Merkmal B, Beziehung, und systemisches Merkmal U, Unterschied]

HERR MAURER: Sie meinen, ich soll jetzt einen Umkehrschluss ziehen? Also, wenn ich da bleib, dann wird er meinen, ich will was mit ihm und mit seinem Zirkus zu tun haben, mit dem, was er da macht.

Um die zirkuläre Frage des Coachs baut sich jetzt das ganze systemische Gesprächsgeschehen. Beziehung ist das zentrale Thema von Herrn Maurers Überlegungen. Seine väterliche Pädagogik ist beziehungsinhaltlich mittels zirkulärer Fragen bestens zu diskutieren.

COACH: Vielleicht werde ich wieder kompliziert. Also, Sie bleiben da, Steffen denkt, Sie wollen jetzt etwas mit ihm und mit seinem Zirkus zu tun haben, mit dem, was er da macht. Mir ist ganz, ganz wichtig, was ich jetzt frage: Was denkt er da über Sie und Ihre Einstellung zu ihm? Nochmals: Sie bleiben. Und Steffen denkt, was Sie denken oder was Sie fühlen. Steffen macht sich über Ihre Gedanken Gedanken. Welche?

HERR MAURER: Das ist wirklich wirr das Ganze. Aber ich will das jetzt selbst verstehen. Sie wollen also wissen, was er denkt über mein Denken?

COACH: Ja, genau. Ich möchte wissen, was Steffen denkt und auch fühlt dabei: Welchen Stellenwert, meint er, hat er bei Ihnen, wenn Sie bleiben und nicht verschwinden?

HERR MAURER: Jetzt weiß ich, worauf Sie hinauswollen. Ich versteh das jetzt. Wenn ich bleibe und protestiere, sobald er seinen Zirkus noch stärker macht, denkt er, dass sein Stellenwert bei mir hoch ist, dass ich mit ihm was zu tun haben will, dass mir nicht wurscht ist, was er macht. Er denkt, dass ich denke: Er ist wichtig für mich. Mann, ist das 'ne schwere Geburt!

COACH: Diese Geburt freut mich echt. In unserem Kreißsaal hat ein super Gedanke das Licht der Welt erblickt. Und könnte es sein, dass Steffen genau das wissen will, wenn er den Zirkus noch stärker macht? Sie haben ja gemeint, dass er etwas austesten will. Ich glaube, wir haben eben eine Antwort auf die Frage, was er austesten will.

HERR MAURER: Also, nach dem, was wir da jetzt diskutieren, will er austesten, ob er wichtig ist für mich, sodass ich trotz seiner Spinnereien bleibe und reagiere.

COACH: Wir beide haben jetzt ein dickes Lob verdient!

Herr Maurer lacht und schüttelt den Kopf, hebt die Arme in die Höhe und lässt sie laut vernehmlich auf seine Schenkel fallen.

> HERR MAURER: Wer könnte uns denn jetzt loben? Es ist ja niemand da außer uns beiden.
> COACH: Ach, wir loben uns einfach selbst.
> HERR MAURER: Selbstlob stinkt doch, oder?
> COACH: Ich erlebe das Selbstlob anders. Selbstlob stinkt für mich nicht. Meine Nase nimmt das mittlerweile als etwas sehr Angenehmes und Erfreuliches wahr, sodass ich sagen will: Selbstlob duftet! Ich kann mich selbst gut riechen, wenn ich mich lobe. Wann haben Sie, Herr Maurer, denn schon mal gespürt oder erfahren, dass Selbstlob stinkt?

Herr Maurer lacht wieder und überlegt nicht lange.

> HERR MAURER: Eigentlich nicht. Das ist so ein blöder Satz, den ich immer wieder hören musste, wenn ich als Kind mal gesagt habe, dass ich etwas gut hingebracht habe.

Mit Herrn Maurer ließ sich jetzt Folgendes erarbeiten: Steffens Aggressionen sind Beziehungswirklichkeiten, die beziehungslogisch begreifbar werden. Darum sind aus systemischer Sicht in diesen Zusammenhängen die oben gestellten zirkulären Fragen unbedingt notwendig. Wieder erleben wir: *Zirkuläre Fragen sind Beziehungsfragen.* Sie halten den gegenwärtigen Gesprächsfluss in Gang und klären auf, dass Steffens Aggressionen und *jedes* Elternverhalten das »Zwischeneinander« aller Konfliktbeteiligten bestimmen. Alles hängt mit allem zusammen. Darum wissen wir: *Der Vater ist, auch wenn er verschwindet oder abwesend ist, am Konflikt beteiligt.* Herr Maurer hat das hervorragend erfasst und artikuliert: »Ja, wenn das so ist, dann handle ich auch, wenn ich nicht handle!«

Der Sohn macht sich über die Gedanken des Vaters Gedanken. Das wollen die zirkulären Fragen ans Licht bringen (systemisches Merkmal B, Beziehung): Welche Gedanken macht sich der Sohn, wenn der Vater sich passiv reserviert hält, also das Geschehen durchs Schlupfloch verlässt, und welche Gedanken macht sich der Sohn, wenn der Vater bleibt und aktiv das Erziehungsgeschehen mitsteuert (systemisches Merkmal U, Unterschied). Herr Maurer erwies sich als exzellenter Aufklärer: *Steffen denkt, dass sein Vater nichts mit ihm zu tun haben will, wenn er nicht aktiv wird. Steffen denkt außerdem, dass er für seinen Vater wichtig ist, wenn dieser erzieherisch präsent wird bzw. bleibt.*

Unser ganzes Thema heißt bis in die entlegensten Fugen unseres Systems hinein *Präsenz*. Das Kind übersetzt elterliche aktive Präsenz in die Gewissheit: Ich bin wichtig.

Die Leitidee Nr. 1 zum systemischen Elterncoaching kam vor allem darin zum Austrag, dass der Coach sich ganz in der Erlebniswelt Herrn Maurers bewegte. Er spiegelte ihm kontinuierlich, wie er was verstanden hat, und er nahm seine Bilder auf (Schlupfloch, Gewehr).

Seine Gegenwart, die detaillierte Präsenz realisierte er vor allem zu dem Zeitpunkt, da sein emotionalisierter Gesprächspartner Widerstand gegen den Coachingprozess leistete. Er wurde wütend. Aus diesem Widerstand hat der Coach mit seinem Coachee zusammen etwas Fruchtbares entstehen lassen: ein situativ nutzbares Diagnostikum, das jeweils unmittelbar angeben konnte, ob und in welcher Intensität sich das Gefühl der Bedrohung meldete (beweglicher Besenstil als Gewehrsymbol). Damit genügte er jenem systemischen Postulat, das Arnold und Arnold-Haecky (2009, S. 43) in den trefflichen Satz fassen: »Widerstände können nicht überwunden, sondern nur einbezogen werden.«

Das Einbeziehen des Widerstands sicherte die systemische Präsenz des Coachs. Und mit dieser Präsenz ließ er die Wichtigkeit der elterlichen Präsenz im Erziehungsalltag zum Thema werden.

Wir werden bei der Diskussion der Leitidee Nr. 2 auf unserer hin und wieder unruhigen Kutschreise gesprächsstrukturell Ähnliches erfahren: Das Verhalten des Coachs im Coaching kann Signalcharakter für den Umgang der Eltern mit dem Kind gewinnen. Er *führt* das Gespräch nicht anders als *respektvoll*. Der Respekt des Coachs vor den Eltern mag atmosphärisch die Entdeckung der Eltern fördern, dass sie fähig sind, ihr Kind zu *führen* und dabei *Respekt* vor dem zu üben, was es zu sagen hat.

8.2 Basalkriterium 2: Gesprächsführung und Respekt

> *Leitidee Nr. 2 zum systemischen Elterncoaching*
> Wir führen Gespräche nur im ausdrücklichen Respekt vor der Erfahrungsgeschichte der Eltern und ihrer Verantwortlichkeit.

In dem Wort Gesprächsführung liegt das Wort »Führung«.

Das zweite systemisch heilpädagogische Basalkriterium heißt »Führung, die das Kind mündig sein lässt und respektiert« (Hergenhan 2010, S. 31). Dieses Basalkriterium versteht sich als Orientierungsangebot für Pädagogen und Psychologen, denen die Betreuung verhaltensauffälliger Kinder obliegt.

Und wie in der systemisch heilpädagogischen Begegnung mit Kindern deren Sprechakte zu würdigen sind, so respektiert der Coach im Gespräch mit Müttern und Vätern ihre Positionen, ihre Grenzen, ihre Möglichkeiten und vor allem ihre elterliche Verantwortlichkeit. Führung und Respekt gehören in der Begegnung mit Kindern zusammen – Gesprächsführung und Respekt in der Begegnung mit Eltern geradeso.

Respekt vor Grenzen, die die Eltern im Coaching ziehen können, ließ sich bereits praktizieren. Herr Maurer erfuhr tiefen Respekt vor seiner Abwehr gegen psychologische Bevormundung. Er hatte gegen das Schlupflochbild wütend protestiert. Sein Standpunkt, der sich in diesem wütenden Protest artikulierte, konnte gewürdigt werden. Respekt vor Grenzen und Respekt vor dem Möglichen! Mehrfach erntete Frau Maurer Respekt dafür, dass sie Steffen lobt oder für ihn als sorgende Mutter präsent ist. Unsere Leitidee Nr. 2 zum systemischen Elterncoaching meint, dass zwischen dem respektablen Verhalten einer Mutter oder eines Vaters und der *elterlichen Funktion* ausdrücklich ein Zusammenhang betont wird. Allein, dass Frau Maurer Veränderung will, ist mit ihrer *mütterlichen* Verantwortungsbereitschaft in Verbindung zu bringen. Sie will nicht von ihrem Sohn beleidigt werden, weil sie *als Mutter* seine gute Entwicklung wünscht. Wenn dies Inhalt einer Coachingsitzung geworden ist, kann es passieren, dass Eltern auch in Hilflosigkeit und Resignation »ihre Selbstwirksamkeitsüberzeugungen zurückgewinnen« (Korittko u. Pleyer 2010, S. 246).

»Die Verantwortung der Eltern ist unantastbar« (ebd.), so Pleyer mit allem Nachdruck. Eltern sind nur dann bereit, in die Kutsche einzusteigen, sich also am Coaching aktiv zu beteiligen, wenn sie von der »Unantastbarkeit« ihrer Verantwortung als Mütter und Väter überzeugt bleiben können. Sie wollen als Eltern ernst genommen werden.

Ist die Entscheidungsautonomie der Eltern auch dann zu respektieren, wenn sie verantwortungslos handeln? Ein Vater wollte einmal abends in alkoholisiertem Zustand sein Kind mit dem Auto von der Einrichtung abholen. Der Junge saß schon im Wagen. Ich bat den Vater sofort ins Büro zu einem Gespräch, in dem ich mit ihm seine Verantwortungspflicht erörterte, die er *als Vater* einzulösen hatte. Er bagatellisierte meine Einwände gegen diese Heimfahrt und lallte, ich hätte ihm gar nichts zu sagen. Erst als ich ihm mit der Polizei drohte, war er bereit, sich und seinen Sohn von mir nach Hause chauffieren zu lassen. Eine Kollegin fuhr mit ihrem Auto hinterher und brachte mich dann zurück. Tags darauf zeigte sich der Vater an unserer Einrichtung erschüttert über sich selbst und erklärte sich bereit, »auf Entziehung zu gehen«, wie er sagte. Seine Alkoholtherapie verlief erfolgreich.

Wenn Eltern »mit Verhaltensweisen fortfahren, die sie oder ihre Angehörigen schädigen« dann gerät »das Arbeitsprinzip systemischer Therapeuten«, von dem auch wir in der Leitidee Nr. 2 sprechen, »an seine Grenze«, schreibt Pleyer. Da braucht es »die Entschlossenheit des Therapeuten, Leid erzeugende und pathogene Muster zu stoppen« (Korittko u. Pleyer 2010, S. 226 u. 227). Allemal profitiert das Elterncoaching von einem grundsätzlichen Vertrauensvorschuss des Coachs. Dieser wird davon ausgehen, dass Eltern im Umgang mit ihrem Kind verantwortlich handeln *wollen*, mag dies auch zunächst (noch) nicht gelingen.

Gilt dieser Vertrauensvorschuss auch Eltern, die ihre Kinder schlagen? Wir erinnern uns: Herr Lanz schlug seinen Sohn, weil er ihn »mit der Härte der Wirklichkeit vertraut machen« und »von seinen Flausen befreien« wollte. »Wie mit einem Teppich« sei das, meinte er, den müsse man auch klopfen, um den Dreck herauszubekommen (s. Kapitel 7). Wie soll angesichts einer Äußerung dieses Inhalts ein Vertrauensvorschuss möglich sein? Ich räume ein, dass ich an diesen Sprüchen zunächst nichts entdecken kann, was diesen Vertrauensvorschuss rechtfertigen könnte. Und doch wäre mit Herrn Lanz seine väterliche Verantwortungsbereitschaft abzuklären und zu diskutieren, was genau er unter der »Härte der Wirklichkeit« verstehe. Er würde vielleicht einige begreifliche Thesen vortragen – etwa, dass der harte Konkurrenzkampf in dieser Welt für jeden Menschen Enttäuschungen bereithalte. In Bezug auf diese Auffassung könnte er eine bejahende Rückmeldung erhalten.

Und dann wäre gemäß der Leitidee Nr. 1 für systemisches Elterncoaching sein Bild vom Teppich zu verwenden (systemisches Bilderangebot). Mit diesem Bild könnte der Coach untersuchen, ob der Vater sein Kind tatsächlich mit einem Teppich vergleichen wolle. Auf einem Teppich gehen Menschen, sie treten auf ihn. In dieses ergiebige Bild könnte man sich im Elterncoaching tief hineindenken, hineinfühlen, vielleicht sogar hineinspielen, sich auf den Boden legen wie ein Teppich und die Vorstellung durchleben, wie es ihm, dem Vater, ginge, würden andere über ihn gehen und ihn treten. Man könnte die Frage erörtern, ob er die »Härte der Wirklichkeit« seinem Kind auch liebevoll vermitteln könnte. Es mag die »Wirklichkeit« ja tatsächlich »hart« sein. Herr Lanz erhielte weiten Raum, die »Härte der Wirklichkeit« zu erläutern. Und dann wäre die Frage brisant: Müssen die Vermittlung dieser harten Wirklichkeit und der Respekt vor dem Kind unbedingt Gegensätze sein? Wie könnte es seinem Sohn gut gehen, wenn der Vater ihm die »Härte der Wirklichkeit« vor Augen führt? Welchen Erziehungsweg könnte Herr Lanz mit seinem Sohn gehen, sodass der Junge nicht von sich denken müsste, er sei wie ein am Boden liegendes Objekt, über das andere gehen und auf das sie treten dürfen?

Der Coach hätte bei allem Dissens den väterlichen Standpunkt (Härte der Wirklichkeit) nicht grob zurückgewiesen und zu seinem Gesprächspartner wahrscheinlich einen kooperativen Zugang gewonnen. Und dieser Zugang könnte erwirken, dass Herr Lanz seine Verantwortung mit neuen Inhalten füllt und fortan seinen Sohn und seine Ehefrau nicht mehr schlägt.

Auch Hargens erwähnt diese Thematik. Seinen Vertrauensvorschuss hinsichtlich mütterlicher bzw. väterlicher Verantwortlichkeit fasst er im Fall elterlicher Gewalt in die methodisch ergiebige Lösungsfrage: »Was mich interessiert, ist, wie merkt Ihr Sohn, wenn Sie ihm ein paar hinter die Ohren geben, dass Sie ihn gern haben und wollen, dass etwas aus ihm wird?« (Hargens 2007, S. 62). Der Vertrauensvorschuss dieser Frage liegt darin, dass Hargens mit ihrer Formulierung Zuneigung und Verantwortungsbereitschaft ausdrücklich unterstellt. Meine Rede vom Vertrauensvorschuss im Hinblick auf diese Verantwortungsbereitschaft will festhalten, dass im systemischen Elterncoaching die Entscheidungsautorität von Mutter und Vater von vornherein geachtet wird. Was sie im Dialog mit dem Coach akzeptieren, was sie tun und tun werden, ist Ergebnis ihres Ermessens. Der Coach wird für elterliches Handeln keine Verantwortung übernehmen. Das genau aber könnte passieren, wenn er beispielsweise Herrn Maurer riet: »Sie müssen einschreiten, wenn ihr Sohn gegen die Mutter aggressiv wird!« Inhaltlich mag dieser Rat das Beste meinen. Wenn der Coach jedoch erläutert, was sein Gesprächspartner *muss*, dann entsteht ein Oben-unten-Verhältnis, in dem der »Obere« sich an der elterlichen Verantwortung beteiligt.

Selbstverständlich *müssen* Eltern ihre Kinder fördern und deren psychische wie körperliche Gesundheit ermöglichen. Die Jugendämter schauen (hoffentlich) Eltern, die ihren Pflichten nicht nachkommen, auf die Finger und tragen eine unverzichtbare Mitverantwortung für das Wohl der Heranwachsenden.[7] Und auch hier gilt: *Nicht* die Jugendämter tragen Verantwortung für das, was die Eltern tun. Auch im Extremfall: Nimmt eine Mutter Drogen und gefährdet ihr Kind, wird das Jugendamt dazwischentreten und Verantwortung für das Kind übernehmen, nicht aber dafür, dass die Mutter Drogen nimmt. Diese Unterscheidung ist für die systemische Zusammenarbeit von elementarer Bedeutung und mir oft eine Hilfe. Ich kann in Mitverantwortung für das Kind kommen, wenn ich sehe, dass es durch elterliches Tun Schaden nimmt oder nehmen könnte. Die Verantwortung der Eltern für ihr Tun bleibt dabei allerdings immer die ihre.

Ich freue mich, dass Extremfälle nicht die Regel sind. »In der Regel« kann das Zutrauen in die Verantwortlichkeit der Eltern die Atmosphäre des Respekts sichern. Eltern, die sich respektiert fühlen, erleben sich nicht entmündigt, sondern in ihrer Autorität ernst genommen. Ernst genommen werden auch die Lebensgeschichte und die Lebenserfahrungen der Eltern. Da ist nichts »nicht so schlimm«. Erfahrungen der Vergangenheit können sehr wohl schlimm sein und die Erziehung in der Gegenwart erschweren. Oft beispielsweise erklären uns Eltern, dass sie selbst von ihren eigenen Eltern nie oder nur selten gelobt wurden. Diese Erfahrung wird, wenn die Ratsuchenden dies wollen, zum ausführlichen Thema. Der Coach bagatellisiert nichts. Er hat Respekt vor dem Leid der Eltern, das sie in der Vergangenheit ereilt haben mag. Und dann kann er mit ihnen zusammen Möglichkeiten ausloten, ihrer aktuellen Verantwortung im Erziehungsalltag dennoch zu entsprechen. Dass Eltern selbst nie oder nur selten gelobt wurden, muss kein Grund sein, den Wunsch der Kinder nach Anerkennung im Hier-und-Jetzt zu ignorieren. Ein spiegelndes Feedback, das diese Erfahrung (selbst nie gelobt worden) respektiert, kann etwa heißen:

»Sie haben mir erzählt, wie sehr Sie darunter litten, dass Sie als Kind nie oder nur selten gelobt wurden. Sie taten sich damals nachvollziehbarerweise schwer, ihren eigenen Eltern gegenüber Respekt und Achtung zu empfinden. Diese Empfindung war für Sie eine große Belastung. Sie hätten gern Ihre Eltern ›lieber gemocht‹, so sagten Sie

---

[7] Wenn Eltern das Wohl des Kindes gefährden oder nicht in der Lage sind, es zu sichern (Gewalt, Missbrauch, Vernachlässigung), tritt der § 8a des Kinder- und Jugendhilfegesetzes »Schutzauftrag bei Kindeswohlgefährdung« in Kraft (Das gesamte Sozialgesetzbuch 2010, S. 957).

eben. Was meinen Sie, wie könnte Ihrer Tochter heute diese Empfindung erspart bleiben?«

Mütter und Väter, die auf diese Frage konstruktiv antworten und sich entscheiden, ihren Kindern mehr Anerkennung zuzusprechen, kommen leichter in die Lage, ihren elterlichen Führungsaufgaben liebevoll zu genügen.

Eltern führen und ermöglichen dabei ihren Kindern, sich zu entfalten. Führen? Wie soll sich dieses etwas antiquiert anmutende Wort einfügen in die Programmatik moderner *und systemischer* Pädagogik? Unser zweites systemisch heilpädagogisches Basalkriterium enthält den Gedanken, dass Eltern die Führung ihrer Kinder dann systemisch gestalten, wenn sie dabei mit ihnen im respektvollen Dialog bleiben. Was damit genau gemeint ist, vermitteln wir an unserer Einrichtung im Elterncoaching, wenn wir über unseren Betreuungsalltag erzählen.

Hin und wieder sind wir mit unseren Kindern in der Stadt unterwegs. An Fußgängerampeln gilt: Bei Rot stehen wir, bei Grün gehen wir. Jüngere Kinder müssen da oft an der Hand genommen, geführt werden. Was wir mit Führung genau inhaltlich verbinden, die das Kind mündig sein lässt und respektiert, erläutern wir gern mit Bezugnahme auf den Fußgängerüberweg im direkten Blick auf die Ampelsignale.

Aus unserer Betreuungspraxis konstruieren wir einen »klassischen« Dialog, den die Eltern dann stets bereitwillig nach systemischen Kriterien diskutieren:

Kevin will losrennen, obwohl die Fußgängerampel ein stehendes rotes Männchen zeigt.

Version 1: Autoritäre Führung

MUTTER/VATER: Du gehst nicht über die Straße, solange an der Ampel das rote Männchen erscheint. Du bleibst bei mir stehen!
KEVIN: Warum?
MUTTER/VATER: Weil ich dir das sage. Wenn ich dir was sage, tust du das! Ganz einfach. Ich weiß schon, was für dich gut ist!

Version 2: Systemische Führung

MUTTER/VATER: Wir gehen erst dann über die Straße, wenn das grüne Männchen an der Ampel erscheint. Solange wir das rote sehen, bleiben wir stehen.
KEVIN: Warum?

MUTTER/VATER: Wenn unsere Fußgängerampel Rot zeigt, haben die Autos Grün. Die dürfen dann auf dieser Straße da fahren. Und über die wollen wir auf die andere Seite gehen. Was, meinst Du, kann passieren: Wir gehen da rüber, wenn wir Rot und die Autos Grün haben und fahren dürfen?

KEVIN: Ja, da kann ein schlimmer Unfall passieren, weil wir dann auf der Straße sind, auf der die Autos durchpreschen können.

MUTTER/VATER: Genau, du kapierst das super. Wann, Kevin, meinst Du, wird kein schlimmer Unfall passieren? Was müssen wir machen, damit wir heil rüberkommen?

KEVIN: Wenn wir ein bisschen warten, dann schaltet unsere Ampel sicher von Rot auf Grün. Dann haben wir Grün, dann dürfen wir gehen.

MUTTER/VATER: Super aufgepasst, Kevin! Und welche Farbe zeigt dann die Ampel für die Autos, wenn wir Grün haben?

KEVIN: Na, die werden dann Rot haben, wenn wir Grün haben, und dann müssen die wohl halten, damit wir rüberkönnen.

MUTTER/VATER: Toll, wie du das checkst! Mit dir kann ich gut unterwegs sein, weil du wichtige Verkehrsregeln verstehst. Da muss ich dann keine Angst haben.

Die »systemische Führung« muss, wenn sie denn nach unserer Auffassung buchstäblich in der Tat systemisch sein will, alle BULK-Merkmale enthalten. Und darauf werfen wir jetzt einen genaueren Blick.

Systemisches Merkmal B, Beziehung

Die Eltern formulieren beziehungsthematisch. Sie sichern Kevin zu, dass sie mit ihm *zusammen* ohne Angst unterwegs sein können. Er wird detailliert über die Bedingungen gelingenden *Miteinanders* (Einhaltung der Verkehrsregeln) informiert und über die elterliche Zuneigung: Angst hat man nur um jemanden, den man gern, den man lieb hat, mit dem man eine gute Beziehung unterhält. Wenn die Eltern und Kevin vor dem Überweg stehen, passiert *zwischen* ihnen ganz Wichtiges. Und davon erfährt er direkt und unmittelbar.

Das *Zwischenmenschliche* entfaltet sich vor allem des *dialogischen* Stils wegen. In Version 1 legen die Eltern keinen Wert auf einen Dialog. Sie antworten auf die Frage Kevins nicht, sondern monologisieren, dass sie schon wüssten, was für ihn gut sei. Version 2 gestaltet zwischen Eltern und Kevin Austausch, Gespräch und Miteinander.

Damit vermitteln die Eltern ihrem Sohn die Sicherheit: Unsere gute Beziehung ist wichtig – auch und vor allem, wenn es gefährlich wird. Da bleiben wir ganz besonders *aufeinander* angewiesen.

Systemisches Merkmal U, Unterschied
Version 2 regt Kevin an, Unterschiede zu begreifen. Er kann nach diesem Kurzdialog genau angeben, wann, unter welchen Umständen Gefahr droht, und wann nicht. Diese Fähigkeit, Differenzen zu sehen und ihre Tragweite einzuschätzen, ist von evolutionsbiologischer Bedeutung. Lebewesen, die diese Fähigkeit entwickeln konnten, hatten und haben im Verlauf der stammesgeschichtlichen Entwicklung höhere Überlebenschancen.

Kinder, die lernen, Unterschiede zu sehen, können differenzieren, sind dialogisch erreichbarer, sind beweglicher und tun sich leichter in der Beachtung von Regeln. Sie sind schneller in der Lage, regelloses Verhalten und seine oft nachteiligen Folgen von regelfreundlichem zu unterscheiden. Und dann müssen sie sich nicht unbedingt immer aggressiv durchsetzen, weil sie das Anderssein des anderen nicht für bedrohlich halten. Sie können tolerieren. An der Differenz, auch an der scheinbar ungünstigen, ist vielleicht auch mal ein Gewinn zu identifizieren. In der Spieltherapie kann ich das immer wieder erfreut feststellen: Kinder, die Unterschiede zu sehen gelernt haben, akzeptieren sie auch unbeschwerter. Dass Volker beim Darts-Spiel besser war als Samuel, ist für Samuel leichter zu ertragen, wenn er im Unterschiede-Erkennen geübt ist und sie für etwas »Normales« halten kann. Unterschiedsexperten freuen sich sogar schon mal an der Freude eines anderen – selbst wenn diese Freude des anderen das eigene aktuelle Verliererschicksal fordert.

In der Situation an der Ampel ist das Unterschiedsthema hochaktuell – auch und vor allem hinsichtlich der Beziehung zwischen Eltern und Kind. Kevin weiß jetzt, was den Eltern Angst macht und was ihnen nicht Angst macht, und er weiß, wie er an dieser Unterschiedsgestaltung teilhat. Er ist in beziehungsatmosphärischer Hinsicht ein Unterschiedsmanager. Er checkt, dass er seine Beziehung zu den Eltern positiver mitgestaltet, wenn er aus zwei Verhaltensoptionen eine wählt – eine, die sich von der anderen unterscheidet. Das klingt vielleicht banal. Doch die Fähigkeit, Unterschiede zu sehen, ist vor allem in der Bewältigung von Konflikten oft Dreh- und Angelpunkt.

Systemisches Merkmal L, Lösung

Eltern »wilder« Kinder haben oft ein Problem, wenn sie sich in gefährlichen Situationen befinden, die Achtsamkeit verlangen. Eine gefährliche Situation muss im Dialog mit Kindern zunächst unmissverständlich mit dem konkreten Verweis auf die reale Gefahr abgeklärt werden. Und dann kann sich das Gespräch an der Lösung orientieren. Das tun die Eltern in oben genanntem Beispiel. Die Frage »Was müssen wir machen, damit wir heil rüberkommen?« ist eine klassisch formulierte Lösungsfrage. Der Fokus verlagert sich von der Gefahr, von dem möglichen Problem, auf die Lösung, die Kevin *selbst* entwickeln darf. Just nach dieser Frage denkt Kevin an die Lösung und präzise daran, wie er sie praktizieren, wie er sie umsetzen kann. Und indem er die Antwort ausspricht, stellt er sie sich im Idealfall auch vor. Er hat das Bild vor sich: Das rote Männchen, er und seine Eltern, die Wartenden, dann das grüne Männchen und das gefahrlose Überschreiten der Straße.

Systemisches Merkmal K, Kompetenz

Auch dieses Merkmal systemischer Praxis kommt in oben angeführtem Dialog zur wirksamen Entfaltung. In dieser kurzen Gesprächssequenz erfährt Kevin mehrmals ausdrücklich, was er kann: »Genau, du kapierst das super ... Super aufgepasst, Kevin ... Toll, wie du das checkst! Mit dir kann ich gut unterwegs sein, weil du wichtige Verkehrsregeln verstehst.«

An diesem Merkmal realisiert sich gelingende Erziehung, gelingende Therapie, gelingende Heilpädagogik, gelingendes Coaching, gelingendes Personalmanagement, gelingende Partnerschaft und überhaupt: gelingende Kommunikation. *Jeder* mitmenschliche Austausch, in dem sich Kompetenzrückmeldungen vernehmen lassen, kann ein Erfolg werden.

Ein Kind wird mit hoher Wahrscheinlichkeit seelisch leiden, wenn es nicht gelobt wird, und es kann sich seelisch gesund entwickeln, wenn es immer wieder hört, was es gut macht, was es schafft. Im Lob, in der Orientierung an Kompetenzen und Ressourcen, liegt ein Zauber. Auch und vor allem Kinder, die sich aggressiv verhalten, wollen gelobt werden für das, was sie eben *auch* an Gutem hinbekommen. Ich habe noch kein durchweg »böses« Kind erlebt, das sich nur aggressiv verhielt. Und wenn ein Kind Vertrauen gefunden hat in eine Umwelt, die es lobt, geschieht etwas in der Tat Zauberhaftes. Es lässt sich ein auf Alternativen zur Aggression, mit der es bislang vielleicht eine furchtbare Erfahrung zu bewältigen versuchte: »Niemand weiß, was ich kann, niemand sagt mir, was ich gut mache.« In dem Maß, wie Erwachsene wissen und sagen, dass Kinder etwas schaffen und gut machen, können sich unserer Arbeitspraxis zufolge Aggressionen erübrigen, und friedliches Auskommen darf beginnen.

Wer als Mutter und Vater das Merkmal Kompetenz im erzieherischen Alltag erlebbar macht, kann sich über die Erfahrung freuen, dass die Führung des Kindes und der Respekt vor ihm niemals Gegensätze sind. Der Respekt vor dem Kind muss in der Führung enthalten sein. Unser Beispiel von der Fußgängerampel illustriert dies deutlich. Das Kind muss sich an Regeln halten, muss geführt werden. Und zugleich kann es erleben, dass die Führung durch den Erwachsenen zu einem nachhaltig wirksamen Kompetenzereignis gerät: Kevin wird die Verkehrsregeln einhalten. In seinem regelkonformen Verhalten bietet sich fortan der respektable Nachweis, dass er kompetent und fähig ist. Er war fähig, unterschiedliche Verhaltensoptionen selbst zu reflektieren. Und er ist fähig, jene zu praktizieren, die seinen Selbstschutz sichern: An der Ampel steh ich bei Rot, bei Grün gehe ich.

Auch in der Familie Maurer erscheint uns Führung unbedingt notwendig – eine Führung, die Steffen mündig sein lässt und respektiert. Unsere Ampelgeschichte wird uns jetzt im Elterncoaching eine Hilfe sein. Wie schon vermerkt: Mütter und Väter nehmen dieses Dialogbeispiel gern auf und verwerten es für sich gewinnbringend. Eine Mutter sagte dazu unlängst: »Ach, ich hör gern mal was anderes, ich hab das ganze Problemgelaber ohnehin satt!«

Unseren Dialog mit Herrn Maurer setzen wir fort. Er hat »'ne schwere Geburt« hinter sich, wie er selbst formulierte. Er konnte herausfinden, dass seine Präsenz auch und vor allem dann für Steffen wichtig ist, wenn er »austickt«, »rumspinnt«, wenn er also aggressiv wird.

> COACH: Sie bleiben also, Herr Maurer. Steffen wird aggressiv und er erlebt, dass sein Vater präsent ist. Was würden Sie machen, um Ihre Gegenwart aktiv werden zu lassen? [Lösungsfrage]
> HERR MAURER: Das hab ich schon gesagt. Ich würd ihm verbieten, dass er frech ist und aggressiv wird. Und ich würd ihm das deutlich sagen.
> COACH: Wir haben ja eine reale Szene. Was würden Sie vor dem Bürofenster machen?

HERR MAURER: Ich würde ihm die Grenze setzen, mich vielleicht vor meine Frau stellen und vielleicht auch laut werden. Und dann ihm deutlich machen, dass er es nie wieder wagen soll, seine Mutter zu beleidigen und zu treten.

Der Coach wählt gleich wieder zirkuläre Fragen, um die Beziehungsrelevanz der möglichen Verhaltensreform des Vaters hervorzuheben.

COACH: Und darf ich Sie jetzt nochmals fragen: Was genau dächte Steffen dann über Ihre Haltung ihm gegenüber?
HERR MAURER: Ja, ja, ich weiß schon. Das ist unsere schwere Geburt von vorhin. Er wird dann denken, dass er für mich wichtig ist und dass mir nicht wurscht ist, was er macht. Und genau das will ich ja. Aber ich hab eben Angst. Ich bin mir nicht sicher. Wenn ich meinem Sohn auf diese Weise Grenzen setze, sagt mir vielleicht meine Frau nachher, dass ich zu streng war.
COACH: Zu streng heißt was genau?
HERR MAURER: Meine Frau meint dann, dass ich ihn nur angeschrien hätte und sonst nichts. Und da hat sie auch recht. Am liebsten würde ich Steffen eine Ohrfeige geben, wenn er sich so benimmt.
COACH: Was müsste denn aus der Sicht Ihrer Frau noch sein? Sie haben sich doch sicher darüber schon ausgetauscht.
HERR MAURER: Sie sagt, Steffen darf nicht so erschrecken und dann nur Angst haben. Sie will, dass er sich nicht nieder gemacht fühlen muss. Aber ich weiß nicht, wie das gehen soll, und sie weiß es auch nicht.

Wir sind mit Herrn Maurer thematisch genau an den Punkt gekommen, an dem sich Führung mit dem Respekt vor dem Kind verbinden kann. Und oft ist an diesem Punkt bereits einige Gesprächszeit verstrichen. Die Eltern sind da häufig des Gesprächs überdrüssig, »einfach erledigt«, wie sie oft sagen. Systemische Zusammenarbeit kann mühevoll sein. Wenn wir Herrn Maurer am Gipfel seiner Ratlosigkeit wieder zu langwierigen Reflexionen einladen, wird er möglicherweise zumachen und keine Lust mehr haben. Hilfreich ist mir dann immer, das Gespräch narrativ, also erzählend fortzusetzen. Ich schildere die oben erwähnte Fußgängerampel-Szene. Diese Geschichte eignet sich hervorragend, Führung und Respekt sozusagen als pädagogisches Duo einsichtig werden zu lassen.

Herr Maurer hat diese Ampelgeschichte eben gehört.

COACH: Kevin hat sich an der Ampel [Version 2] mit Sicherheit nicht niedergemacht gefühlt. Was meinen Sie, Herr Maurer, was genau hat verhindert, dass er sich niedergemacht fühlte?
HERR MAURER: Na ja, die Eltern haben mit ihm gesprochen. Sie haben ihn gelobt, wenn er auf Fragen richtig antworten konnte. Ich weiß schon, was Sie wollen. Ich soll jetzt überlegen, ob das auch am Bürofenster mit Steffen möglich gewesen wäre. Aber das ist ja völlig absurd! Sie werden doch nicht glauben, dass ich mit Steffen noch rede und weise Gespräche führen kann, wenn ich wütend geworden bin. Ich hab so viel Wut, dass ich ihm eine reinhauen könnte! Und dann soll ich mit ihm noch reden, in der Wut?
COACH: Mit ihm reden, ja, genau das mein ich. Ich mein nicht, dass Sie was sollen. Ich mein, dass Sie was könnten. Und was Sie letztlich tun, ist Ihre Entscheidung. Ich verstehe Ihre Wut, Herr Maurer. Und genau diese Wut kann Thema sein. Sie haben vorher gesagt, die Eltern hätten in unserer Ampelgeschichte ihren Sohn gelobt, wenn er auf Fragen richtig antworten konnte. Welche Frage könnten Sie, Herr Maurer, in Ihrer Wut Steffen stellen? Eine Frage vielleicht, die er dann richtig beantworten würde?
HERR MAURER: Wie bitte? Ich soll meine Wut mit Steffen besprechen? Das ist ja total verrückt. Wie soll denn das gehen?

Wenn der Dialog systemisch gut in Bewegung gekommen ist, kann wieder eine zirkuläre Frage passen, die die Gesprächsbeziehung zwischen Coach und Eltern thematisiert. Wir haben dies bereits in Kapitel 8.1 praktiziert. Diese Idee zündet in mir manchmal bei fruchtbarer Atmosphäre und zeitgleicher Unübersichtlichkeit der Gedanken. Das passiert durchaus: Die Gesprächspartner verstehen sich emotional, tun sich aber gedanklich argumentativ schwer. Und da kann eine zirkuläre Frage den Erfolg des bisher mühsam Erreichten sichern und ausbauen.

COACH: Wenn *wir beide jetzt in diesem Moment* über Ihre Wut vor dem Bürofenster sprechen, welche Frage könnte *ich* Ihnen da stellen, was würde *mich* an Ihrer Wut interessieren?

HERR MAURER: Na ja, Sie würden vielleicht fragen, warum ich wütend geworden bin.
COACH: Sie haben es fast getroffen. Ich frage ungern warum, aber ich würde fragen, *was* Sie wütend macht.
HERR MAURER: Das ist doch dasselbe.
COACH: Das mag in unserem gegenwärtigen Fall so sein, ja. Trotzdem habe ich mir angewöhnt zu überlegen, wie ich ohne Warum-Fragen zurechtkomme. Wäre es möglich, in Ihrer Wut Steffen diese kurze Frage zu stellen? Ich meine, ob er weiß, was Sie wütend macht?
HERR MAURER: Ja, schon, aber was wäre denn damit gewonnen? Ich weiß gar nicht, ob er darauf antworten würde.
COACH: Wenn er antworten würde, was könnte er da sagen?
HERR MAURER: Na, er würde den Anlass meiner Wut benennen, dass er eben zu seiner Mutter »Wichserin« gesagt hat und dass er sie getreten hat.
COACH: Und wenn er diese Antwort gegeben hätte, was könnten Sie entgegnen?
HERR MAURER: Dass er richtig liegt, dass er genau weiß, was Sache ist. Jetzt checke ich das. Und Sie meinen, dass er sich dann respektiert fühlt, obwohl ich wütend bin und ihm vielleicht sogar laut die Grenzen gesetzt habe?
COACH: Ja, genau, das meine ich! Und, Herr Maurer, ich mache genau diese Erfahrung. Kinder, die sich aggressiv verhalten, machen uns Betreuer manchmal sehr wütend. Und in der Wut ist allemal die Frage möglich: »Was macht mich gerade wütend?« Die Kinder können dann umgehend antworten und nehmen Bezug auf ihr aggressives Verhalten. Wir loben sie dann, dass sie Einsehen haben. Das klappt wirklich, sie fühlen sich dann respektiert und kommen mit unserer Wut zurecht. So akzeptieren sie Grenzen viel bereitwilliger.
HERR MAURER: Also, das merk ich mir jetzt. Und wenn das bei mir nicht klappt, dann beschwere ich mich bei Ihnen laut! Da können Sie was erleben!

Wir lachen und vereinbaren ein weiteres Gespräch.

Manchmal bleiben Eltern bei ihrem Standpunkt, dass sie ihr Kind nicht dialogisch und lobend würdigen können, wenn sie wütend sind.

Der Coach wird dieses ehrliche Bekenntnis respektieren und damit tun, was unsere Leitidee Nr. 2 zum systemischen Elterncoaching unbedingt einfordert. Dieser Respekt ist Methode und zugleich Ziel! Wir üben diesen Respekt, wenn wir die Grenzen des elterlich Machbaren anerkennen.

Im Gespräch mit Herrn Maurer war dieser Respekt Achse unseres Gefährts, unserer Kutsche. Zunächst wollte oder konnte er sich für den dialogischen Führungsstil nicht erwärmen. Im Hinblick auf den Umgang mit seinem Sohn schloss er ihn zunächst aus. In der Folge aber entdeckte er doch die Möglichkeit, mit Steffen auch dann im Austausch zu bleiben, wenn Wut sich meldet und wirksam wird. *Als Vater* fühlte er sich ernst genommen, indem er die Ampelgeschichte trefflich interpretierte und dann *selbst* den Transfer auf seine Erziehungswirklichkeit realisierte. Unbedingt wichtig dabei und ganz unserer Leitidee Nr. 2 verpflichtet erscheint mir der Satz des Coachs: »Was Sie letztlich tun, ist Ihre Entscheidung.«

Wer als Coach in unserer Kutsche auf diese Weise Platz nimmt, hat hohe Chancen, als Gesprächspartner fruchtbar zu arbeiten. Seine Souveränität liegt nicht darin, dass er etwas besser weiß oder kann. Tschöpe-Scheffler (2008, S. 34 u. 35) betont, dass »Elternbildung nicht *für*, sondern *mit* Eltern« konzipiert sein mag. So werden Fachkräfte »nicht befürchten, dass ihr fachliches Ansehen geschwächt wird, wenn sie Väter und Mütter als diejenigen einbeziehen, die ihren Kindern am nächsten stehen und viel über sie und ihr Zusammenleben mit ihnen wissen.«

8.3 Basalkriterium 3: Ausdrückliche Identifikation der Ressourcen, der Fähigkeit

> *Leitidee Nr. 3 zum systemischen Elterncoaching*
> Wir teilen den Eltern mit, was wir im Gespräch mit ihnen positiv erleben, und benennen konkret ihre Kompetenzen und Ressourcen.

In unserem Coaching haben wir bereits Ressourcen und Fähigkeiten vielfach diskutiert. Unser voriges Basalkriterium, die Leitidee Nr. 2, ist inhaltlich nur kompetenzprogrammatisch denkbar: Respekt vor Kindern und Eltern übt sich im Hervorheben ihrer Kompetenzen, wie wir gesehen haben.

Wir erleben, dass sich unsere Leitideen vermengen. Wie die Zutaten eines wohlschmeckenden Gerichts nur im Miteinander zur Geltung kommen, so sind unsere Leitideen am besten in ihrer dynamischen Verwobenheit wirksam.

Bereits in der Diskussion Leitidee Nr. 1 (Präsenz) gehörte unsere Leitidee Nr. 3 zur zieldienlichen Dynamik gelingenden Elterncoachings. Ich darf diese Passage wiederholen:

> COACH: Ja, genau. Ich möchte wissen, was Steffen denkt und auch fühlt dabei: Welchen Stellenwert, meint er, hat er bei Ihnen, wenn Sie bleiben und nicht verschwinden?
>
> HERR MAURER: Jetzt weiß ich, worauf Sie hinauswollen. Ich versteh das jetzt. Wenn ich bleibe und protestiere, sobald er seinen Zirkus noch stärker macht, denkt er, dass sein Stellenwert bei mir hoch ist, dass ich mit ihm was zu tun haben will, dass mir nicht wurscht ist, was er macht. Er denkt, dass ich denke: Er ist wichtig für mich. Mann, ist das 'ne schwere Geburt!
>
> COACH: Diese Geburt freut mich echt. In unserem Kreißsaal hat ein super Gedanke das Licht der Welt erblickt. Und könnte es sein, dass Steffen genau das wissen will, wenn er den Zirkus noch stärker macht? Sie haben ja gemeint, dass er etwas austesten will. Ich glaube, wir haben eben eine Antwort auf die Frage, was er austesten will.
>
> HERR MAURER: Also, nach dem, was wir da jetzt diskutieren, will er austesten, ob er wichtig ist für mich, sodass ich trotz seiner Spinnereien bleibe und reagiere.
>
> COACH: Wir beide haben jetzt ein dickes Lob verdient!

Mit diesem Resümee ist der Coach im direkten Anschluss, er wirkt präsent (Leitidee Nr. 1), er *führt* das Gespräch, ermutigt zum Selbstlob und signalisiert Respekt (Leitidee Nr. 2). Zudem lässt er keinen Zweifel daran, dass er den Verlauf des Coachings positiv erlebt (Leitidee Nr. 3). Unsere Leitidee Nr. 3 thematisiert die Notwendigkeit, das positiv Erlebte ausdrücklich zu benennen – als methodischen Schwerpunkt gelingenden Elterncoachings. Wir bleiben interessiert am weiteren Verlauf der Aggressionen Steffens vor dem Bürofenster. Genau da wollen wir jetzt beobachten, wie Herr Maurer umsetzen kann, was er selbst im systemisch geführten Dialog bestens entwickelt hat.

Unbedingt zitieren will ich den Coachingerfolg des vorigen Kapitels. Herr Maurer befand: »Ich würde ihm die Grenze setzen, mich vielleicht vor meine Frau stellen und vielleicht auch laut werden. Und dann ihm deutlich machen, dass er es nie wieder wagen soll, seine Mutter zu beleidigen und zu treten.«

Mit diesem Satz hat er konkret umrissen, wie seine Präsenz als Vater im Akutfall »aussähe«. Was er da entworfen hat, ist ein alternatives Handlungsprogramm, das sich hervorragend durchspielen und einüben lässt. Da ist Bewegung im Spiel, Akustik, Optik (sich anschauen), vielleicht auch Berührung.

Wenn im systemischen Coaching Eltern auf gut vorstellbare und praktikable Ideen kommen, wird der Coach dies als große Leistung registrieren. Genau das kann Inhalt einer wertschätzenden Rückmeldung sein. Der Coach teilt mit, was er im Gespräch positiv erlebt.

> COACH: Was Sie da eben entwickelt haben, Herr Maurer, erscheint mir sehr gut anwendbar.

Ein Feedback dieser Knappheit und würdigenden Dichte ist erfahrungsgemäß bestens akzeptabel. Es übertreibt nicht und zugleich macht es den Coachee, den Gesprächspartner, sensibel für seine aktuell diskutablen Qualitäten. Diese positive Sensibilität für sich selbst setzt Energien frei, motorisiert – der Ratsuchende kommt sichtbar in Bewegung, strahlt und ist bereit, die vielleicht hin und wieder stressige Kutschreise fortzusetzen.

Frau und Herr Maurer entwickelten tatsächlich die Bereitschaft, »das Ganze bis zum Schluss durchzuziehen«, wie sie sagten. Der nun folgende Dialog ist die Abschrift eines Rollenspiels. Gern wollten die Eltern sich selbst spielen und mir die Rolle Steffens überlassen.

Kurz der Ereignisstatus zu Beginn des Rollenspiels: Steffen hat seine Mutter gerade »dumme Wichserin« genannt und ihr ans Schienbein getreten. Sie protestiert. Just in diesem Moment interveniert der Vater. Das ist das Neue. Damit beginnt die von ihm selbst erarbeitete Alternative. Der Vater schaltet sich also ein und stellt sich zwischen die beiden. Herr Maurer schaut Steffen (mir im Rollenspiel) ins Gesicht.

> HERR MAURER: Du hörst sofort auf, deine Mutter zu beleidigen und ihr wehzutun!
>
> STEFFEN (Coach): Ach was, lass mich! Mir ist egal, was du sagst.

Herr Maurer wird wütend. Der freche Ton seines Sohnes bringt ihn in laute Rage. Steffen lenkt nicht ein und versucht, auch den Vater zu treten. Der verhindert dies, indem er seinen Sohn am Arm packt und ihn festhält. Erst dann beruhigt sich Steffen (ich im Rollenspiel).

> HERR MAURER: Wage das nicht noch einmal! Wage nie wieder, uns wehzutun!

Der Vater bleibt stehen, er löst den festen Griff. Sein Blick bleibt auf Steffen gerichtet. Verlegen dreht dieser sich weg und will fortlaufen. Der Vater versperrt ihm den Weg.

> HERR MAURER: Du bleibst jetzt hier. Du wirst nicht feige davonrennen. Und du sagst mir jetzt, was uns so wütend macht! Ich will das jetzt von dir wissen.

Steffen sagt nichts und schweigt. Die Eltern schweigen auch. Die Gegenüber-Situation wird gehalten. Der Vater wiederholt seine Frage. Als Steffen merkt, dass die Eltern präsent bleiben, antwortet er.

> STEFFEN (Coach): Ihr seid wütend, weil ich so frech bin.
> HERR MAURER: Richtig, genau das macht uns wütend.

Bereits in diesem Moment des hoch emotionalisierten Konflikts kann sich die Fehde zwischen Vater und Sohn zu legen beginnen. Herr Maurer hat Steffen die Fähigkeit attestiert, dass er Wichtiges »richtig« erfasst hat. Und das ist atmosphärisch ein großer Vorteil. Der Vater reduziert seine Lautstärke.

> HERR MAURER: Was hast du gemacht, sodass wir wütend sind? Ich will, dass du genau antwortest!
> STEFFEN (Coach): Ich hab zur Mama »dumme Wichserin« gesagt und hab sie getreten, und dich wollt ich auch treten!
> HERR MAURER: Ja, so ist das, du weißt genau Bescheid! Und wir lassen uns nicht gefallen, dass du uns beleidigst und wehtust. Wir fahren jetzt heim, und du wirst dir überlegen, wie du das in Ordnung bringen kannst!

Es ist vielleicht nicht ganz einfach, in dieser emotional aufgeladenen Situation systemisches Know-how zu identifizieren. Außerdem ist

Gewalt im Spiel – auch seitens des Vaters. Der Vater wehrt sich *gewaltig* gegen die Gewalt des Sohnes – *reaktiv* unter Einsatz seiner Körperkraft, er hält ihn (mich im Rollenspiel) fest am Arm und versperrt ihm den Weg, als er fortlaufen will.

In der fachlichen Beurteilung dieser Szene scheiden sich die Geister der Pädagogen und Psychologen. Ich gehöre zu jenen Psychologen, die diesen massiven Einsatz des Vaters für angemessen und notwendig halten. Mit diesem Standpunkt verträgt sich die entschlossene Auffassung: Gewalt darf als Mittel der Erziehung keine Anwendung finden. Das mag widersprüchlich wirken. Diesen Widerspruch ertrage ich hinsichtlich zweier wesentlicher Komponenten dieser väterlichen »Gewalt«: Sie ist von *reaktiver* Qualität und ist nicht mit dem Ziel eingesetzt, dem Kind wehzutun.

Anders die Ohrfeige, von der die meisten Erwachsenen sagen, sie habe »noch niemandem geschadet«: Sie will wehtun, sie ist eine Maßnahme, in deren Schmerzhaftigkeit die Ohrfeiger einen Sinn sehen. Da ich selbst als Kind meiner erwachsenen Umwelt oft verhaltensauffällig erschien, trafen mich auch »saftige« Ohrfeigen. Mir sind diese Schläge ins Gesicht gut erinnerlich. Bis heute bin ich auf der Suche nach dem Nichtschaden der Ohrfeigen. Ich habe als Kind jeden gehasst, der sich an meiner Erziehung gewalttätig beteiligte. Mein Hass war von der Erfahrung initiiert, dass der schlagende Erwachsene mich mit jedem Schlag definierte: als klein, wehrlos, hilflos und wertlos. Jede Ohrfeige hat meine kindliche Selbstachtung schwer ramponiert. Und mein Hass, so sehe ich das heute, war die einzige Wehr, mit der ich einen Rest Würde einbehielt. Wenigstens emotional konnte ich gegen die Gewalt opponieren. Ich merke gerade, wie sich die »Schläge« meiner Finger auf den Tasten des Laptops intensivieren. Liebe Leser, Sie spüren, dass ich mich noch immer mit der Erfahrung herum*schlage*, als Kind geschlagen worden zu sein. Bis jetzt schaffe ich es nicht, mich mit dieser Erfahrung zu versöhnen. Aber ich habe daraus den Gewinn der Feststellung gezogen: Mir hat *jede* Ohrfeige geschadet! Ich wusste, dass in meinem Schmerz ihr Ziel lag.

Ganz anderes zeigt sich uns im konfliktdurchwirkten Rollenspiel mit den Eltern Maurer. Herr Maurer will seinem Sohn nicht wehtun, er *reagiert* auf Gewalt und verhindert ihre Fortsetzung. Dieser Umstand qualifiziert den Körpereinsatz des Vaters aus meiner Sicht so, dass ich ihn systemisch für verantwortbar halte.

Nochmals in aller Ausdrücklichkeit: Ich bin gegen Gewalt in der Erziehung. Als Opfer von pädagogischer Aggression weiß ich um die schreckliche Wirkung der Gewalt: Sie macht Kinder klein und nimmt ihnen ihre Würde. Zugleich erlebe ich: Jedes Kind, das sich aggressiv verhält und andere bedroht oder gefährdet, braucht eine Grenze, die es gut hören und verstehen kann. Dennoch kann es sein, dass ein Kind diese Grenze gut hört, versteht und weiter zuschlägt. Dann ist nach meiner Auffassung der gewaltverhindernde Körpereinsatz des Pädagogen oder Psychologen notwendig. Auch Psychologen, die mit verhaltensauffälligen Kindern *im Alltag* gruppentherapeutisch arbeiten, werden akuter tätlicher Gewalt begegnen. Ein Kollege meinte einmal, er dürfe da nicht einschreiten, das müsse der Pädagoge machen, weil er – der Psychologe – damit sein fachliches Niveau verliere und sich den therapeutischen Zugang zum aggressiv auffälligen Kind verbaue. So dachte ich auch mal. Und ich weiß heute: Kein Kind respektiert einen Psychologen, der der Gewalt untätig zusieht und bestenfalls einen Erzieher ruft, der dann die »Drecksarbeit« machen soll.[8]

Ich habe manchmal zuschlagende Hände von Kindern festgehalten oder tretende Kinder von ihren Opfern weggerissen. Das ging nur, weil ich mit meiner körperlichen Überlegenheit rechnen konnte. Eine Intervention dieses Stils war und ist für mich nie ein systemisches bzw. psychologisches Vergnügen, aber eben hin und wieder unverzichtbar, weil ich in meiner Arbeit unter keinen Umständen wehrlose Opfer in Kauf nehme. Und solange mir kein Kollege mitteilt, wie er in akut gefährlichen Aggressionsfällen ohne Körpereinsatz bedrohte Kinder verteidigt, bleibe ich bei geschilderter Praxis. Nochmals: Ich bin offen für jeden Korrekturvorschlag, den ich gern umsetze, wenn er alternativ eines sichert: Schläge oder Tritte werden *sofort* unterbunden.

Zurück zu der Szene mit Familie Maurer: Indem der Vater weitere Gewalt und mit seinem körperlichen *Stand*punkt die Flucht des Sohnes verhindert, praktiziert er Präsenz. Kinder, die sich aggressiv

---

8 »Drecksarbeit«, so rabiat formulierte es einmal ein Sozialpädagoge. Der Psychologe seiner Einrichtung meinte, er, der Psychologe, hätte in den Niederungen der harten Auseinandersetzung mit verhaltensauffälligen Kindern nichts zu suchen. Ganz anders meine Auffassung: Der Psychologe muss auch in der oft konfliktbesetzten Gruppenarbeit präsent sein. Dann lässt sich jene Schwierigkeit bewältigen oder verhindern, die Rothmaier in einem hervorragenden Artikel zu dieser Thematik sieht. Das fragliche Problem liegt darin, dass sie, die Therapeuten »nicht in das Gruppensystem integriert sind«. So »delegieren sie Aufgaben im Bereich ›Disziplin‹ an die Erzieher/-innen. Diese fühlen sich dann ausgenutzt« (Rothmaier 2000, S. 24).

verhalten, sehnen sich nach dieser Eindeutigkeit! Und ich möchte Ihnen, liebe Leser, zusichern, was ich von den Kindern selbst weiß: In dem Moment, da Steffen sich anschickt fortzulaufen, will er gehalten werden. Kein Kind will von Eltern weg, die ihm Orientierung ermöglichen und dabei Respekt üben!

Der Respekt lässt sich dadurch übermitteln, dass der Vater mit seinem Sohn spricht und dieses Ansprechen *dialogisch* ausführt. Er will *Gegenseitigkeit*, er will etwas von ihm wissen (»Was macht mich wütend?«). Dies allein meldet dem Jungen bereits, dass wichtig ist, was er sagt, *dass er selbst wichtig ist*. Und dann schafft es der Vater tatsächlich, in der Antwort des Sohnes etwas zu Würdigendes auszumachen: »Du weißt genau Bescheid!« Damit attestiert er seinem Sohn Kompetenz. Ich mache mit Kindern, die sich aggressiv verhalten, die Erfahrung, dass ein kurz eingeflochtenes Kompetenzattest gravierende Aggressionsszenen entschärfen und bewältigen helfen kann.

Unsere Leitidee Nr. 3 zum systemischen Elterncoaching soll am Ende dieses Kapitels noch ausdrücklich zur Anwendung kommen. Das Rollenspiel ist gelungen. Der Coach hat es positiv erlebt. Dies möchte er mitteilen.

> COACH: Ich finde, Sie haben sich während dieses Rollenspiels voll ins Zeug gelegt. Daher fiel es mir leicht, die Rolle Steffens zu übernehmen. Das haben Sie echt super hingekriegt.

Eltern freuen sich, wenn sie hören, dass sie während der aufwendigen Coachingarbeit Gutes und Verwertbares geleistet haben.

Noch intensiver, noch tiefschürfender kann unsere Leitidee Nr. 3 Anwendung finden, wenn der Coach eine Bewältigungsfrage stellt (Systemiker verwenden auch den Begriff »Coping-Frage«, engl. »to cope« = »mit etwas zurechtkommen, fertigwerden, etwas schaffen«).

> COACH: Wie ist es Ihnen im Rollenspiel gelungen, den Aggressionen Steffens mit so eindeutigen und entschlossenen Worten die Grenze zu setzen?
> HERR MAURER: Na ja, ich hab eben das im Kopf, was wir besprochen haben. Steffen denkt, dass er wichtig ist für mich, wenn ich bleibe und wenn ich seine Spinnereien nicht dulde. Er ist mir wirklich nicht wurscht, mein Sohn ist mir nicht egal. Deswegen hab ich klar gesagt, was nicht okay ist. Im Rollenspiel hab

ich das selbst erlebt, dass ich was machen kann und dass ich meinem Sohn dann nahe bin.

Die Coping-Frage regt Herrn Maurer an, über das positiv Erlebte selbst nachzudenken. Er wird selbst sensibel für das Gute in seinem Verhalten und spricht darüber. Er spricht sich selbst gut. Und indem er für sich gute Worte findet, kann er das Verhältnis zur eigenen väterlichen Identität wertvoll anreichern.

Genau darauf setzen unsere Leitideen zum systemischen Elterncoaching: Auf unserer Kutschfahrt, in unserem Coaching denken und sprechen Eltern gut über sich. Damit ermöglichen sie den Zuwachs elterlicher Identität und mütterlicher wie väterlicher Wirkungsfülle.

8.4 Basalkriterium 4: Positive Beachtung des Symptoms

Leitidee Nr. 4 zum systemischen Elterncoaching
Im Widerstand der Eltern gegen die Zusammenarbeit und in ihrem Streit liegt Sinnvolles. Dieses Sinnvolle interessiert uns.

Ich möchte diese Leitidee vorerst an der Beziehung der Eltern zum Kind diskutieren. Die sechs systemisch heilpädagogischen Basalkriterien entstanden ja aus der Begegnung mit Kindern (Hergenhan 2010). Und wir wollen hier – so unser eingangs benanntes Ziel – diese Basalkriterien auf das Elterncoaching übertragen. Vorher soll zunächst am Geschehen zwischen den Eltern Maurer und ihrem Sohn Steffen deutlich werden, was mit der »positiven Beachtung des Symptoms« gemeint ist.

Wir erinnern uns: Dem Vater gelang die Vorstellung, er bliebe in dem Raum, in dem sein Sohn Steffen austickte. Folge seines Verbleibs, so vermutete er, wäre, dass »der Zirkus dann bestimmt größer wird«. Steffen würde seinen Eltern Schimpfnamen geben und vielleicht sogar handgreiflich werden. Die Eltern könnten jetzt diese Eskalation aggressiver Ausschreitung als Nachweis besonderer Boshaftigkeit ihres Kindes betrachten. In der Tat hatten sie einige Male überlegt, ob Steffen »böse Gene« in sich trage, gegen die sie »einfach wehrlos« seien.

Herr Maurer entwickelte selbst eine andere Sichtweise. Die Frage des Coachs nach der *Funktion* dieser Aggressionssteigerung enthält das Angebot, Betrachtung und Bedeutung inhaltlich auszudehnen.

COACH: Was könnte denn Steffen damit bezwecken?
HERR MAURER: Er wird austesten wollen, ob ich auch wirklich da bleib, ob ich nicht doch aufgebe und verschwinde.

Dieses Überlegungsergebnis reformiert die bisherige Wertung der aggressiven Eskalation. Nicht Steffens »Bosheit« war danach das Motiv. Keine »bösen Gene« trieben ihn. Die »Austicker« hatten möglicherweise Testfunktion. *Steffen wollte sich der Präsenz seines Vaters bzw. seiner Eltern vergewissern.* Herr Maurer hat das Testergebnis treffsicher formuliert:

HERR MAURER: Wenn ich bleibe und protestiere, sobald er seinen Zirkus noch stärker macht, denkt er, dass sein Stellenwert bei mir hoch ist, dass ich mit ihm was zu tun haben will, dass mir nicht wurscht ist, was er macht.

Was Herrn Maurer an dieser Stelle gelungen ist, nennen Systemiker »Reframing«, also gewissermaßen eine »Neurahmung«. Der neue Rahmen nimmt Einfluss auf die Bedeutung eines Ereignisses, eines Problems oder einer Schwierigkeit und kann darüber entscheiden, wie es uns damit geht.

Die oft bemühte Rede vom halb leeren bzw. halb vollen Glas gehört hierher. Ein Durstiger freut sich, wenn er das Glas für halb voll hält, und bringt sich in Missstimmung, wenn er beklagt, dass es halb leer vor ihm steht. Die *positive Beachtung* (halb voll) kann diese Missstimmung beheben helfen. Sie fertigt für das Erleben einen neuen Bedeutungsrahmen.

Einen neuen Bedeutungsrahmen hat auch Herr Maurer hergestellt, als er den »Zirkus«, das aggressive Verhalten seines Sohnes Steffen, nicht mehr (nur) beschrieb als Ausdruck einer Störung, eines Problems oder gar als Nachweis besonderer destruktiver Unverbesserlichkeit. Steffen artikuliert mit seinem aggressiven Verhalten den dringenden Wunsch, sich der Gegenwart der Eltern zu versichern (Test), und den Wunsch nach einem hohem Stellenwert, den Wunsch also, für seine Mutter und für seinen Vater wichtig zu sein. Dieses schlüssige Reframing-Ergebnis hat unmittelbare Folgen für die Planung des künftigen erzieherischen Handelns: Der Vater bleibt und agiert wirksam. Damit kann er die Aggression bewältigen helfen. Eine wichtige Überlegung ging dem voraus. Herr Maurer konnte die Angriffe Steffens vor dem Hintergrund ihrer möglichen Zweckmäßigkeit reflektieren. Die »Funktionalität des beklagten Verhaltens« (Simon u. Rech-Simon 2007, S. 280) macht deutlich: Das Symptom ist nicht nur »schlecht«, es hat auch etwas Gutes.

> *Oft signalisieren Kinder mit Aggressionen ihren Wunsch nach elterlicher Nähe und nach Grenzen, die die Nähe zieht.*
> *In der Aggression selbst liegt oft die kindliche Bitte um Hilfe zu ihrer Beendigung.*

Erst wenn das Symptom in dieser seiner Mehrwertigkeit *positiv beachtet* werden kann, mag Herr Maurer denken: »Ich darf mich meiner pädagogischen Verantwortung nicht entziehen, indem ich verschwinde, wenn mein Sohn ›austickt‹«. Daraus zieht er handelnde Konsequenzen und stellt sich auf die Seite seines Sohnes. Er will auf das Gute am Symptom reagieren, auf den dringlichen Wunsch Steffens nach persönlicher Nähe und Wichtigkeit.

Watzlawicks Buchtitel *Vom Schlechten des Guten* (1986) lädt mich ein, gemeinsam mit Eltern immer wieder »vom Guten des Schlechten« zu reden. Auf das »Gute des Schlechten« will unsere Leitidee Nr. 4 zum systemischen Elterncoaching aufmerksam machen. Vom Sinnvollen des Widerstands und der Konflikte möchte diese Idee ausgehen.

Herr Maurer hielt Manipulationen durch den Coach für möglich. Dagegen wehrte er sich wirksam, und in dieser Wehr ließ sich Sinnvolles identifizieren (Opposition gegen psychologische Bevormundung).

Auch Paarkonflikte zwischen Frau und Herrn Maurer klangen bereits an. Die Konflikte mit Steffen aktualisierten sich auch auf ihrer Beziehungsebene. Ich wiederhole kurz: Frau Maurer kritisierte, dass der Vater immer verschwinde, wenn Steffen aggressiv wird. Herr Maurer konterte, dass er ihre Vorwürfe satt habe, woraufhin sie feststellte:

> FRAU MAURER: Ich hab Steffen nicht allein in die Welt gesetzt. Wenn ich gewusst hätte, dass du mich mit unserem Kind immer allein lässt!

Frau Maurer beschreibt mit diesen Sätzen eine Frustration, die sich auf die Erziehungsprobleme *und* auf ihr eheliches Verhältnis bezieht.

Der Coach wird nun daran interessiert sein, wie die Vorwürfe von Frau Maurer mit ihr zusammen lösungssprachlich reformulierbar wären. In emotional erhitzten Gesprächsabschnitten sind, wie bereits betont, Menschen erkennbar und an der systemischen Zusammenarbeit unmittelbar beteiligt. Das kann coachingorganisatorisch ein großer Vorteil sein. Die aufgeheizten Gefühle von Eltern signalisieren intensives Engagement und meistens zugleich den erhöhten Hilfsbedarf. Diesem Hilfsbedarf kann in einem Setting, das Paarkonflikte thematisiert, mit der Methode des *Doppelns* entsprochen werden.

Das Doppeln ist im Grunde eine Form des würdigenden Spiegelns und die stellvertretende Anwendung der VW-Regel (Kap. 4.3). Der doppelnde Coach wiederholt den Vorwurf eines Konfliktpartners und versucht dabei, *auf das Vorwurfsvolle des Vorwurfs zu verzichten*. Er setzt das, was er darin als Beziehungsressource entdeckt hat, in die Lösungssprache. Dabei positioniert er sich neben den »Vorwerfer«, am besten, er geht in die Hocke, übernimmt seine Rolle und spricht für ihn, wenn dieser damit einverstanden ist. Dieses Einverständnis holt er sich, *bevor* er aufsteht und sich in seine Nähe begibt.

> COACH: Frau Maurer, darf ich neben Sie kommen und zu Ihrem Partner das sagen, was ich aus Ihren Worten gehört habe? Ich würde gern so tun, als sei ich Sie und dabei ihren Partner so anreden, als sei er mein Partner.
> FRAU MAURER: Ja klar. Das kann ja heiter werden. Ich bin sowieso fertig mit den Nerven.
> COACH: Heiter ist mir lieber als traurig. Gut. Ich probier's mal.

Der Coach stellt sich neben Frau Maurer. Sie sitzt, er winkelt die Knie an und geht in die Hocke, sodass sie auf gleicher Augenhöhe sind, oder noch besser: Seine Position liegt etwas unterhalb der ihren. Damit kann sichtbar bleiben, wer die Regie behält. Es gilt hier wie generell: Die Eltern bleiben die »Chefs« des systemischen Agierens.

> COACH: Robert, ich möchte, dass du bei mir bleibst, wenn Steffen austickt. Ich will erleben, dass wir gerade dann Partner sind, wenn unser Sohn schwierig wird. Ich will gerade dann das Gefühl und die Gewissheit haben, dass wir beide zusammengehören.

8.4 Basalkriterium 4: Positive Beachtung des Symptoms

Dieses Doppeln erscheint mir wie eine Subtraktion, deren Ergebnis »Wunsch« heißt. Vielleicht kann man das mathematisch darstellen.

Doppeln: Vorwurf - Vorwurfsvolles = Wunsch

Wenn der Coach gedoppelt hat, kann er eine kurze Stille eintreten lassen und dann Frau Maurer fragen, ob sie mit den Inhalten seiner Formulierung einverstanden sei. Wenn nicht, wird er seinen Versuch erneuern, korrigieren oder ergänzen.

In unserem Gesprächsmoment war Frau Maurer einverstanden. Sie hatte Tränen in den Augen. Sie zeigte sich entlastet von der Hypothek einer Gegnerschaft, die den Wunsch nach partnerschaftlicher Nähe überlagerte.

Thomann und Schulz von Thun (2009, S. 117) nennen denjenigen, der in einem Konfliktgespräch doppelt, »Klärungshelfer«. Diesen begreifen sie als »Anwalt des Zwischenmenschlichen«. Der Klärungshelfer bringt durch das Doppeln einen »Übersetzungsvorgang« in das Dialoggeschehen, in dem dann die gedoppelte Aussage »möglichst wenig Beziehungsstachel enthält, das heißt, für den Angesprochenen so annehmbar wie möglich wird« (ebd., S. 131).

Zwischen Frau und Herrn Maurer schmerzte tatsächlich ein »Beziehungsstachel«. Der polemisch vorgetragene Vorwurf stach Herrn Maurer. Und auch Frau Maurer war nicht wohl in der Rolle der »Stechenden«. Das zeigte ihre Entlastung nach dem Doppeln und die bereitwillige Annahme des Übersetzungsvorgangs. Sie ließ sich vom Coach einladen, das Gedoppelte zu wiederholen und in eigenen Worten an den Partner selbst zu richten.

Das ist beim Doppeln insofern unerlässlich, als der Dialog ja zwischen den Ehepartnern weitergehen soll und man klarstellen möchte, dass Frau Maurer nur das verwertet, was *sie selbst* akzeptieren kann. Sie wird also das vom Coach Gedoppelte, das »Übersetzte« nochmals rückübersetzen in ihre Sprache, die sich anreichern lässt von der *positiven Beachtung des Symptoms*, von der positiven Beachtung ihres Ärgers und ihres Protestes. Die rückübersetzte Sprache formuliert sich jetzt ohne Beziehungsstachel. Somit wird Frau Maurer selbst zur Anwältin des Zwischenmenschlichen.

FRAU MAURER: Robert, ich will das Gefühl haben, dass ich verheiratet bin, auch wenn Steffen die Sau raus lässt. Ich will ihn mit dir zusammen erziehen.

Jetzt wird selbstverständlich der Partner integriert und zur Reaktion eingeladen. Diese Einladung, so meine Erfahrung, kann angenommen werden, wenn die Subtraktion den Beziehungsstachel gezogen hat (Vorwurf – Vorwurfsvolles = Wunsch). Konfliktpartner tun sich nicht mehr weh. Die aus der Enttäuschung gewachsene Polemik verstellte bislang den Blick auf das Wertvolle und Sinnvolle im Problematischen. Das Doppeln legt dieses Wertvolle und Sinnvolle frei, praktiziert also genau das, was unsere vierte Leitidee empfiehlt: das Interesse am Sinnvollen von Streit und Auseinandersetzung.

> HERR MAURER: Ja, ich versuch's eben. Aber ich möchte, wenn ich da bleib, keine Vorwürfe von dir hören. Die machen mich total fertig.

Die Ehepartner kamen auf diese Weise in einen konstruktiven Dialog. Die Mutter will auch und vor allem in Konfliktmomenten ihren Ehemann als Partner erleben. Der Vater, so versicherte er im Verlauf des Doppelns immer wieder, möchte auch von ihr etwas Unverzichtbares:

> HERR MAURER: Dass du mal Vertrauen hast, dass ich als Vater auch was richtig mache. Du sollst mir das auch mal sagen, wenn ich was gemacht habe, womit du einverstanden bist.

Darin bestand das Motiv, das Sinnvolle seines Konfliktparts, seines Genervtseins.

Als Herr Maurer zu Beginn des elterlichen Konflikts seiner Frau zwieträchtig entgegenhielt »Ja, ja, ich bin wieder der Schuldige!«, regierte atmosphärisch das Gegeneinander der Eltern. In diesem Gegeneinander lagen vorteilhaft interpretierbare Motive. Genau darauf will unsere Leitidee Nr. 4 hinaus. Des Vaters Motiv beinhaltete den Wunsch, die Mutter möge »mal Vertrauen« zu ihm haben und »auch mal sagen, wenn ich was gemacht habe, womit du einverstanden bist«. Er hatte die Rolle des »nur Schuldigen« satt und wollte auch mal positive Rückmeldungen seiner Frau.

Unser Coaching erlebe ich kurzweilig vor allem in dem spannenden Versuch, Probleme nicht nur zu beklagen, sondern auch als positiv nutzbare Veränderungsimpulse zu rehabilitieren. Unsere Leitidee Nr. 4 zum systemischen Elterncoaching unterstellt jeder Schwierigkeit einen guten Kern. Mit diesem guten Kern wollen wir in Kontakt kommen, um ihn zum ausführlichen und konkret erlebbaren Thema zu machen. Und wenn dieser gute Kern detailliert erörtert worden ist, dürfte eine wesentliche Grundvoraussetzung für Bewältigung und Lösung geschaffen sein.

8.5 Basalkriterium 5: Lösungsentwurf der Eltern

> *Leitidee Nr. 5 zum systemischen Elterncoaching*
> Wir vertrauen darauf, dass Eltern ihre Kinder sehr gut kennen. Darum halten wir Eltern für lösungskreativ.

Die Lösungsorientierung des systemischen Ansatzes haben wir auf unserer Kutschreise bereits mehrfach diskutiert. Hier an dieser Stelle ist zu betonen, dass mit der Lösungsorientierung eng die Orientierung am Ratsuchenden verschränkt ist. Die Lösung muss von dem kommen, der sich (zunächst) hilflos erlebt. Hargens vermerkt unmissverständlich, im Zentrum dieses Ansatzes stehe »eine immer detailliertere Herausarbeitung der Ziel- oder Lösungsvision – und zwar derjenigen, der die KlientIn zuneigt« (Hargens 2007, S. 25).

Steffen hatte mit seinen Aggressionen zu Hause immer wieder Erfolg. Wie mir die Eltern schilderten, war er »daheim der König«. Seine Gewaltbereitschaft setzte er sogar taktierend ein. Wir erinnern uns: Er konnte damit das Fernsehverbot unterhöhlen. Er brauchte nur zu versprechen, dass es am Abend »keinen Zirkus« gebe, und schon durfte er vor die Glotze. Wenn es so weit gekommen ist, herrscht ein Milieu, in dem gilt: Nicht mehr die Eltern führen das Kind. Das Kind führt seine Eltern.

Ich bin fest überzeugt: Nicht nur die Eltern sind schwer belastet, wenn Kinder despotische Macht ausüben dürfen. Auch und vor allem die Kinder selbst, die »Machthaber«, nehmen Schaden und sind heillos überfordert. Woher ich das weiß? Von den Kindern! Und ich will an dieser Stelle wiederholen: Grundsätzlich bleiben primär *sie* für mich die Informanten über pädagogische Zusammenhänge dieses Bedeutungsgewichts.

Vielfach machen Kinder immer wieder den Eindruck, als »führten« sie gern, als nähmen sie selbstsicher jene Macht in Anspruch, die ihnen hilflose Eltern überlassen haben. Aber das »selbstsichere« Machtgebaren aggressiv erscheinender Kinder führt oft ein mitunter verzweifelt inszeniertes Bühnenspiel vor. Auf der Hinterbühne ist der sehnliche Wunsch anzutreffen, Eltern mögen führen und in der eindeutigen Alltagsgestaltung eine entlastende Wirkung ausüben. Rabiate »Monsterkids« stellen sich in Familienzeichnungen (»Zeichne deine Familie in Tieren«) oft als Würmer oder kleine Insekten dar. Ist das Bild fertig, lasse ich das Kind selbst interpretieren und die Beziehungen der Dargestellten besprechen. Und in dieser ehrlichen wie vertrauensvollen Besprechung wird zumeist die leidvolle Orientierungsnot hörbar, die Eltern nach meiner Auffassung durch klare Positionsbestimmung beheben könnten.

Wie unsere Leitidee Nr. 5 festhält, legt der Coach in den Coachingsitzungen auf eine Gesprächspraxis Wert, in der Mütter und Väter *selbst* zu einem Lösungsentwurf in der Lage sind.

Herr Maurer hob das von der Mutter erlassene Fernsehverbot auf, Frau Maurer arrangierte sich damit reaktionslos, und so schufen beide eine familiäre Beziehungswirklichkeit, die sie als problematisch erlebten. Beziehungswirklichkeiten werden im systemischen Coaching mittels zirkulärer Fragen einsichtig und veränderbar. Ich komprimiere den Gesprächsverlauf wieder auf das Wesentlichste:

> COACH: Herr Maurer, Sie hoben das Fernsehverbot auf, das Ihre Ehefrau vor dem Bürofenster erlassen hat. Was, meinen Sie, wie hat Steffen Sie da erlebt?
> HERR MAURER: Großzügig und nachsichtig! Er hat sich gefreut, dass er doch fernsehen durfte.
> COACH: Er hatte ja sozusagen als Gegenleistung versprochen, am Abend keinen Zirkus mehr zu machen.
> FRAU MAURER: Ich hab zwar nichts dazu gesagt, aber irgendwie hab ich mich hintergangen gefühlt. Denn ich hab ja das Fernsehverbot ausgesprochen und du hast es gestrichen.
> HERR MAURER: Tu nicht so, du warst doch einverstanden damit!
> FRAU MAURER: Ich hab nichts dagegen gesagt, das stimmt. Aber das heißt nicht, dass das Ganze okay war für mich.
> COACH: Was, meinen Sie, Frau Maurer, hat Steffen über Ihre Beziehung gedacht, als er erlebte, dass gestrichen wurde, was Sie ankündigten?
> FRAU MAURER: Steffen hat bestimmt gedacht, dass wir uns nicht einig sind, und dass das, was mein Mann sagt, mehr wert ist als das, was ich sage.

8.5 Basalkriterium 5: Lösungsentwurf der Eltern

An dieser Stelle kam es wieder zu lauten gegenseitigen Vorwürfen. Herr Maurer bestritt energisch, dass Steffen die väterliche Amnestie als Defizit der Beziehung seiner Eltern werten könnte. Im Hinblick auf diesen Punkt blieben die beiden lange uneins. Der Vater war erst dann zur Neuorientierung bereit, als die zirkuläre Frage seine Beziehung zu Steffen aufgriff (systemisches Merkmal B, Beziehung).

> COACH: Was wird denn Steffen von Ihnen und sich selbst gedacht haben, Herr Maurer? Sie haben schon betont, dass er Sie wohl großzügig und nachsichtig empfand. Ich meine jetzt eher, was da zwischen Ihnen abging. Ihr Sohn verspricht, keinen Zirkus zu machen, und Sie heben das Fernsehverbot auf. Was wird er da fühlen? In welcher Position wird er sich da wähnen?
> HERR MAURER: Vielleicht meint er, dass er mich steuern kann, dass er mächtig ist.
> FRAU MAURER: Genau! Ein Geschäft macht er mit dir oder mit uns. Der braucht uns nur zu versprechen, dass er nicht aggressiv ist, und dann darf er alles. Mit seinen Spinnereien am Abend setzt er uns doch unter Druck, das ist ja der pure Wahnsinn!

Die Eltern werden sich einig. Die Aggressionen Ihres Sohnes regieren die ganze Stimmung zu Hause. Beide wollen diesen Zustand ändern.

Mit großem Detailaufwand rekonstruieren wir die häusliche Situation so realitätsgetreu wie möglich. Wieder biete ich mich im Rollenspiel als Steffen-Vertreter an. Wir spielen jede Einzelheit der Gesprächsszenen durch:

Steffen (ich im dialogischen Rollenspiel) kommt abends heim. Die Mutter erinnert ihn an das Fernsehverbot und untersagt ihm, sich vor den Bildschirm zu setzen. Es kommt zur Gegenwehr Steffens und zu jener Verhandlung, die in der Vergangenheit zur Aufhebung des mütterlichen Verbots durch den Vater geführt hatte. *Jetzt im Rollenspiel* wollten sie konsequent bei dem bleiben, was sie angekündigt haben.

Steffen ignoriert das Verbot, hat bereits den Fernseher eingeschaltet und sitzt auf dem Sofa. Der Vater arbeitet vor seinem Laptop in unmittelbarer Nähe.

> FRAU MAURER: Steffen, du schaust dir die Sendung nicht an. Du weißt, dass ich mittags ein Fernsehverbot ausgesprochen habe.

STEFFEN (COACH): Ach, lass mich doch! Ich bin auch heute Abend ganz lieb und werde keinen Zirkus machen.
FRAU MAURER: Dass du keinen Zirkus machen wirst, finde ich okay. Und du wirst auch keinen Zirkus machen, wenn du dich an das Fernsehverbot hältst.
STEFFEN (COACH): Papa, lass mich doch, ich bin auch ganz lieb und mache keinen Zirkus, heute Abend nicht und morgen auch nicht und am Wochenende sowieso nicht.
HERR MAURER: Du hältst dich an das, was Mama gesagt hat. Du wirst die Sendung nicht anschauen und keinen Zirkus machen. Du schaltest jetzt das Gerät aus und dann sagst du mir, was heute Mittag zu dem Fernsehverbot geführt hat.

Steffen antwortet nicht. Er ist bereits fixiert auf das, was der Bildschirm wiedergibt. Der Vater steht auf und schaltet den Fernseher ab. Steffen ist außer sich, brüllt und will seinen »Zirkus« beginnen, im schlimmsten Fall sogar handgreiflich werden. Er (ich im Rollenspiel) hebt die Hand gegen die Mutter und schreit, dass sie eine »Kack-Mutter« sei, dass er »blöde« Eltern habe.

Frau und Herr Maurer stehen zusammen. Sie halten ihren Sohn fest, um seine Aggressionsversuche zu vereiteln. Es bleibt dabei. Die Sendung wird nicht angesehen. Und die Eltern lassen sich weder verbale noch tätliche Angriffe bieten.

Wenn Steffen lange genug gelernt hat, die Eltern mit seinen Attacken zu beherrschen, kann es geraume Zeit dauern, bis er sich zum Einlenken bewegen lässt. Einlenken im Sinne einer Verhaltensänderung werden dabei auch die Eltern. Auch sie haben »gelernt«, sich durch Nachgeben vorerst Ruhe zu verschaffen.[9] Bleiben die Eltern jedoch konsequent, wird Steffen lernen, dass er sich an soziale Regeln halten muss und dass die Einhaltung dieser Regeln seine Möglichkeiten weitet: Er darf fernsehen, gewiss, wenn er eben diese Regeln berücksichtigt. Steffen hat sie mit seinem »Zirkus« erneut übertreten.

---

9 Was Barbara Ollefs und Arist von Schlippe als »komplementäre Form der Eskalation« erläutern, beschreibt kompakt jene Konflikte, die sich in der Familie Maurer zutrugen. Sie waren »von einer Dynamik von Erpressung und Nachgeben bestimmt. In diesem Prozess werden sich Eltern umso mehr die Ruhe durch das Nachgeben ›erkaufen‹, je extremer das kindliche Verhalten ausgeprägt ist. Das Kind nimmt in diesem Prozess die Botschaft wahr, dass die Eltern zu schwach sind, seinen ›Drohungen‹ standzuhalten, und erlebt damit ein Autoritätsvakuum in der Familie. Es lernt, durch Druckausübung seinen Willen zu bekommen. Die Eltern ihrerseits gewöhnen sich an das Nachgeben« (Ollefs u. von Schlippe 2006, S. 140).

Im Rollenspiel diskutieren die Eltern die Möglichkeit, das Fernsehverbot auch auf den Tag danach auszudehnen. Auch für den morgigen Tag gilt also: Der Flimmerkasten bleibt aus.

Diese Noch-eins-drauf-Methode mag abstoßend wirken. Ich halte sie hier für vertretbar. Steffen muss *unbedingt* lernen, dass Aggressionen der Weg sind, auf dem Konflikte *nicht* gelöst werden, sondern fortdauern. Das erneuerte, ausgedehnte Fernsehverbot ist eine relativ milde und zugleich wichtige Reaktion der Eltern. Diese Konsequenz will hier eine Hilfe sein, nichts anderes. Das kann dem Jungen durchaus so mitgeteilt werden, auch wenn zu erwarten ist, dass er diese »Scheißerklärung« lauthals zurückweisen wird.

Von Schlippe und Omer (2008, S. 111) zählen neben der Belohnung auch die »Strafe zu mächtigen Trägern der Elternpräsenz«. Das ist hier in unserem Kontext insofern nachvollziehbar, als diese »Strafe« von Steffen als *elterlicher Gegenwartsnachweis* (Basalkriterium Nr. 1) erlebt werden kann: »Wir reagieren auf dich und sind da!« Das ist und muss die Botschaft der Eltern bleiben. Die Aggressionen Steffens werden ihn nicht ins Exil schicken, sie machen ihn nicht elternlos. Das Verfahren, das genannte Autoren über ihr ganzes Buch hinweg postulieren, führt den Namen »elterliche Präsenz« und ist als »systemisches Konzept« ausgewiesen. *Beziehung* bleibt als Grundkonstante erzieherischen Handelns Programm (systemisches Merkmal B, Beziehung).

Wenn also Steffen wieder »austickt«, rumschreit und aggressiv wird, auf sein Zimmer rennt und wild um sich schlägt, werden die Eltern mitgehen und so lange bei ihm bleiben, bis er sich beruhigt hat. »Time-in« nennen von Schlippe und Omer diese Vorgehensweise (ebd.). Die elterliche Präsenz bezieht sich nach meiner Meinung nicht nur auf Steffen, sondern auch auf die Eltern selbst: Sie bleiben auch *bei sich* und bei dem, was sie vertreten.

Selbstverständlich spielen wir im Elterncoaching die positive Entwicklung durch: Steffen hat sich beruhigt, und anderntags – am Morgen etwa – kann er auf Aggressionen verzichten. Als er abends nach Hause kommt, formuliert er wieder seinen Fernsehwunsch und schaltet aber das Gerät nicht an, sondern fragt höflich.

Die Familie setzt sich an den Tisch.

STEFFEN (COACH): Mama, darf ich bitte fernsehen?
FRAU MAURER: Du weißt, was Papa und ich gestern vereinbart haben. Du siehst auch heute nicht fern. Was an deinem Verhalten hat uns nicht gepasst?

STEFFEN (COACH): Ich hab wieder Zirkus gemacht, hab rumgeschrien und Ausdrücke zu euch gesagt. Im Zimmer hab ich Sachen rumgeschmissen.

FRAU MAURER: Genau. Du kannst das gut sagen, was uns nicht gepasst hat. Uns hat heute an dir viel gepasst. Was meinst du, was uns gefallen hat?

STEFFEN (COACH): Ich war lieb heut Morgen und hab jetzt den Fernseher nicht angemacht, sondern erst mal gefragt, ob ich fernsehen darf. Außerdem hab ich »bitte« gesagt. Und ich mach auch keinen Zirkus mehr, echt!

HERR MAURER: Super, Steffen. Wir erleben, dass du dich freundlich uns gegenüber verhalten kannst und dass du dich an Regeln hältst. Du hast die Glotze nicht eingeschaltet. Das freut mich so, dass wir überlegen könnten, wie wir das Fernsehverbot heute Abend teilweise aufheben könnten. Nach deiner Lieblingssendung schaust du dir immer noch die Werbespots an. Die bleiben gestrichen. Aber deine Sendung könntest du vielleicht sehen. Du hast eben gesagt, dass du keinen Zirkus mehr machst. Wenn du deinen Zirkus machst, wie geht es uns da?

STEFFEN (COACH): Schlecht, da werdet ihr dann wütend und seid lange traurig.

FRAU MAURER: Da hast du recht! Du weißt genau, wie es uns da geht. Wann geht es uns denn gut mit dir? Überleg mal, was freut uns besonders? [systemisches Merkmal U, Unterschied]

Steffen denkt kurz nach. Diese Frage schickt ihn auf die Suche nach einer Lösung, die er selbst entwirft (systemisches Merkmal L, Lösung). Die Atmosphäre zwischen ihm und seinen Eltern ist beziehungsaktiv dialogisiert. Jedes Wort ist auf Bewältigung angelegt.

Wir haben diese Sequenzen im Rollenspiel mehrmals durchgeackert und dabei die Rollen wiederholt getauscht. Ich spielte auch die Eltern, die Eltern sich. Das eben Zitierte ist nur ein Extrakt, ein Gesprächsergebnis. Mutter und Vater diskutierten ausführlich und selbstkritisch, dass sie sich von Steffen ein *überzeugendes* Entgegenkommen erwarteten. Um ihm wirklich glauben zu können, wollten sie von ihm eine Haltung, die da hieß: »Ich meine es wirklich ernst. Und dafür will ich etwas *tun*.« Diese elterliche Erwartung war lösungsorientiert durch die gerade gestellte Frage an Steffen zu richten (»Wann geht es uns denn gut mit dir? Überleg mal, was freut uns besonders?«).

8.5 Basalkriterium 5: Lösungsentwurf der Eltern

Beim Transfer des im systemischen Elterncoaching Erarbeiteten auf das häusliche Milieu sammelten Frau und Herr Maurer wichtige Erfahrungen, die sie in den folgenden Sitzungen erörterten. Die Szenen daheim (Aggressionen, Verbotsboykott, systemische Bearbeitungsversuche) endeten einmal mit einem tatsächlich konstruktiven Vorschlag Steffens, den sie dann aufgriffen und faktisch umsetzen ließen.

Das Rollenspiel endet hier also, ab jetzt sind wieder reale Dialoge zitiert.

> STEFFEN: Mama freut sich immer, wenn ich den Mülleimer runtertrage und in die Tonne leere. Ich könnte vielleicht jeden Tag das machen, ohne dass sie mich fragt. Ich meine, dass ich sie frage, ob der Eimer voll ist. Da freut sie sich bestimmt.
> FRAU MAURER: Da würd ich mich echt freuen. Das wäre ja großartig. Aber es liegt noch etwas in der Luft. Mir geht noch ganz schlimm nach, was du gestern vor dem Bürofenster der Heilpädagogischen Tagesstätte und am Abend gemacht hast. Wenn ich daran denke, bin ich ganz traurig.
> HERR MAURER: Was, meinst du, Steffen, macht die Mama so traurig?
> STEFFEN: Ich hab zu Mama gestern Ausdrücke gesagt und hab sie getreten.
> HERR MAURER: Genau so war das. Und du weißt, wie du das in Ordnung bringen kannst.

Es verstreicht einige Zeit. Steffen blickt verlegen zu Boden. Die Eltern lassen atmosphärisch nicht den geringsten Zweifel daran, dass sie bleiben, bis Steffen die Sache in Ordnung gebracht und sich bei seiner Mutter entschuldigt hat.

Das Entschuldigungsritual folgt einer bestimmten Sequenz: Steffen steht auf, schaut der Mutter ins Gesicht, reicht ihr die Hand, bittet um Entschuldigung und sagt genau, wofür er sich entschuldigen will. Er präzisiert also nochmals ausdrücklich den Anlass: sein aggressives Verhalten vor dem Bürofenster. Diese konkrete Benennung kann verhindern, dass das Ritual zur inhaltsleeren Floskel verkommt. So hat es als ehrlicher Akt eine reale Chance.

Je mehr Wahrnehmungskanäle aktiviert werden, desto wirkungsvoller und nachhaltiger ist das, was wir in und um uns geschehen lassen. Die »Mehrsinnlichkeit« dieses rituellen Vollzugs wird der Entschuldigung Steffens Authentizität und *erlebbare* Bedeutung verleihen. Motorik ist im Spiel: Er erhebt sich, es entsteht ein neues Systembild, er kommt sichtbar in Aktion, er begibt sich in die enge Nähe der Mutter. Auch sie steht auf und nimmt entgegen, was er ihr zu sagen hat. Die Aufstehenden agieren mit ihrem Körper und interpretieren sich damit selbst. Ihr Erscheinungsbild wird größer, Ichkompetenz kommt zur Wirkung. Im Händedruck spüren sich die Akteure des Entschuldigungsrituals. Über die jetzt entstandene Nähe informieren nicht nur die Blicke – die Optik–, sondern auch der Tastsinn, die Berührung – die Haptik. Wenn Steffen präzise angibt, wofür er sich entschuldigen will, öffnet sich der akustische Wahrnehmungskanal. Er lässt sich hören. Zugleich erschließt sich seine Gefühlswelt: Diese Erinnerung kann sich mit dem Gefühl des Bedauerns melden. Die Mutter reagiert, indem sie die Entschuldigungsbitte ausdrücklich akzeptiert. Erst diese Rückäußerung beendet den Entschuldigungsvorgang.

Das klingt alles sehr schematisch. Dennoch plädiere ich für dieses Schema, weil ich mit ihm in der Begegnung mit verhaltensauffälligen Kindern gute Erfahrungen mache. Zum wiederholten Mal: Kinder brauchen Orientierung. Im zuweilen sehr komplexen Geschehen unseres Sozialverhaltens gelingt diese Orientierung, wenn Rituale Ordnung anbieten und die Komplexität reduzieren.[10] Das Entschuldigungsritual will den *einfach* formulierbaren Wunsch nach Frieden mit einem Siegel versehen. Es macht erlebbar, dass Neubeginn möglich ist, dass ein Übergang ansteht: vom Konflikt zur Aussöhnung. So möchte dieses Ritual nichts weiter als eine Hilfe zur Einigung sein.

Ein Ritual dieser Qualität will noch etwas Wichtiges feststellen: Schwamm drüber! Schluss jetzt mit der Problemsprache, Schluss jetzt mit dem Konfliktgerede! Der Händedruck von Mutter und Sohn mag das Vergangene endgültig beschließen und definitiv in eine Zukunft verweisen, in der alle den Frieden wagen. Der »Körperbezug« im Ritual »wird eingesetzt, um eine soziale Situation aufzulösen und

---

10 In Kapitel 3 zitiere ich von Foersters therapeutischen Vorschlag: »nicht Reduktion, sondern Expansion der Komplexität« (1997, S. 51). Mehr Möglichkeiten, mehr Optionen sind systemisches Ziel, so diese Auffassung. Die Erziehungspraxis in unzähligen Familien zeigt immer wieder: Ein Zuviel an Komplexität kann Möglichkeiten verschließen, wenn Orientierungslosigkeit verbleibt. Genau dann ist nicht Expansion, sondern Reduktion von Komplexität angezeigt. Von Foerster unterbreitet einen Vorschlag. Zum Vorschlag gehört wesentlich, dass er eben »nur« ein Vorschlag ist und nichts diktiert. Situative Besonderheiten und spezifische Beziehungskontexte können auch systemisch bewährte Leitideen relativieren.

neue Anschlüsse zu ermöglichen«. Das wirkt »wie eine Besiegelung, die weitere Fragen ... erübrigt« (Emlein 2010, S. 133).
Steffen steht also vor seiner Mutter und reicht ihr die Hand.

STEFFEN: Mama, ich möchte mich dafür entschuldigen, dass ich dich getreten und dass ich zu dir »Wichserin« gesagt habe.
FRAU MAURER: Gut, dass du dich entschuldigst, Steffen. Ich möchte deine Entschuldigung auch annehmen. Aber, sag mir, wann nur kann ich deine Entschuldigung ernst nehmen?
STEFFEN: Wenn ich das nicht mehr mache und freundlich bin.
HERR MAURER: Genau. Wenn dich Mama fragt, ob du viele Hausaufgaben machen musst, kannst du wie reagieren?
STEFFEN: Ich kann sagen, wie viel Hausaufgaben ich machen muss, und keine Ausdrücke mehr sagen.
HERR MAURER: So ist das. Und genau das erwarten wir von dir. Du hast das jetzt super hingekriegt. Und deine Idee mit dem Mülleimer kannst du jetzt gleich umsetzen.

Steffen stürmt in die Küche und tut, was er vorgeschlagen hat. Erwartungsvoll kehrt er zurück. Die Eltern erlauben ihm, seine Lieblingssendung anzusehen, bleiben allerdings dabei, dass für ihn die Werbespots heute Abend entfallen.

Was ist jetzt passiert? Ich meine mit mir? Fand dieser Kuhhandel zwischen Steffen und seinem Vater (»Ich bin lieb und ihr lasst mich fernsehen!«) etwa nicht meine fundierte Kritik? Habe ich nicht betont, »elterliche Präsenz« bedeute auch, dass die Eltern bei sich und bei dem bleiben, wozu sie sich entschieden haben? Wie komme ich dazu, jetzt das Gegenteil von dem zu »tolerieren«, wofür ich bis dato einstand? Was ist jetzt anders? (systemisches Merkmal U, Unterschied)

Anders ist jetzt, dass Steffen sich mit der unmissverständlichen Forderung der Eltern arrangiert hat: Er schaltete das Fernsehgerät nicht selbstherrlich gegen das Verbot der Eltern an, sondern bat höflich. Steffen gab zudem seinen despotischen Machtanspruch auf. Er bot nicht mehr gönnerhaft an, den Eltern einen »zirkusfreien« Abend zu ermöglichen, um dann fernsehen zu können. Die Führungsposition, die ihm bislang selbst ganz schlimm geschadet hatte, verließ er. *Die Eltern* blieben in dieser Führungsposition, *sie* entschieden. Und wenn dies klar ist, können sie eingehen auf das, was das Kind vorschlägt.

»Starke Eltern lassen sich durchaus auch von ihren Kindern überzeugen und machen deutlich, dass sie mit *ihrer* Entscheidung dem Vorschlag der Kinder folgen. So behalten sie Verantwortung. Und Kinder wiederum brauchen das Erlebnis, Erwachsene überzeugt zu haben – das stärkt ihr Selbstbewusstsein, und sie erlernen Selbstvertrauen. Starke Eltern haben starke Kinder« (Ochs u. Orban 2008, S. 173, Hervorhebung von A. H.).

Das zweite Fernsehverbot konnte aus diesem Grund zur Disposition stehen. Und genau daran können wir den Kern einer erzieherischen Konsequenz erkennen, die ich für systemisch verantwortbar halte. Sie ist niemals Selbstzweck, sondern kann teilweise entfallen, sobald das Kind Einigungsbereitschaft zeigt – teilweise. Die Werbespots durfte Steffen nicht sehen. Zum friedlichen Arrangement kann gehören, dass nicht alles gleich vom Tisch gefegt ist. Die Eltern stehen nicht in der Pflicht, so zu tun, als sei alles fix ungeschehen zu machen. Dafür war der »Zirkus«, den ihr Sohn am Vortag inszenierte, zu groß. Auch Eltern brauchen Zeit, schwer Verdauliches zu verarbeiten.

Die Eltern haben im Rollenspiel mit mir zusammen ein für sie gut umsetzbares Reaktionsprogramm erarbeitet. Es gab immer wieder ähnliche Szenen: In unterschiedlichsten Alltagssituationen wurde ihr Sohn aggressiv, es kam zum Fernsehverbot und später dann zu seinem Versuch, die Aufhebung zu erwirken. Immer wieder wollte er die Eltern mit seinem alten Angebot verlocken: Ich bin »lieb« und mache »keinen Zirkus«, wenn ich fernsehen darf. Die Eltern haben es geschafft, ihr Reaktionsprogramm durchzuhalten. An diesem Programm halte ich systemisch für besonders reizvoll, dass Steffen Mitautor der Lösung sein kann.

Der Vater: »Was, meinst du, könntest du heute machen, dass du deine Sendung sehen dürftest? Überleg mal, was freut uns besonders?« Steffen hat überlegt und sich konstruktiv darüber Gedanken gemacht, was er tun, wie er selbst die Lösung aktiv erwirken könnte (Mülleimer leeren).

Freilich, er wollte fernsehen. Und dieses Motiv war Triebfeder seiner Lösungsreflexion. Man kann jetzt gerne einwenden, dass Steffen sich nur aus manipulativen Gründen auf Frieden und Versöhnung eingelassen hat. Genau dieser Einwand war auch im Coaching mit den Eltern ehrlich diskutiert worden. Wir untersuchten zusammen die Möglichkeit, dass Steffen sich nur regelkonform arrangierte, weil er ein bestimmtes Ziel verfolgte. Wir kamen trotzdem überein: Auf

Steffens Entgegenkommen musste reagiert werden. Wir hielten es in diesem neuen Kontext für nicht so wichtig, dass Steffen konkrete Gestaltungswünsche (fernsehen) im Sinn hatte. Die Eltern einigten sich auf den Standpunkt: Entscheidend ist, was *getan* wird. Und sobald Steffen den Mülleimer geleert hat, passiert viel Erfreuliches: Er kann dann gelobt werden, er ist Mitwirker an einer frohen Stimmung, er schafft Gutes. Nochmals: Anfangs mögen recht eigennützige Strategien im Spiel gewesen sein, vielleicht »unlautere« Absichten, werden strenge Pädagogen sagen. Das ist nach meiner Meinung keine Katastrophe. Ausschlaggebend ist die Lösungsbereitschaft des Kindes. Ich kann von keinem Kind eine moralische Sauberkeit fordern, die es mit Sicherheit *über*fordert. Und wie meine Erfahrung immer wieder aufklärt: Der Eigennutz des Anfangs kann in den sozialen Nutzen münden, der viel mehr wiegt als sein vielleicht nicht ganz so makelloser Beginn.

Als die Entschuldigung das friedliche Miteinander einleiten und reorganisieren sollte, wurde er dazu nicht aufgefordert. Steffen hat dieses Ritual bereits gelernt. Der Vater stellte einfach fest: »Du weißt, wie du das in Ordnung bringen kannst.« In diesem Moment sprach er seinem Sohn nicht nur soziale Intelligenz zu, sondern auch die Kompetenz, sich an der Lösung aktiv zu beteiligen (systemisches Merkmal K, Kompetenz, und systemisches Merkmal L, Lösung).

Auch im Entschuldigungsakt selbst blieb Steffen aktiver Mitgestalter der Lösung. Die Mutter wollte von Steffen wissen: »Sag‹ mir, wann nur kann ich deine Entschuldigung ernst nehmen?« Er selbst kam als Lösungsautor ins Versöhnungsgeschehen, indem er ausdrücklich die Wiederholung seines aggressiven Verhaltens ausschloss. Das ist keine Versicherung gegen die Wiederholung. Und es wird Rückfälle geben, gewiss. Für den Moment der Entschuldigung allerdings muss jener Optimismus möglich sein, der diesen Idealblick auf die Lösung und den Ausblick in eine friedlichere Zukunft eröffnet.

Frau und Herr Maurer erarbeiteten ihr Reaktionsprogramm im Rollenspiel selbst, machten sich Notizen und verpflichteten sich beide darauf, diese neuen Reaktionsformen im Alltag auszuprobieren. Der »Lösungsentwurf der Eltern«, unsere Leitidee Nr. 5 zum systemischen Elterncoaching, gebietet dem Coach Zurückhaltung in Sachen Beratung. Nicht er sagt, was »richtig« ist, die Eltern entwickeln es selbst. Pleyer schreibt dazu unmissverständlich: »Die therapeutische Aufgabe, parentale [elterliche, A. H] Verantwortung zu stärken, setzt voraus, dass Therapeuten sich als kooperierende und unterstützende

Partner auf der Elternebene definieren und nicht als Besserwisser in Erziehungsfragen« (Korittko u. Pleyer 2010, S. 250).

»Wisser« in Erziehungsfragen blieben in den Gesprächspassagen dieses Kapitels die Eltern. *Sie* kamen während der dialogischen Rollenspiele auf die Idee, dass das Fernsehverbot gültig bleiben musste, solange Steffen sich familiäre Führungsallüren anmaßte. *Sie* waren auch der Überzeugung, dass die teilweise Aufhebung ihres Verbotes verantwortbar sein konnte, nachdem ihr Sohn sie, seine Eltern, als Autoritäten akzeptieren wollte.

Ich möchte an dieser Stelle betonen: Mit diesem Arrangement muss der Leser keineswegs einverstanden sein. Dass Frau und Herr Maurer tatsächlich auf diese Weise langfristig ihren häuslichen Frieden wiederfanden, wird aus diesem Vorgehen keine fixe Empfehlung fertigen! Geschildert sind hier nur Erfahrungen, nicht mehr! Die Ihren können und werden ganz anderer Art sein. Systemisches Coaching heißt miteinander reden und nicht, Meinungskonformität erzwingen.

In unserem Coaching ging es bisher lebhaft und manchmal energisch zu. Unsere Kutschreise will nochmals spannend werden. Die Fahrgäste möchten sich jetzt über eine systemische Kuriosität unterhalten, die in der Schatztruhe lösungsorientierter Methoden als funkelndes Juwel bereitliegt. Seine Betrachtung passt hierher und muss unsere Überlegungen zur Leitidee Nr. 5 ergänzen.

Als ich das erste Mal im Rahmen meiner therapeutischen Zusatzausbildung von dieser Methode hörte, dachte ich, man wolle uns einen schlechten Scherz auftischen. Im Verlauf einer systemisch therapeutischen Sitzung kann man dem Klienten tatsächlich eine »Verschlimmerungsfrage« zumuten. Die erkundigt sich danach, was man tun könnte, um das Problem absichtlich aufrechtzuerhalten oder gar zu verschärfen. Lange habe ich mich vor dem Versuch gedrückt, Eltern diese Frage zu stellen. Zu sehr plagte mich die Furcht, die Eltern könnten sich von einer Verschlimmerungsfrage auf den Arm genommen fühlen.

Eine alleinerziehende Mutter, Frau Laufner, bat um Aufnahme ihres »ADHS-Kindes« (hyperkinetisches Syndrom) in unsere teilstationäre Einrichtung. Sie schilderte recht konkret und anschaulich, wie »furchtbar« Paul sich daheim benahm. Am schlimmsten sei gewesen, dass er ihr schönes Porzellan aus dem Schrank genommen und auf den Boden geworfen habe. Ich bat Frau Laufner in unsere Küche und zeigte ihr unseren Schrank, in dem sie Teller und Tassen neben- und übereinander geordnet sehen konnte.

COACH: Frau Laufner, ich will Ihnen jetzt eine Frage stellen, die Sie vielleicht überraschen wird. Und wenn Sie mit dieser Frage nichts anfangen können, dann lassen wir sie einfach. Womöglich ist das für Sie eine recht dumme Frage. Trotzdem möchte ich sie mal formulieren. Sie sehen hier unser Alltagsgeschirr. Was könnten unsere Betreuer, was könnte ich hier an unserer Heilpädagogischen Tagesstätte machen, dass Paul unseren ganzen Schrank ausräumt und alle Tassen und Teller wütend auf den Boden wirft? Und nicht nur das. Wir möchten, dass alles noch schlimmer wird. Wenn er mit dem Porzellan fertig ist, könnte er vielleicht auch noch die Fenster einwerfen. Wir wollen Paul so in Rage bringen, dass er völlig außer sich gerät und alles kaputt macht, was ihm in die Finger kommt. Nochmals: Vielleicht ist das eine idiotische Frage für Sie. Und wenn Sie sie nicht beantworten wollen, vergessen wir sie einfach.

Still standen wir vor dem Küchenschrank. Frau Laufner schaute mich und unser Geschirr verdattert an. Sie überlegte. Mit dieser Vorstellung ging es ihr sichtlich schlecht. Sie hatte einen ganz traurigen Blick, und dann ergoss sich ein ganzer Schwall von Vorschlägen, wie wir Paul dermaßen auf die Palme bringen könnten. Ich zitiere nur einen ihrer Vorschläge:

FRAU LAUFNER: Nein, nein, das ist überhaupt keine idiotische Frage. Versprechen Sie ihm einfach was und halten Sie es nicht. Da können Sie sicher sein, dass er ärgerlich wird. Machen Sie das einfach öfter, dann können Sie Ihr blaues Wunder erleben und keine Tasse bleibt ganz, kein Teller wird das überleben. Seinen letzten großen Rappel hatte er vorgestern, als ich ihm versprochen hatte, dass ich abends früh von der Arbeit heimkomme und mit ihm noch vor dem Zu-Bett-Gehen was spiele. Ich konnte aber nicht, mein Chef brauchte mich an diesem Abend länger, da musste ich bleiben. Die Oma war aber zu Hause. Ihr schrieb ich eine SMS, dass es spät würde und dass sie Paul ins Bett bringen müsste. Als ich heimkam, saß meine Mutter heulend da. Sie zeigte mir, was Paul alles zerschmissen hat.

Es entwickelte sich ein recht gutes Gespräch mit Frau Laufner. Wir diskutierten die Möglichkeit, Paul auf Unwägbarkeiten dieser Art vorzubereiten und statt der SMS an die Großmutter *selbst* ein kurzes Telefonat mit ihm zu führen.

In der Antwort auf die Verschlimmerungsfrage kam sie auf die Vorstellung, inwiefern sie vielleicht selbst an der Problementstehung beteiligt war. Genau das ist der Clou dieser Methodik: Er liegt im Umkehrschluss, den der Klient ziehen kann, wenn er sich mit dieser Frage beschäftigt hat. In der Antwort auf diese Frage weiß er nämlich, wie er aktiv an seinem Problem mitwirkt und was er an dieser Mitwirkung künftig unterlassen könnte. Er selbst hat damit seine Problemlösung entworfen. Dieses Selbstmanagement ist Inhalt und Ziel unserer Leitidee Nr. 5 zum systemischen Elterncoaching.

Frau Laufner mochte gern umkehrschlüssig die Überlegung anstrengen, was sie machen könnte, um die Lösung zu ermöglichen: am besten jedes Versprechen einhalten, und wenn das wirklich nicht möglich ist, dann mit Paul selbst sprechen und wenigstens mit ihm in kurzen Austausch treten. In der Antwort auf die Verschlimmerungsfrage gewann Frau Laufner unmittelbar anwendbare Lösungskompetenz, die sie *selbst* entfaltete (systemisches Merkmal L, Lösung).

Ein Beispiel aus der Praxis systemischen Elterncoachings möchte ich noch anführen. An ihm zeigt sich nachgerade klassisch, wie eine völlig rat- und hilflose Mutter aus ihrer »Ich-mache-alles-falsch-Rolle« selbstsicher heraustreten kann. Diese Coachingsitzung war ein systemischer Glücksfall. Er illustriert hervorragend, was systemische Methoden bewirken können: Gewinn von Souveränität, eigene Lösung und Kompetenz.

Die Eltern Hafner schilderten den »furchtbaren Auftritt« ihrer siebenjährigen Tochter Sabrina auf der Auer Dult[11] in München. Das Mädchen durfte sich auf der Schiffsschaukel durch die Luft schwingen lassen, sie fuhr zwei Runden Autoskooter und bekam nachher eine große Tüte Pommes. Eine riesige Zuckerwatte beschloss die Großzügigkeit ihrer Eltern. Beim Verlassen der Dult kam die Familie an einem reizvoll einladenden Verkaufsstand vorbei, an dem Teddybären unterschiedlichster Art angeboten wurden. Sabrina forderte von der Mutter einen großen Teddy. Der war dieser aber »entschieden zu teuer«. Sie verwehrte der Tochter diesen Wunsch mit dem Hinweis, dass sie an diesem Tag schon so viel erleben durfte. Der Teddy sei jetzt »wirklich zu viel«. Sabrina bestand auf ihrer Forderung. Die Mutter

---

11 »Dult« ist ein altbayrischer Begriff für Jahrmarkt und »Au« ein Münchner Stadtteil.

blieb bei ihrem »Nein«. Der Vater hatte inzwischen Freunde getroffen, mit denen er sich in etwa zehn Meter Entfernung von seiner Familie lebhaft unterhielt. Sabrina wiederholte forsch, dass ihr die Mutter jetzt diesen »lieben großen Bären« kaufen sollte. Wieder hörte sie das entschlossene mütterliche Nein, und »dann kam der große Krach«. Sabrina schrie »wie am Spieß«, schlug und trat gegen die Mutter. Sie ließ sich nicht beruhigen. Laute Ermahnungen Frau Hafners halfen nicht. Das Mädchen brüllte, nahm Steinchen vom Boden und warf sie auf die Mutter. Umstehende Dultbesucher schüttelten den Kopf. Frau Hafner schämte sich und war endlich bereit, wenigstens einen kleinen Bären zu kaufen. Da beruhigte sich die Szene schnell wieder. Die Tochter wurde friedlich und nahm den kleinen Bären an sich. Der Vater verabschiedete sich von seinen Freunden, und die Familie machte sich auf den Nachhauseweg.

Die Eltern suchten bei uns an der Einrichtung Hilfe, weil Sabrina sich daheim »bei allem, was ihr nicht passt, gleich aufführt und losschreit wie eine Irre«. Die Szene auf der Auer Dult galt den Eltern dabei als »Paradebeispiel«. Als die beiden an der Heilpädagogischen Tagesstätte mit mir am Tisch saßen, versuchte sich der Vater in einer sehr schlüssigen »Erklärung«. Vor neun Jahren hatte er bis zum Vordiplom Psychologie studiert und »wusste« darum, welche »Lerngesetze« seine Frau da auf der Auer Dult wirken ließ. Sein Vortrag beeindruckte mich. Herr Hafner erläuterte en detail, dass »Verstärkermechanismen« Sabrinas Verhalten plausibel machten. Zum einen verstärkte (belohnte) die Mutter das unerbittlich fordernde und aggressive Verhalten der Tochter. Auf der Auer Dult konnte Sabrina am Erfolg lernen, dass Schreien und Treten gegen die Mutter zur Zielerreichung führten (kleiner Bär). Das sei »positive Verstärkung« gewesen. Und außerdem, so ergänzte der Vater wortreich, verstärkte *sie sich selbst*. Sie kaufte den Bären nun doch, und damit beendete sie diesen für sie äußerst unangenehmen Zustand. Sie musste sich nicht mehr schämen, die Blicke der Umstehenden wandten sich wieder ab. Frau Hafner war erleichtert. Die Mutter hat also selbst etwas »gelernt«: »Tu, was die Tochter will, so ersparst du dir schlimme Szenen und hast dann schnell wieder Ruhe.« Herr Hafner erläuterte ihr, dass sie an sich selbst »negative Verstärkung« praktiziert habe.

Des Vaters lerntheoretisches Referat war ein Glanzstück. In allem, was er seiner Frau im Stil eines Professors erläuterte, hatte er sich als Aufklärer bestens bewährt. Ich bedauerte damals, dass er sein Mother-Blaming so erstklassig und scheinbar unanfechtbar inszenieren konnte. Denn seine Frau tat mir leid. Geknickt saß sie da. Sie blickte kaum auf, ihre Schultern waren eingefallen. Ich fühlte ihr Elend mit und wollte ihr helfen. Zugleich wusste ich: Mein Mitgefühl half ihr nicht. Und am wenigsten half ihr wohl meine Hilfe. Sie selbst musste da herausfinden und den wortinflationären Bombardements ihres Ehemannes eigene Standpunkte wirksam entgegensetzen.

Aber sie war rhetorisch keineswegs so beschlagen wie ihr Mann, und es bestand keine Aussicht, dass sie ihre Anliegen und Wünsche in verbaler Eigenregie hätte vortragen können. Außerdem wurde aus meiner Sicht bereits mehr als genug geredet. Ich mache im Elterncoaching oft die Erfahrung, dass bei einem Zuviel an Worten nichts mehr mitgeteilt wird.

Zu Beginn dieses Buches erwähne ich, welche diagnostischen Ziele Systemiker verfolgen. Sie interessieren sich vor allem dafür, was *zwischen* Kind, Mutter und Vater konkret vorgeht. Und genau das galt es jetzt deutlich zu machen. Aber *nicht ich* durfte das! Frau Hafner war dran! Sie hörte gemäß unserer Leitidee Nr. 5 zum systemischen Elterncoaching die Einladung, ihre Lösung *selbst* zu entwerfen und sie dem argumentativen Geschehen einzuknüpfen.

Wir haben metaphorische Techniken bereits kennengelernt. Die Externalisierung – das Sichtbarmachen komplexer innerseelischer Prozesse – war uns im Elterncoaching schon einige Male hilfreich. Externalisieren wollen wir jetzt auch das, was auf der Auer Dult passiert ist, und zwar ohne Wortaufwand. *Sichtbar* soll werden, was die Familie da vor dem Teddybären-Verkaufsstand mit sich selbst erlebte.

Die Systemiker haben ein Verfahren in ihrem Methodenkoffer, das sie »Familienbrett« nennen. Auf diesem Familienbrett bringen Eltern oder Kinder sich selbst durch kleine Figuren in Position. Ich verwende meistens Holzklötze.

In unserem Therapiezimmer steht eine riesige Kiste mit Holzteilen verschiedenster Form und Farbe. Damit spielen die Kinder gerne. In diese Kiste mit den Holzklötzen greifen Eltern und Kinder an unserer Einrichtung bereitwillig, wenn systemisch arbeitende Kollegen ihnen anbieten, sich und ihre Familienkonstellation darzustellen. Frauen und Mädchen nehmen für sich meistens die runden, roten Holzstücke, während Väter und Jungs eher die eckigen, blauen wählen.

Ich bat Frau Hafner, die Szene vor dem Verkaufsstand mit diesen Holzklötzen zu stellen. Sie nahm ein großes, rotes, gerundetes Teil und meinte: »Das bin ich!« Eine Geldbörse diente als Gegenstand für die Verkaufsbude. Frau Hafner war schnell fertig: vor dem Teddy-Stand sie und ihre Tochter (kleines, rotes gerundetes Holzklötzchen), weit weg von den beiden Herr Hafner im Gespräch mit Freunden. Für den Vater wählte die Mutter ein großes, blaues, eckiges Holzteil, für seine Freunde andersfarbige eckige Holzklötze. Die Abbildung zeigt Frau Hafners Werk:

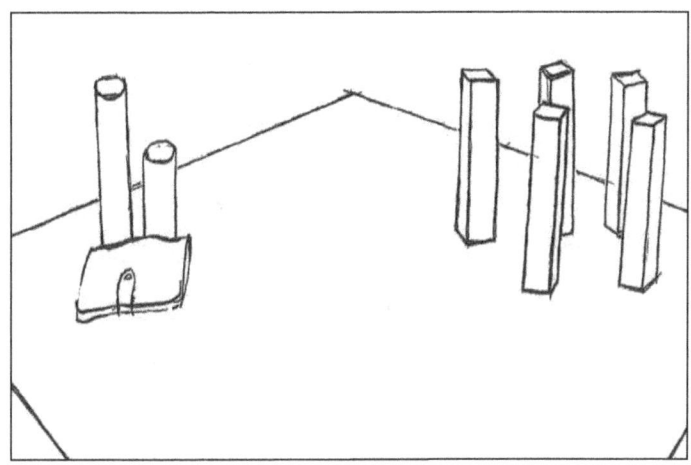

Abb. 4: *Bewältigungsbild*

Wir *sahen* jetzt von oben, also aus der Vogelperspektive, was da geschehen war. Die mit Holzfiguren dargestellte Konfliktkonstellation nenne ich *Bewältigungsbild*. Dieses Bewältigungsbild zeigte uns nicht, was die Mutter alles »falsch« machte. Es ließ vielmehr erkennen, wo alle Beteiligten standen, als die Tochter laut schrie und um sich schlug.

Wir schauten uns das Gefüge der Holzklötze ein paar Minuten schweigend an. Dann fragte ich Frau Hafner, was in ihr vorgehe, wenn sie ihre Familienmitglieder in diesen Positionen wiederfand. Da entgegnete sie, dass es ihr sehr schlecht gehe, dass sie tief traurig und enttäuscht sei.

Es kann nicht oft genug betont werden: Systemisch wird *nicht* gefragt, *warum* es der Mutter beim Blick auf das Bewältigungsbild schlecht gehe. Denn diese Frage führt geradewegs zu Vorwürfen gegen den Mann, der – wie man ja eindeutig sehen kann – sie und die Tochter allein ließ. Gefragt wird, was auf dem Bewältigungsbild *anders* sein müsste, sodass diese Enttäuschung künftig verhindert werden könnte. Wir als Systemiker interessieren uns für Unterschiede, wie das systemische Merkmal U festhält. Dieses Unterschiedsinteresse ist inhaltlich belebt von der Gewissheit, dass **Lösung** (systemisches Merkmal L, Lösung) und **Kompetenz** (systemisches Merkmal K, Kompetenz) in dieser **Beziehung** umsetzbar sind (systemisches Merkmal B, Beziehung). Diesem Interesse konnte Frau Hafner nach nur kurzer Überlegung aktiv entsprechen. Sie folgte gern der Einladung, ein *Kompetenzbild* zu erstellen. Diesen Begriff verwende ich im Gespräch mit Eltern ausdrücklich. Er informiert, dass nicht Defizite, sondern *Können* zur Darstellung kommt. Diese Einladung hieß also:

> COACH: Sie haben uns eben mit den Figuren gut sichtbar gemacht, wo Sie, Sabrina und Ihr Mann standen, als es diesen schlimmen Konflikt gab. Wollen Sie uns mit diesen Figuren auch zeigen, wie oder wo Ihre Familienmitglieder aus Ihrer Sicht hätten stehen können, sodass Sie vielleicht nicht hilflos gewesen wären? Das Bild könnte zeigen, wie Ihre erzieherischen Fähigkeiten in ähnlichen Situationen künftig voll zum Einsatz kommen könnten. Ich nenne es darum Kompetenzbild.

Couragiert nahm sie »ihren Mann« in die Hand und stellte das große, blaue, eckige Holzteil neben sich und Sabrina vor den Teddy-Verkaufsstand.

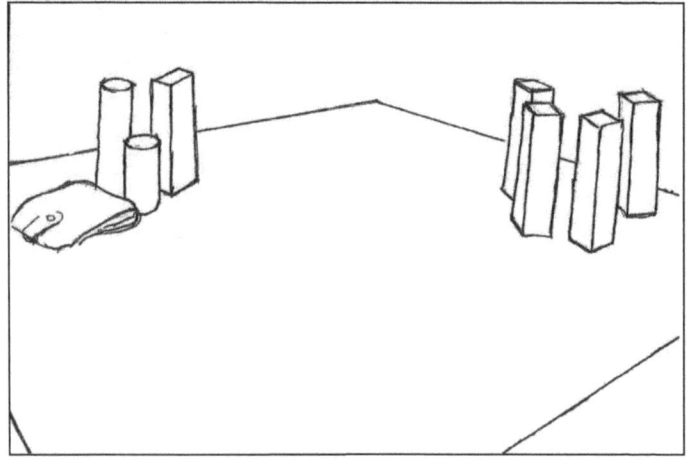

Abb. 5: Kompetenzbild

8.5 Basalkriterium 5: Lösungsentwurf der Eltern

Der Blick des Vaters wurde unsicher. Mal schaute er weg, mal schaute er mich an. Den Blick zu seiner Frau vermied er. Ich gewann den Eindruck, dass er nach der Erstellung dieses Kompetenzbildes keinerlei Neigung mehr verspürte, den Vortrag über die »Fehler« seiner Frau neu aufzulegen. Etwa eine Minute schwiegen wir.

Mehrdimensionale Figurenbilder auf dem Familienbrett können das systemische Elterncoaching so richtig in Schwung bringen. Frau und Herr Hafner kamen in Emotionshitze. Gefühle wurden laut und fanden unverfälschten Ausdruck. Auch Vorwürfe meldeten sich. Die waren aber nicht durch zersetzende Beschimpfungen versteinert, wie sie die Warum-Frage gewiss provoziert hätte, sondern in konstruktiver Bewegung. Das Kompetenzbild *zeigte* uns ständig, in welchen Wunsch jeder Vorwurf überführbar sein konnte. Es ermutigte die Mutter zu einem Gesprächsbeitrag, der ihr alle Souveränität zurückgab.

FRAU HAFNER: Wenn du bei uns geblieben wärst, dann hättest du ja mit mir zusammen machen können, was du vorhin geredet hast. Du hast ja gesagt, dass die Spinnereien Sabrinas verstärkt werden, wenn ich nachgebe. Daheim hilfst du mir ja auch, wenn sie durchgeknallt ist. Nach dem ersten Schrei von ihr hättest du sofort von deinen Freunden weg und zu uns gehen können. Ja, und dann wäre ich nicht allein gewesen. Da hättest du ja mit mir verhindern können, dass es zu diesen komischen Verstärkungen gekommen wäre oder wie dieser Psychoschmarrn heißt.

Der Dialog setzte sich »klassisch« fort. Ähnlich wie im Gespräch mit den Eltern Maurer wurde zirkulär gefragt. Die Eltern diskutierten ausführlich die Gedanken und Gefühle Sabrinas bei Präsenz (Kompetenzbild) bzw. Absenz (Bewältigungsbild) des Vaters. Frau und Herr Hafner klärten die emotionale Verfassung ihrer Tochter treffsicher, und zwar kontextuell jeweils unterschiedlich. Sie diskutierten, was in ihrer Tochter passierte, in den Konstellationen von Problem und Lösung. Herr Hafner kam zu einem erhellenden Ergebnis:

HERR HAFNER: Wenn ich nach dem ersten Schrei von Sabrina tatsächlich gekommen wäre, hätte unsere Tochter erlebt, dass wir als Eltern und Partner zusammenhalten. Gemeinsam wäre es leichter gewesen, Sabrina zu beruhigen und ohne Teddy heimzukommen.

Unbedingt erwähnenswert ist in diesem Zusammenhang Frau Hafners persönliche Entwicklung während dieser Coachingsitzung. Herr Hafner hatte sie mit seinem lerntheoretischen Vortrag niedergeredet. Und sie hat sich mit den Figuren im Griff empor ge*hand*elt. Sie erwarb in Kürze trotz ihrer rhetorischen Unterlegenheit argumentatives Profil und jene Selbstsicherheit, die das Mother-Blaming Herrn Hafners wirksam vereitelt hatte. Diese Selbstsicherheit regte ihre Gesprächsbereitschaft an und baute sie aus. So konnte sie über ihren Erziehungsalltag Wichtiges ergänzen und gut verständlich erläutern.

> FRAU HAFNER: Das auf der Auer Dult ist ja keine Ausnahme. Deswegen sind wir ja hier. Sabrina tanzt uns daheim mit ihrem Geschrei oft auf dem Kopf herum.

Da ist ein Bild. Super! Und weil wir mittlerweile unser systemisches Bilderangebot schätzen, greifen wir dieses Bild auf und lassen es darstellen. Frau Hafner musste gar nicht gebeten werden, dieses zweite Bewältigungsbild zu schaffen. Sie nahm die Figuren und stellte sie so, wie sie eben formuliert hatte. Aus dem Wortbild wurde gleich ein Tatbild, ein Ereignisbild.

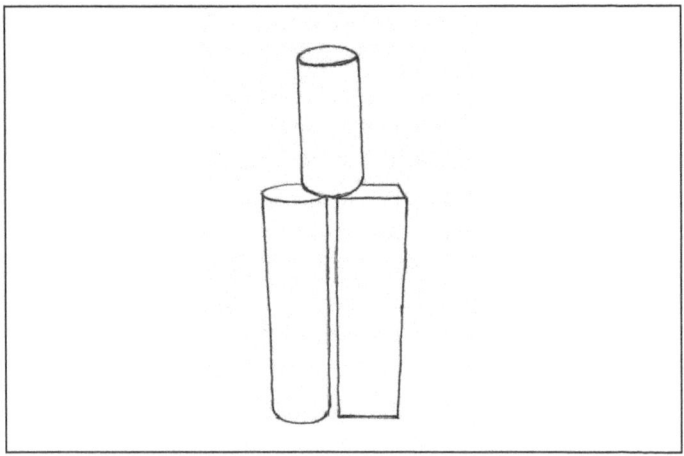

Abb. 6: Sabrina auf dem Kopf der Eltern

Die Tochter also auf dem Kopf ihrer Eltern. Das sahen wir nun. Wir sahen noch etwas anderes. Herr Hafner entdeckte, dass sie beide eng, ganz eng beieinander stehen, während Sabrina auf ihren Köpfen »herumtanzt«. Diese Entdeckung gibt jener Frage Raum, die ich im ersten Kapitel stelle: Was will das Kind? Welche Absicht liegt in der Aggression? Herr Hafner spekulierte sehr plausibel.

> HERR HAFNER: Vielleicht will Sabrina mit ihrem Geschrei und mit ihren Ausfälligkeiten, dass wir so eng beisammen sind. Vielleicht möchte sie erreichen, dass wir uns so eng zusammenschließen, wenn sie uns auf den Köpfen herumtanzt. Sie erlebt uns ja sehr einig, wenn wir ihr daheim die aggressiven Durchknaller verbieten.

Diese einsichtige Spekulation erfolgte ganz in Entsprechung zu unserem vierten Basalkriterium. Das Symptom konnte positiv beachtet werden. Und diese positive Beachtung ermöglichte den elterlichen Plan, in Gegenwart der Tochter auch und vor allem dann für sie einig erlebbar zu sein, *wenn kein Konflikt akut* war. Frau und Herr Hafner räumten ein, dass sie sich tatsächlich kaum in Gegenwart von Sabrina unterhielten und ihre eheliche Kommunikation fast immer ohne sie stattfand. Wir erörterten, wie wichtig es für ihre Tochter sein könnte, dass sie sich hin und wieder im Alltag ganz in ihrer Sichtweite umarmten oder intensiv dialogisch austauschten. Da könnte Sabrina erleben, dass ihre »Durchknaller« eben nicht notwendig sind, um ihre Eltern als Paar bzw. Partner zu erleben.

Ich möchte die Wirkung des Familienbretts kurz zusammenfassen: Frau Hafners Handgriffe haben in dieser Coachingsitzung in Kürze aktuelle familiäre Beziehungsbilder entworfen, in denen die ganze Dynamik von Problem und Lösung sichtbar wurde. Die Botschaft des Bewältigungsbildes und des Kompetenzbildes an den Vater war eindeutig: »Sei – wie daheim – auch in der Öffentlichkeit mit präsent, wenn unsere Tochter Schwierigkeiten macht!« Herr Hafner verstand diese Botschaft, ohne dass sie ausgesprochen wurde. Er *sah* sie.

Indem Frau Hafner mit der *Hand* auf dem Familienbrett die Figuren stellte, wurde das ganze Problem, das sie auf der Auer Dult in München schwer belastete, *hand*habbar. Sie, die zunächst verschüchtert und sprachlos wirkte, geriet in die Rolle einer wirksamen Managerin. Sie managte im eigentlichen Sinn dieses Wortes (lateinisch »manu agere« heißt »mit der Hand tun«). Mit der *Hand* praktizierte sie an den Holzklötzen, was im Fall von familiären Konflikten zu *tun* war. Und damit aktivierte sie mehrere Sinneskanäle gleichzeitig: Tastsinn, Augen und Ohren, die das gesprochene Wort Frau Hafners zu den Bildern aufnahmen, waren alle miteinander am Lösungsgeschehen beteiligt.

Mit Blick auf das Familienbrett verstehen wir direkt und sehr schnell, was zunächst kompliziert erscheinen mag. Ratsuchende *begreifen* ihre Figuren und begreifen damit sich selbst. Unmittelbares und erlebnisnahes Gespür für eigenes Erleben wird möglich.

In der Arbeit auf dem Familienbrett beendete Frau Hafner ihre Rolle als Problemopfer. Sie wurde zur Lösungstäterin.[12] In dem Moment, in dem sie das Kompetenzbild erschuf, setzte sie ihre Lösungsidee sichtbar in die Tat um, indem sie ihren lebendigen Wunsch (Nähe und elterlicher Miteinsatz des Vaters) in dieses Bild hinein *externalisierte*.

Der methodische Kick des Familienbretts heißt also: Wir wollen über den Konflikt nicht nur reden, wir wollen ihn *sehen*! Sehen wollen wir auch, in welchem Beziehungsgefüge er sich ereignet! Schauen wir uns selbst an, und zwar mit dem Problem! Und wenn wir uns mit dem Problem beobachten, sehen wir auch, was wir mit uns und unseren Schwierigkeiten lösungsaktiv *tun* werden! »Systemisches Arbeiten« begreift Hargens auch »als Einladung, zum Beobachter seiner selbst zu werden« (Hargens 2010, S. 30). Frau Hafner hat mit den Holzklötzen sich selbst, ihre Familie und ihr Problem zu Gegenständen genauer Beobachtung machen können. Aus dieser Selbstbeobachtung gewann sie konkrete Handlungsvorschläge. Die bestanden einmal darin, dass sich Herr Hafner auf der Auer Dult in ihre Nähe begab. Und dann im festen Plan der Eltern, künftig ihre Partnerschaft für die Tochter im Alltag auch und gerade konfliktlos erlebbar zu machen.

Das Familienbrett bringt die Lösungskompetenz der Eltern in sicht- und greifbare Szene. Unsere Leitidee Nr. 5 zum systemischen Elterncoaching realisiert sich damit erlebnisintensiv und veränderungswirksam.

Unsere Kutschreise bewegt sich dem Ende zu – dem Ende dieses Buches, nicht dem Ende im Sinne eines endgültigen Abschlusses. Wenn wir uns jetzt unsere letzte Leitidee anschauen, dann in der Hoffnung, dass in diesem Abschluss die stete Anregung zu Neubeginn und Aufbruch liegt.

---

12 Die Begriffe »Problemopfer« und »Lösungstäter« verwendet Arnold Retzer, um den dynamischen Wechsel von Problem- und Lösungspositionen in der systemischen Therapie zu erläutern (Retzer 2002, S. 171).

8.6 Basalkriterium 6: Einbau des elterlichen Bezugssystems

Leitidee Nr. 6 zum systemischen Elterncoaching
Wir ermutigen Eltern zum kooperativen Kontakt mit hilfsbereiten Personen aus ihrem Umfeld.

Die Fahrgäste unserer Kutschreise, die Teilnehmer unseres Coachings, bleiben durch Dialoge aktiv. Im Kommunizieren begegnen sie sich und schaffen Beziehung zueinander. Ich wiederhole: *Systemische Praxis ist Beziehungspraxis.* Wenn Eltern mit einem Coach in Austausch kommen, geschieht zwischen ihnen etwas Hilfreiches. Dieses Hilfreiche kann Impulse setzen für die Kommunikation der Erwachsenen untereinander. Sie helfen einander, wenn Schwierigkeiten allein nicht bewältigt werden können. Systemisch animierte Eltern haben den Mut, mit ihren Problemen nicht allein zu bleiben, sondern sich helfen zu lassen.

Unsere Leitidee Nr. 6 nimmt darauf nachdrücklich Bezug und setzt hier den Schwerpunkt.

Auch diese Leitidee zum systemischen Elterncoaching ist der reichen heilpädagogischen Erfahrung mit verhaltensauffälligen Kindern erwachsen. Kinder sprechen mit Kindern. Kinder bringen sich in lebendige Beziehung, wenn sie Schwierigkeiten angehen und Lösungen finden wollen. Dabei helfen sie einander. Ich darf lückenlos übertragen: Erwachsene sprechen mit Erwachsenen. Erwachsene bringen sich in lebendige Beziehung, wenn sie Schwierigkeiten angehen und Lösungen finden wollen. Dabei helfen sie einander.

Ich möchte auch in diesem Kapitel etwas über den Tellerrand unserer Geschichte von Steffen und seinen Eltern hinaussehen und ein nachgerade »klassisches« Alltagsgeschehen anführen.

Eine alleinerziehende Mutter, Frau Kastner, klagte über jene Schwierigkeiten, die auch Frau Hafner hören ließ: Mit ihrem achtjährigen Sohn Dustin tätigt sie im Supermarkt Einkäufe. Wie fast immer verlangt er unerbittlich eine Tüte Gummibärchen. Sie erklärt ihm, dass er heute schon genug Süßes gegessen habe und sie ihm darum diese Tüte nicht kaufen werde. Dustin wird wild und »führt sich auf«. Umstehende Kunden hören sein Geschrei und beobachten das Gepolter, mit dem er den Kauf der Gummibärchen erzwingen will. Ähnlich wie Frau Hafner schämt sich Frau Kastner und erträgt das

»Gegaffe« der anderen Erwachsenen nach einiger Zeit nicht mehr. Sie kauft ihm die Tüte Gummibärchen. Ihr bleibt »keine andere Wahl«, wie sie überzeugend schildert. Allein ist sie, kein Mann ist da, der mit ihr solidarisch sein könnte. Weder im Supermarkt noch daheim hilft ihr jemand, wie sie betont. Wenn Dustin seinen furchtbaren Auftritt inszeniert, sei das, als ginge jemand mit einem scharfen Dolch auf sie los, so betont sie in einer Coachingsitzung. »Richtig bedrohlich« wirke dieser Krach auf sie, »wie ein Dolch« eben.

Ein Bild, super! Unser systemisches Bilderangebot weist uns in die Küche. Aus der Besteckschublade holen wir ein kleines scharfes Messer, ein Symbol, das Dustins Szenerie und Frau Kastners Bedrohungsgefühl, den »Dolch«, externalisiert. Auf dem Familienbrett legt sie im Bewältigungsbild zwischen sich und Dustin das Messerchen. Und in enger Nähe die Holzklötze, die die anderen Kunden en miniature verkörpern. Selbstverständlich ist sie bereit, aus diesem Bewältigungsbild ein Kompetenzbild zu schaffen. Sie entfernt das kleine scharfe Messer und schiebt »sich« sowie die Figur von Dustin »ganz normal« an den Gaffern vorbei durch die Kassenpassage.

Und »wirklich nichts« auf diesem Kompetenzbild ist Wirklichkeit. Da »seh ich wirklich nichts anderes als diesen Wunsch«, keine Fähigkeit, keine Aussicht, keine Hoffnung, dass der Einkauf künftig geregelt ablaufen könnte. Auf nichts kann aufgebaut werden, so versichert Frau Kastner. Also keine Kompetenz auf dem Kompetenzbild?

Ich habe von Eltern gelernt, *bereits den Wunsch nach positiver Veränderung als zentrale Ressource und als kostbare Kompetenz* zu betrachten. Denn dieser Wunsch ist die unabdingbare Voraussetzung für jene Lösungsvisionen, die Mütter wie Väter in der systemischen Zusammenarbeit bestens entwickeln können. Frau Kastner wagte eine Vision, die sie selbst überraschte. Ich lud sie ein, sich zu entspannen, die Augen zu schließen und die Bilder zu betrachten, die an ihr vorbeizogen, wenn sie an die Supermarktszene dachte. Das waren nur »schlimme Bilder«. Dustin tobte, schrie und zerrte am Einkaufswagen. Sie versenkte sich tief hinein in die Scham, die sie empfand, als andere Kunden vor der Kasse halb mitleidig und halb verächtlich auf die laute Dustin-Szene blickten. Gleich würde sie die Gummibärentüte in den Einkaufswagen legen, woraufhin Dustin mit seinem Geschrei aufhören mochte.

Ich nahm auf die Gestaltung ihres Kompetenzbildes (Familienbrett) Bezug.

8.6 Basalkriterium 6: Einbau des elterlichen Bezugssystems

COACH: Frau Kastner, Sie haben auf dem Bewältigungsbild das kleine Messer verwendet, um die Bedrohlichkeit dieser Situation im Supermarkt darzustellen. Auf dem Kompetenzbild haben Sie es weggenommen. Was ist da in Ihnen gefühlsmäßig anders, wenn der »Dolch« weg ist? Gibt es da emotional einen Unterschied? [systemisches Merkmal U, Unterschied]

FRAU KASTNER: Ja, wenn der Dolch oder das Messer weg ist, dann ist auch die Scham weg! Ich schäme mich dann nicht mehr vor den anderen!

COACH: Wollen Sie mal gedanklich ein Experiment machen? Wäre es möglich, genau in diese peinliche Supermarktszene irgendetwas »Schamgegenteiliges« hineinzudenken?

FRAU KASTNER: Das müssen Sie mir genauer erklären.

COACH: Ich meine, Sie könnten sich mal was ganz Außergewöhnliches vorstellen. Was würden Sie in diesen Momenten machen, wenn Sie sich *nicht* schämten? Das kann irgendetwas Verrücktes sein, etwas Wahnsinniges, etwas völlig Abstruses.

Sie schüttelte den Kopf. Sie ließ sich aber darauf voll ein. Es verstrich geraume Zeit, dann lächelte sie.

FRAU KASTNER: Wollen Sie wirklich etwas total Irres hören?

Ich zeigte mich selbstverständlich gespannt. Gern schilderte sie ihren »verrückten« Einfall.

FRAU KASTNER: Ich könnte ja mit den Gaffern schnell mal Kontakt haben und mit ihnen reden. Das wäre wohl das Verrückteste, das ich mir vorstellen könnte. Ist Ihnen das wahnsinnig genug? Vielleicht frage ich so einen Gaffer noch, ob er mein Kind haben will.

Wir lachten beide, und ich versicherte ihr, dass dieser »Wahnsinn« aus meiner Sicht wirklich hervorragend gelungen sei. Ich bat sie, noch ein wenig in dieser »wahnsinnigen« Vorstellung zu bleiben.

DeShazer diskutiert hinsichtlich kindlicher Wutanfälle die Empfehlung: »Tun Sie etwas anderes!« Diese Formel könne vor allem dann helfen, wenn bisher aufwendiges erzieherisches Verhalten lange und immer wieder erfolglos geblieben sei. Das andere wirke allein, weil es eben *anders* erscheine – »egal wie seltsam oder verrückt oder abartig es auch sein mag ...« (DeShazer 1989, S. 167). Etwas »total Irres«, etwas eben *ganz anderes*, kam Frau Kastner in den Sinn. Und ich bat sie, sich das »Irre« noch konkreter auszumalen. Sie dachte sich in die Formel DeShazers »Tun Sie etwas anderes!« hinein und versetzte sich emotional in jenen Zustand, den Systemiker »Lösungstrance«[13] nennen. Frau Kastner konstruierte folgendes Gesprächsereignis im Supermarkt:

> FRAU KASTNER: Sie schauen gerade auf mich und meinen Sohn.
> GAFFER: Ja, das ist furchtbar, wie sich Ihr Kind benimmt.
> FRAU KASTNER: Sie können sich denken, dass auch mir das nicht recht ist, dass mir das sehr unangenehm ist, wenn sich mein Kind so aufführt. Mein Kind will unbedingt die Tüte Gummibären. Und ich will sie ihm nicht kaufen.
> GAFFER: Das würde ich auch nicht tun. Auf keinen Fall!

An dieser Stelle unterbrach Frau Kastner ihre Vision. Sie erschrak. So was würde sie sich »nie« trauen. Wir besprachen en detail, was denn passieren könnte, würde sie tatsächlich einen der Gaffer in der eben vorgestellten Weise ansprechen. Im Grunde, so Frau Kastner, würde gar nichts passieren. Und Dustin? Was ginge in Dustin vor? Wir klärten zirkulär, was Dustin über sie und die Gaffer dächte, wenn sie diese pädagogisch sozusagen mit von der Partie sein ließe. Und da kam Frau Kastner zu der Gewissheit, dass ihr Sohn Folgendes erleben könnte: Seine Mutter schämt sich nicht (mehr). Und vermutlich lag gerade in ihrer Scham Dustins große Macht. Er wusste, seine Mutter ließ sich beliebig durch Schreie und auffälliges Verhalten manipulativ steuern, wenn sie sich nur seinetwegen schämte.

Frau Kastner traf in unserem Gespräch die Entscheidung, ihre bei uns entworfene Lösungsvision real zu testen. Sie wollte sie direkt im Supermarkt praktizieren. Beim nächsten Mal traute sie sich nicht. Sie war schon dabei, die Gaffer mit ins Boot zu holen. Aber dann siegten

---

[13] Diesen Begriff verwendet Gunther Schmidt. Er plädiert dafür, mit dem Klienten zusammen »Muster der Lösungstrance« zu entwerfen (Schmidt 2008, S. 47). Rotthaus erläutert schlüssig, dass »nicht nur real gemachte Erfahrungen notwendig sind«, sondern auch »imaginierte Erfahrungen« ihre Wirkung ausüben. »Offensichtlich behandelt das Gehirn Imaginiertes, als ob es sich um reale Erfahrungen handeln würde« (Rotthaus 2009, S. 125). Dies erlebte Frau Kastner. Ihre Energie auszuprobieren, was sie sich in der »Lösungstrance« gestattet hatte, bezog sie aus jenen Bewältigungsempfindungen, die ihre Vorstellungen gedanklich *und emotional* im Sinne von »als ob real« vorwegnahmen.

doch ihre Vorbehalte. Allerdings kaufte sie Dustin die Süßigkeit nicht, die er forderte. Sie ertrug seine entsetzliche Show und ließ seine Forderung unerfüllt. Drei Tage später dieselbe Szene: Dustin brüllte im Lebensmittelladen lauter als je zuvor. Und da endlich wagte sie, eine besonders engagiert wirkende Beobachterin anzusprechen und sie um eine Stellungnahme zu ersuchen. Dustin reagierte völlig verdattert, schrie noch ein wenig und beendete dann seinen Krawall. Er merkte, dass die Mutter ihre Scham überwunden hatte. Und damit verdunkelte sich seine Erfolgsaussicht. Genau dieser Ablauf wiederholte sich noch ein Mal. Dustin wollte schon genau wissen, ob die Mutter durchhielt und ob ihre Schambewältigung tatsächlich nachhaltig gelungen war. Sie war es, und als Dustin sah, dass sich Frau Kastner bei diesem Mal an einen der Gaffer wenden wollte, hörte er sofort auf mit seiner Schreiszene.[14]

Frau Kastner zeigt uns, dass allein der Wunsch nach positiver Veränderung bereits als Ressource zu identifizieren ist. Und genau darum nenne ich jene Familienbrett-Gestaltung, die auch zunächst aussichtslos erscheinende Coachingziele darstellt, Kompetenzbild. Frau Kastner *konnte* immerhin eine Veränderung wünschen. Und diesen Wunsch wusste sie als beträchtliches Kapital zu nutzen! Beträchtlich! Auf dem Familienbrett ließ sich real betrachten, was für sie anders sein sollte (systemisches Merkmal U, Unterschied). Mit diesem Kapital entwickelte sie Vorstellungen, die reale Handlungsmöglichkeiten erschlossen. Sie betrieb an ihrem Wunsch Ressourcenwucher.

Noch eine Anmerkung zum Familienbrett: Manchmal mag es wichtig erscheinen, die Blickrichtung der einzelnen Figuren auf dem Familienbrett zu berücksichtigen. Wohin schauen die Dargestellten? Dadurch lassen sich noch zusätzliche wichtige Informationen gewinnen. Gern zeichnen die Kinder bei uns mit Bleistift Augen auf ihre Statuetten – die kann man später wieder wegradieren. Auch Eltern nehmen den Bleistift zur Hand oder verwenden selbstklebende kleine Punkte, mit denen sie vor der Aufstellung der Holzfiguren Gesichter markieren.

Was Ulrike Eisentraut und Gunthard Weber für das »Familienstellen« mit realen Personen geltend machen, lässt sich geradeso am

---

[14] Von Schlippe und Schweitzer zählen u. a. zu den »Interventionen des gewaltlosen Widerstands« »Unterstützer, Vermittler und die öffentliche Meinung einbeziehen« (2007, S. 332). Ich darf an dieser Stelle anmerken: Die Zusammenarbeit mit Frau Kastner war ein systemisches Highlight ohnegleichen! Sie *selbst* kam auf die Idee dieser Intervention, die von Schlippe und Schweitzer da vorschlagen.

Familienbrett erleben: Ein »inneres Beziehungsbild« wird geschaffen, »ein räumliches Abbild ihres Beziehungssystems, vergleichbar mit der Landkarte einer Landschaft.« Erkennbar kann dann sein, »dass ein Elternteil an seinem Platz ein Kind gar nicht oder kaum sieht oder dass Eltern weit voneinander entfernt stehen und in unterschiedliche Richtungen schauen« (Eisentraut u. Weber 2006, S. 245). Dies sind elementare Beziehungsinformationen, die komplex sein mögen und um die nicht lange herumgeredet werden muss. Sie vermitteln sich unmittelbar ohne Sprachaufwand. Beziehung wird aufgestellt und damit sichtbar, analog einsichtig (systemisches Merkmal B, Beziehung).

Das Gegenteil von analog ist digital. Beim Nachdenken über diesen Unterschied muss ich an den Kauf meiner digitalen Armbanduhr Anfang der 1980er Jahre denken. Diese Digitaluhren waren damals der große Renner. Sie haben keine Zeiger, wie jeder weiß, sondern geben nur Zahlen an. Ich konnte mit dieser Uhr nichts anfangen. Wenn ich die Zahlen 08:39 las, wusste ich erst dann, wie spät es ist, wenn ich mir diese Zahlen als Bild vorstellte. Erst das Rundbild des alten analogen Zifferblattes in meinem Kopf informierte mich über den *Abstand* des großen Zeigers (39) zur Zwölf der vollen Stunde (60 bzw. 00). Dann wusste ich »wirklich«, wie viel Zeit mir beim Gang zur U-Bahn noch verblieb. Erst wenn ich diesen Abstand sah, »sah« ich, ob es möglich war, vor der Abfahrt noch einen Becher Kaffee zu kaufen. Ich *empfand* diesen Zeitraum.

Bildliche Darstellungen, wie sie das Familienbrett anbietet, informieren also analog, und das meint ganzheitlich, vollständig, eben auch optisch. Sie *zeigen* demnach, welche Möglichkeiten uns offen stehen. Jeder, der Sensibilität für sich selbst und für seine unmittelbare Umwelt aufbringt, bekommt bildliche Darstellungen hin. Niemand muss ein großer Redner und sprachlich versiert sein, wenn er mit Bildern etwas Wichtiges mitteilen möchte. Er selbst kann als kreativer Bildner Autor seines Lösungsentwurfs bleiben (systemisches Merkmal L, Lösung).

Kreativität eignet auch und vor allem unseren Kindern. Sie sind selbst hervorragende Systemiker. Sie denken und fühlen in Beziehungen. Schnell haben sie kapiert, dass Beziehungen als mächtige Wirkfaktoren die eigenen Einflussmöglichkeiten vergrößern können (systemisches Merkmal B, Beziehung). Dabei ist besonders wichtig zu beachten: Kindern, die in oben geschilderter Weise auffallen und damit Ziele durchsetzen wollen, ist auf keinen Fall böser Vorsatz oder böse Absicht zu unterstellen! Sie spüren einfach, dass die Anwesenheit anderer, dass der Kontext zu nutzen ist. Und dass sie das spüren, ist eine Ressource, das spricht für sie und für ihre ausgeprägte soziale Sensibilität! Es wäre nach meiner Meinung völlig verfehlt, Kinder, die diese Kontext-Cleverness einsetzen, negativ zu etikettieren! Wenn es zu genannten Schwierigkeiten kommt, dann beachten wir sie *auch* positiv (Basalkriterium bzw. Leitidee Nr. 4) und vergegenwärtigen uns, dass Kinder Führung brauchen und dass Probleme genau darauf verweisen.

Ich möchte noch ein Paradebeispiel anführen, das aus meiner Sicht repräsentativen Wert hat. Jeder Leser, so glaube ich, kann es wohl mit Rückgriff auf die eigene Biografie nachvollziehen. Wie haben wir am wirksamsten unsere Eltern gesteuert? Mir gelang das exzellent, wenn ich in den Dialog mit ihnen mein Bezugssystem einbaute. Auch ich habe als Kind oft wie Daniel taktiert:

Daniel (12 Jahre alt) wollte an einem Freitagabend einen Krimi ansehen, der um 20:15 Uhr begann. Die Mutter hatte schwere Bedenken, so erzählte sie mir. Die Fernsehillustrierte informierte, dass der Kommissar den Mord an einer Prostituierten aufklären werde. Darum erteilte sie Daniels Wunsch eine Absage. Selbstverständlich gab er sich damit nicht zufrieden und startete den Versuch, gegen diese Absage zu opponieren. Das schaffte er hervorragend, indem er sein Bezugssystem ins Feld führte. Daniel informierte seine Mutter, Jason – ein Mitschüler – dürfe diesen Film schauen. Und nicht nur Jason. Auch Jessica erzählte gestern Vormittag in der Klasse, so Daniel, dass ihre Eltern eine Krimi-Erlaubnis zugesichert hätten. Dieser Report über die pädagogische Einwilligungsbereitschaft anderer Eltern verunsicherte Daniels Mutter dermaßen, dass er den Krimi doch sehen durfte.

Was ist da passiert? Daniel hat einen Einflussversuch unternommen, von dessen Erfolg er nur deswegen ausgehen konnte, weil er um die Macht von Beziehungen wusste. Er stellte Relationen her, indem er auf andere Eltern verwies. Und mit diesen anderen Eltern stand seine Mutter auf einmal in Zusammenhang. Daniels Mutter ließ sich zusammenhängen mit anderen, die nach Aussagen Daniels konträre Standpunkte vertraten. Und genau dieses Zusammengehängt-Sein relativierte, brachte (manipulativ gelenkte) Bewegung in das Denken und Handeln der Mutter.

Daniels Mutter war geradeso systemisch animiert. Auch sie dachte in Beziehungen. Mit ihrer Na-dann-Erlaubnis sollte ihr Sohn nicht Opfer einer Unerbittlichkeit sein, die ihn am Montag in der Klasse gewiss isolierte. Ihre Überlegungen gipfelten in kaum erträglichen Fantasien von obendrein zirkulärer, also beziehungsthematischer Qualität: Was werden Daniels Mitschüler über ihn, den Dulder einer despotischen Mutter denken? Womöglich muss er im Klassenzimmer vereinsamt vor sich hin leiden, wenn Mitschüler sich über die Inhalte dieses Krimis austauschen. Er wird die beklagenswerte Ausnahme sein: Alle Kinder durften, was er nicht durfte. Ob andere ihn werden trösten müssen? Vielleicht reicht ihm der Nachbar auf der Schulbank ein Stück Schokolade, das ihm über die bedauerliche Strenge seiner Mutter hinweghelfen soll und ihn entschädigen mag für ein beweinenswertes Schicksal.

Mir schießt gerade Paul Watzlawicks *Anleitung zum Unglücklichsein* in den Sinn. Der Autor erläutert in diesem Buch tatsächlich Methoden, mit deren Hilfe sich der Leser unglücklich machen kann. Die Finesse dieses Werkes liegt freilich in der ständig geleugneten Einladung, aus diesen Methoden ihr Gegenteil zu holen und zu erfahren, wie man verhindert, sich elend und mies zu fühlen. Wenn ich weiß, wie ich unglücklich werde, weiß ich auch, wie ich das unterbinde. Für mich ist dieses Buch eine heiter angelegte Antwort auf die systemische »Verschlimmerungsfrage«, mit der sich im letzten Kapitel unseres Buches Frau Laufner erfolgreich befasst hat.

Eine »Anleitung zum Unglücklichsein« beispielsweise besteht darin, sich in Negativfantasien zu versenken und sich alles mögliche Schlimme auszudenken, sodass man am Ende »eine schwierige Situation selbst erschafft und doch keine Ahnung hat, sie selbst erschaffen zu haben« (Watzlawick 1986, S. 46).

Die Mutter Daniels verstand sich genau darauf. Sie war Meisterin im Herbeidenken von Unglücksszenen. Watzlawick warnt – ironisch – davor, das auf diese Weise mühsam erarbeitete Elend zu gefährden. Für ihn steht zweifelsfrei fest, dass »Wirklichkeitsprüfungen dem Erfolg der Sache (dem Unglücklichsein, A. H.) nur abträglich sein können« (ebd., S. 49). Das ist der erheiternde Dreh des ganzen Buches: Die »Fehler«, vor welchen Watzlawick warnt, kann der Leser als »Anleitung zum Glücklichsein« nutzen. Eine Glücksempfehlung also bestünde darin, Negativgedanken durch Wirklichkeitsprüfungen auf den Grund zu gehen. Sind andere wirklich so schlimm, wie ich denke? Mache ich mir zu Recht Sorgen?

Wirklichkeitsprüfungen! Das wär's gewesen, so die Idee von Daniels Mutter in einem Gespräch mit mir. Wir gingen gemeinsam der Frage nach, wie diese Prüfung hätte gelingen können. Sie hatte den Einfall, dass ein Telefonat Aufklärung geleistet hätte. Die Eltern jener Kinder, von deren Fernsehglück Daniel berichtete, wären fernmündlich ohne Weiteres bereit gewesen, Auskunft zu geben. Vielleicht hätte sich mit den anderen Eltern eine fruchtbare Diskussion darüber ergeben, ob es verantwortbar sei, zwölfjährige Kinder diesen Krimi sehen zu lassen. Die Zusammenhänge, die Daniel kunstfertig hergestellt hatte, wären vorteilhaft nutzbar gewesen. Er hat ein Bezugssystem konstruiert, auf das sich die Mutter aktiv und handlungssouverän hätte einlassen können.

Das hat sie später nachgeholt. Sie erfuhr, dass die von Daniel genannten Kinder diesen Krimi nicht sehen durften. Sie hat sich also von seinem Verweis auf televisionäre Großzügigkeiten anderer Eltern täuschen lassen. Ich betone hier nochmals ausdrücklich: Systemisch war Daniels Fingerzeig auf seine Umwelt ein Gewinn und im Grunde wertvoll. Dass er damit unehrliche Manipulation betrieb, ist in unserem Zusammenhang nicht nur zu kritisieren, sondern auch zu würdigen. Wir wollen das Symptom – Daniels Irreführung – im Sinne des vierten Basalkriteriums bzw. der Leitidee Nr. 4 positiv beachten. Sozial intelligent konnte er von interpersonalen Zusammenhängen Gebrauch machen. Dass sie so, wie er sie darstellte, gar nicht bestanden, ist bestimmt Thema einer klärenden Auseinandersetzung zwischen ihm und seiner Mutter und zugleich Inhalt der mütterlichen Gewissheit, dass der Sohn die Feinheiten sozialer Wirklichkeit bereits durchschaut. Unsere Beziehungszusammenhänge lenken uns auch dann, wenn sie gar nicht »echt«, sondern fingiert sind. Das weiß Daniel bereits.

Wir stellen uns vor: Daniels Mutter weitet ihr elterliches Bezugssystem und tut, was unsere Leitidee Nr. 6 empfiehlt: Sie ruft sofort nach seinem Verweis auf das angebliche TV-Vergnügen von Jason und Jessica deren Eltern an und erkundigt sich. Sie stellt Kontakt zu anderen Eltern her und kommt mit ihnen in einen kooperativen Austausch.

Sie entlarvt Daniels Täuschung. Was aber, wenn keine Täuschung zu beklagen ist? Es kann ja tatsächlich sein, dass die beiden diesen Krimi sehen dürfen. Dieser Umstand muss die Mutter keineswegs verunsichern. Auch dann wird sie aktiv mit diesem geweiteten Bezugssystem operieren und ihren eigenen Erziehungshorizont ergänzen. Hat Daniel die Wahrheit gesagt, wird sie ihn selbstverständlich loben und dann einen »inter-elterlichen« Diskurs ansetzen über die Angemessenheit dieser Erlaubnis. Egal, welche Entscheidung Daniels Mutter trifft: Allemal hat sie sich alternative Standpunkte angehört. Die kann sie abwägen und über ihre Triftigkeit befinden. Entscheiderin bleibt sie. Und genau das erlebt Daniel: eine präsente Mutter, die weiß, was sie tut, und die das, was sie tut, selbstsicher für richtig hält.

Unsere Leitidee Nr. 6 zum systemischen Elterncoaching will auch im Fall einer Trennung der Eltern ein hilfreiches Orientierungsangebot sein. Wenn Mutter und Vater voneinander scheiden und unterschiedliche Lebenswege gehen, leiden Kinder meistens. Für sie entstehen dann zwei elterliche Bezugssysteme, deren Interaktion für ihr psychisches Überleben von elementarer Bedeutung ist.

Gewöhnlich verbringen die Kinder bei weiterhin gemeinsamem Sorgerecht ein Wochenende bei der Mutter, das andere beim Vater. Auch die Wochentage werden manchmal ähnlich gesplittet. Wenn diese Bezugssysteme in elementaren pädagogischen Gestaltungsfragen zu sehr differieren, können Kinder orientierungslos werden. Nicht selten höre ich von Kindern, der Vater sei der Liebe, weil der am Wochenende stundenlang Gewaltspiele vor dem Bildschirm gestattet habe. Bei der Mama sei es oft »nicht so cool«, weil sie Nintendo und Gameboy völlig verbiete. Diese Verschiedenheit führt dann in der Regel zu elterlichen Auseinandersetzungen, die den Kindern meistens nicht entgehen und in ihnen fatale Loyalitätsdilemmata provozieren. Der Unfriede der Eltern findet direkten Eingang in die Seelen der Kinder, die sich obendrein dafür schuldig fühlen. Nach kindlicher Logik ist das schlüssig! Denn »ihretwegen« ist ja der Hader zwischen den Eltern entstanden.

Im Hinblick auf die Organisation dessen, was Kinder nach einer Trennung der Eltern in ihren je verschiedenen »Heimaten« dürfen, müssen sich Eltern absprechen. Es besteht mitnichten die Forderung, dass sie sich dabei um den Hals fallen. Allerdings verlangt der Blick auf das Kindeswohl die Klärung der Frage: »Bin ich jetzt im Moment Elternteil oder Expartner?« (Ochs u. Orban 2008, S. 128). Eben zitierte Psychologen stellen unmissverständlich fest: »Kinder haben ein Grundbedürfnis nach Liebe, Stabilität und Konsistenz« (ebd., S. 120).

Aus meiner Arbeitspraxis weiß ich, dass dieses Grundbedürfnis schwer frustriert ist, wenn sich Eltern hinsichtlich ihrer Erziehungsziele nicht einig sind, sich mehr als Expartner denn als Eltern fühlen und deswegen völlig verschiedene Bezugssysteme schaffen. Diesem Grundbedürfnis können sie entsprechen, wenn sie sich im bleibenden »Ex« ihrer Partnerschaft auch das bleibende »In« ihrer Elternschaft vergegenwärtigen. Sie erhalten Gesprächskontakt aufrecht und bemühen sich um pädagogische Konsensbildung. »Eltern sollten in Fragen der Erziehung und Betreuung des Kindes eine gemeinsame Linie finden und sich auch um eine Einigung in Meinungsverschiedenheiten bemühen« (ebd., S. 126).

Wenn dies gelingt, können die getrennten Bezugssysteme jeweils gut unterschiedlich sein, weil ihre Unterschiedlichkeit die Nähe des Kindes zu beiden Elternteilen nicht gefährdet. Die »gemeinsame Linie« in Erziehungsfragen baut das mütterliche Bezugssystem in das väterliche ein und das väterliche in das mütterliche, ohne sich je dabei zu kopieren.

Die Mutter, die total gegen Computerspiele positioniert war, wird die diesbezügliche väterliche Milde oder Duldung in ihr Erziehungskonzept einbauen und zeitlich beschränkt den Wunsch des Kindes nach elektronischer Beglückung gewähren. Der Vater mag mit der Mutter darin konsensbereit sein, dass er aus den Computerspielen für den Sohn die Gewaltprogramme streicht. Über diesen Konsens kann man sich folglich mit dem Kind austauschen. Die Expartner sind dann für das Kind als Eltern »in«, weil sie seine Bezugssysteme angesichts pädagogisch wichtiger Themen konstruktiv miteinander in Verbindung bringen. Diesem Einbau gehen idealerweise elterliche Konsensgespräche voraus, in deren Verlauf gemäß unserer Leitidee Nr. 6 auch getrennt lebende Mütter und Väter kooperieren.

Manchmal stellen Kinder den Konsens ihrer geschiedenen Eltern auf harte Proben. Verhält sich ein Kind der Mutter oder dem Vater gegenüber respektlos, kann das im jeweils anderen Elternteil gerne als Bestätigung der eigenen pädagogischen Überlegenheit empfunden werden. »Ich erziehe eben doch besser!«, so der Selbstzuspruch des scheinbar stärkeren Elternteils. Im Betreuungsalltag erlebe ich, dass Töchter und Söhne mit der Trennung ihrer Eltern besser zurechtkommen, wenn diese im Fall von kindlichen Respektlosigkeiten zusammenarbeiten. Geschiedene Eltern müssen einander nicht heiligsprechen, wenn sie darauf bestehen, dass Kinder über den jeweils anderen Elternteil nicht abfällig reden. Mit Sicherheit ist dieses Ideal oft sehr fern aller Wirklichkeit. Trotzdem plädiere ich dafür. Ich habe einmal einen Vater erlebt, der dem 13-jährigen Sohn ausdrücklich verboten hat, seine Mutter mit verbalen Aggressionen zu verletzen. Die Mutter war dabei.

> VATER: Nick, deine Mutter und ich, wir leben nicht mehr zusammen, weil wir uns nicht mehr verstehen. Du weißt, dass wir uns in letzter Zeit immer häufiger gestritten haben. Wir sind auseinandergegangen. Das hat uns, und das hat auch dir wehgetan. Und ich sage dir jetzt Folgendes: Ich dulde nicht, dass du zu deiner Mutter frech bist. Du hast gestern zu ihr gesagt, dass sie eine »Schlampe« ist. Und du wirst das jetzt in Ordnung bringen und das nie wieder tun. Ich werd sie bitten, mich alle zwei Tage anzurufen und mich zu informieren, wie super die Tage gelaufen sind, ohne Schimpfnamen und ohne Gemeinheiten.

Mit dieser Klärung durch den Vater waren die Bezugssysteme des Kindes an einem wichtigen Punkt ineinander gebaut. Dieser Punkt heißt respektvolle Kommunikation. Kindern geht es besser, wenn dieser Punkt trotz aller bleibenden Differenzen zwischen den Eltern eindeutige Orientierung sichert.

Je einiger sich geschiedene Eltern hinsichtlich der pädagogischen Alltagsziele sind, desto mehr entlastende Klarheit erfährt ein Kind, und desto weniger Angst vor einseitigen Loyalitätspflichten muss es empfinden. Wenn ein Kind genau diese Angst nicht mehr erlebt, kann Folgendes passieren: Die Unterschiede, die noch bleiben, sind dann okay. Die getrennt lebenden Eltern müssen sich nicht klonen und verständigen sich auf Ungleichheiten, die dem Kind offen mitgeteilt werden. Ich habe schon oft von Kindern aus Patchworksystemen erfahren, dass pädagogische Divergenzen nicht belasten, wenn sie ihnen plausibel erläutert werden.

»Beim Papa darf ich am Wochenende eine Stunde länger aufbleiben, bei der Mama nicht. Die macht sich Sorgen, dass ich dann zu wenig Schlaf habe.« Es ist tatsächlich möglich, dass ein Kind diesen Divergenzbefund formuliert, ohne dabei in aversive Stimmung gegen den »strengeren« Elternteil zu kommen. Papa und Mama mögen anders denken und dann jeweils andere Entscheidungen treffen. Wenn die Eltern dem Kind dies *gemeinsam* unterbreiten und dabei einander Respekt zollen, können Streit, Konflikte und Feindseligkeiten unterbleiben.

8.6 Basalkriterium 6: Einbau des elterlichen Bezugssystems

Wie haben die Eltern Steffens ihr elterliches Bezugssystem eingebaut? Wie kam in der Familie Maurer unsere Leitidee Nr. 6 zur Wirkung? Welche kooperativen Kontakte zu anderen Erwachsenen knüpften sie? Mit Steffens Mutter und Vater konnten wir über eine Methode unseres heilpädagogischen Betreuungsalltags diskutieren, die wir »indirekte soziale Maximalverstärkung« nennen. Wenn es uns an unserer Einrichtung passend erscheint, sprechen wir Teammitglieder über das anerkennenswerte Verhalten eines Kindes *in seiner Gegenwart*. Eine Kollegin zur anderen: »Du, Karin, der Andreas hat eben seinen Tischdienst super gemacht. Samuel hat doch seinen Saft verschüttet. Da kam Andreas und hat alles weggewischt.« Andreas hört, dass er Inhalt dieser teamkollegialen Mitteilung ist.

Das Lob adressiert sich hier *indirekt sozial* an den Jungen, weil *ein anderer* in seiner Gegenwart über »Andreas-Erfreuliches« informiert wird – *maximal*, da die Wirkung nicht größer hätte sein können. Der Stolz eines Kindes, das im Gespräch Erwachsener über sich würdigende Worte hört, ist enorm. Seine leuchtenden Augen informieren darüber unmissverständlich. Eltern und Pädagogen können in die Akte der Wertschätzung ihre unmittelbaren Bezugssysteme einbauen und sich davon überzeugen, dass aggressiv auffällige Kinder dabei die Freude über sich selbst (wieder) lernen. Wir erleben täglich, dass Kinder auf Aggressionen verzichten können, wenn sie diese Freude immer wieder empfinden.

Die Eltern Steffens reflektierten kritisch, was der Coach ihnen da erzählte. »Na, das wirkt doch sehr künstlich«, meinte Frau Maurer. Wir gingen der Frage nach, ob sie und der Vater nicht hin und wieder im Gespräch mit anderen Erwachsenen über ihre erzieherischen Schwierigkeiten klagten. Die Mutter bejahte und fand es selbst kurios, dass sie die Klagen über Steffen nicht für künstlich hielt. Also probierte sie die indirekte soziale Maximalverstärkung. Als ein Onkel, der Bruder des Vaters, zum Abendessen erschien, erzählte die Mutter dem Gast bei Tisch, dass Steffen am Nachmittag eine Zusatzaufgabe in Mathe zu Papier gebracht hatte. »Steffen strahlte tatsächlich und war gleich bereit zu erläutern, was genau er da gerechnet hat. Das macht er sonst nie!«, referierte Frau Maurer in bester Stimmung.

Der Kick dieser Methode liegt darin, dass sich der Einbau des elterlichen Bezugssystems mal nicht auf problematische Themen bezieht. Erziehende, so ist unsere Leitidee Nr. 6 zu ergänzen, kommen auch und vor allem dann mit ihren aktuellen sozialen Kontexten in Kontakt, wenn sie mit und an Kindern Positives erleben.

Unsere Kutschreise ist fast zu Ende. Da es unterwegs auch einige thematische Ausflüge in benachbarte Gebiete gab, möchte ich kurz einen Rückblick auf die Hauptroute unseres Coachings werfen.

Nach einer Urlaubsreise im Sommer nehme ich gerne den Atlas zur Hand und schaue auf der Karte, wo unser Flieger gestartet ist, über welche Länder er uns trug und wo genau er gelandet ist. Dieser Überblick auf die Flugroute gibt mir zum einen abschließende Orientierung und zum anderen ereilt mich ein gewisser Stolz: Da haben alle, Piloten, Reisende und viele andere Organisatoren Enormes geschafft.

Viel geschafft haben auf unserer Kutschreise, in unserem Coaching, auch die Fahrgäste, der Kutscher, die Pferde. Und das Bemerkenswerte und vielleicht sogar Unverzichtbare: Wir tauschten die Rollen. Im Vorwärtskommen nahmen die Eltern geradeso auf der Kutscherbank Platz und hielten die Zügel wie der Coach. Auch Steffen war mit von der Partie. In den bewegten Geschichten unserer Reise ist eine Linie erkennbar, und darauf will ich einen kurzen Rückblick werfen.

9 Klärender Rückblick

Wenn wir diese Linie, die unsere Reise durchzieht, verfolgen, schauen wir, wie unsere Leitideen als hilfreiche Steuergrößen zieldienlich genutzt werden konnten.

Steffen beleidigte und trat seine Mutter vor dem Bürofenster unserer Einrichtung, der Vater stand dabei und schwieg.

Im Interesse an Beziehungswirklichkeiten (systemisches Merkmal B, Beziehung) erörterten wir auf unserer Kutschreise die Frage, was da *zwischen* den Eltern und Steffen vor sich ging. In unserem systemischen Coaching wollten wir nicht wissen, wer schuld ist, wer was falsch machte. Uns beschäftigte die *Beziehung* zwischen Eltern und Kind. Und in dieser Beziehung passierte Entscheidendes – dieses ließ sich durch zirkuläre Fragen ermitteln, welche sich nach den Details von Beziehungen erkundigen. Die zirkuläre Frage des Coachs an Steffens Mutter lautete:

»Was, glauben Sie, Frau Maurer, geht in Ihrem Sohn vor, wenn er Sie beleidigt und tritt? Was, meinen Sie, denkt er von Ihnen, wenn er das tut?«

Die Antwort der Mutter warf Licht auf den Kern der Beziehungswirklichkeit, in der sich erfahrungsgemäß die meisten Aggressionen ereignen:

»Mein Sohn wird denken, dass ich eben nichts wert bin, dass er vor mir keinen Respekt haben muss. Steffen hat keinen Respekt vor mir.«

Die systemische Untersuchung ging im Weiteren dahin, Möglichkeiten auszuloten und Antworten auf die Frage zu finden, wie die Erneuerung von Respekt gelingen könnte. Diese Erneuerung hat nach unserer Praxiserfahrung reale Chancen.

Ich weiß von Kindern, dass sie ihren Eltern gegenüber Respekt empfinden wollen!

Auf unserem Weg begegneten wir vier Merkmalen systemischen Denkens und Handelns: Beziehung, Unterschied, Lösung und Kompetenz (BULK).

Unsere sechs systemisch heilpädagogischen Basalkriterien zeigen uns, wie diese Merkmale in der Begegnung mit verhaltensauffälligen Kindern praktisch realisierbar sind (Hergenhan 2010). Daraus konnten wir Leitideen zum systemischen Elterncoaching gewinnen.

9 Klärender Rückblick

Diese Leitideen erschließen uns reale Handlungsoptionen, die eine Erneuerung des gegenseitigen Respekts (wieder) möglich machen. Die Merkmale (BULK) wollen uns sagen, was systemisch »ist«, und die sechs Basalkriterien bzw. Leitideen möchten zeigen, wie Eltern und Coach konkret handeln können.

Frau Maurer kam auf die konkrete Handlungsidee:

»Wenn ich mir unseren Alltag so durch den Kopf gehen lasse, kann ich schon sagen: Steffen tickt nicht oder weniger aus, wenn ich ihn lobe.«

Steffens Mutter hat damit einen großen Fisch geangelt. Denn sie erklärt uns, *dass der Respekt des Kindes vor den Eltern mit dem Respekt der Eltern vor dem Kind in Zusammenhang steht.* Eltern signalisieren ihren Kindern Respekt, wenn sie diese loben. Das ist die fruchtbare Saat, die Erwachsene im Erziehungsalltag ausstreuen können. An der Ernte dieser Saat freut sich zuallererst das Kind. Am Lob der Eltern und Pädagogen lernen Kinder, sich selbst zu schätzen, sich selbst zu achten und mit sich selbst einverstanden zu sein. Diese Ernte legt zudem Früchte in den Korb, die auch die Erwachsenen genießen können: Gelobte Kinder respektieren ihre Lober.

Was in unserem Umgang mit Kindern in Ordnung ist, wird auch im Miteinander der Erwachsenen passen können. Konkret: Wir loben Kinder für das, was wir positiv erleben. An uns selbst können wir Erwachsenen uns da ein Beispiel nehmen und einander auch mal ein anerkennendes Wort zusprechen. In unseren Leitideen liegen hohe Qualitätsansprüche. Und die werden auch in jener Kommunikation hilfreich sein, die zwischen (Heil-)Pädagogen, Erziehern, Sozialpädagogen, Psychologen und Eltern abläuft.

Wir wollen uns die Leitideen und ihre Konkretionen an der Entwicklung Steffens und seiner Eltern abschließend vergegenwärtigen. Wir haben eine beachtliche Kutschreise hinter uns. Mit unserer Landkarte, mit unserem Straßenplan, verfolgen wir jetzt in der Übersicht die Hauptstraße unseres Coachings.

Basalkriterium 1: Persönliche Präsenz

Leitidee Nr. 1 zum systemischen Elterncoaching
Wir spiegeln und suchen Anschluss an die Erlebniswelt der Eltern. Ihre Gedanken, Bilder und Geschichten nehmen wir auf.

9 Klärender Rückblick

Der Coach bleibt für die Eltern dadurch präsent, dass er aufnimmt, was sie sagen, und sein Verständnis rückmeldet. Er *spiegelt* und ermöglicht damit im Idealfall, dass die Eltern sich selbst sehen können. Das konnte Herr Maurer vortrefflich. Sein Bild vom Schlupfloch, durch das er seinem Erziehungsalltag entschwand, nahm der Coach auf und arbeitete damit. So schaute Herr Maurer sich selbst an und stellte fest, was ihm da nicht passte und was ihm alternativ dazu besser passte. In dieser Selbstschau »sah« Herr Maurer, dass er sich nicht »wie ein Hund« davonmachen wollte. Und er beobachtete an sich, dass er, wie die Mutter, mit dem aggressiven Verhalten des Sohnes nicht einverstanden war. Ein »guter Vater« wollte er sein. Dies spiegelte der Coach. Sein spiegelndes Dabeibleiben stellte enge kooperative Nähe her. Um in einen Spiegel zu schauen, muss man auch einen Spiegel vor sich haben – der Spiegel muss präsent sein.

Präsent werden auch die Eltern in der Begegnung mit Steffen: Sie schreiten ein, wenn es zu kindlichen Aggressionen kommt, und stellen sich. Vor allem sind sie *füreinander präsent*. Die Eltern halten zusammen, und zwar *für* ihr Kind. Und *für* das Kind heißt: *Wir* sind sicher da und lassen uns von dir keine Aggressionen bieten, weil du für uns wichtig bist.

Zirkulär gefragt, hat Herr Maurer das auf den Punkt gebracht:
»Wenn ich bleibe und protestiere, sobald er seinen Zirkus noch stärker macht, denkt er, dass sein Stellenwert bei mir hoch ist, dass ich mit ihm was zu tun haben will, dass mir nicht wurscht ist, was er macht. Er denkt, dass ich denke: Er ist wichtig für mich.«

Basalkriterium 2: Gesprächsführung und Respekt

> *Leitidee Nr. 2 zum systemischen Elterncoaching*
> Wir führen Gespräche nur im ausdrücklichen Respekt vor der Erfahrungsgeschichte der Eltern und ihrer Verantwortlichkeit.

Niemals dürfen sich Eltern gegängelt fühlen, wenn sie in die Beratung kommen. Das kann sehr schnell geschehen, sobald ein Korrekturvorschlag in ihre gewiss leidvolle Erfahrungswelt einbricht. Herr Maurer ist bislang »durch das Schlupfloch getürmt« und hat Frau wie Kind allein gelassen, wenn Aggressionen die häusliche Atmosphäre belasteten. Respekt seitens des Coachs heißt unbedingt, dass er auf

Kritik und Anweisungen verzichtet. Fachliche Besserwisserei ist das Gegenteil von Respekt. Dieser Respekt hält sich, wenn die Motivlage und der Kontext von Herrn Maurers Flucht reflektiert werden. Er konnte ehrlich gestehen:
»Wie man's macht, ist es verkehrt! Verbiet ich was, bin ich zu streng, lass ich ihn, sagt man, ich bin zu lasch.«

Vor dieser Erfahrung des Vaters praktiziert der Coach Respekt, indem er dieses Bekenntnis zur eigenen Hilflosigkeit nicht mit Ratschlägen überrennt. Kein Ratschlag darf zeigen, wie er es »nicht verkehrt« macht. Die Kunst systemischen Coachings besteht darin, einen Raum zu schaffen, in dem der Vater *selbst* für seine Erziehungspflichten sensibel wird. Diese Sensibilität wird mit der elterlichen Verantwortlichkeit ausdrücklich in Verbindung gebracht. Auch da kann es krachen und heiß hergehen, wie wir gesehen haben. Systemischer Respekt besteht dann darin, dass jeder Protest gegen direktive Einflussnahme als Ausdruck elterlicher Selbstsicherheit willkommen geheißen wird und dass die positiven Merkmale der Eltern-Kind-Beziehung als elterliche Verantwortungserfolge gelten dürfen.

Basalkriterium 3: Ausdrückliche Identifikation der Ressourcen, der Fähigkeit

> *Leitidee Nr. 3 zum systemischen Elterncoaching*
> Wir teilen den Eltern mit, was wir im Gespräch mit ihnen positiv erleben und benennen konkret ihre Kompetenzen und Ressourcen.

Der detaillierte Schwerpunkt auf dem Guten durchzog den gesamten Dialog mit den Eltern. Frau Maurer ist für ihren Sohn eine hervorragende Frühstücksexpertin. Sie lobt ihr Kind für seinen gelungenen Spülmaschinendienst. Der Vater will Nähe zu seinem Sohn. Das ließ sich daran erkennen, dass er sich freut, wenn Steffen zu ihm öfter »Papa« sagt. Was Eltern im harten Erziehungsalltag bereits gut hinkriegen, muss in der systemischen Zusammenarbeit konkret Thema werden. Und genau das erleichtert sie.

Wenn im akuten Prozess des Elterncoachings beim Coach etwas positiv landet, kann er darüber kurz rückmelden. So beispielsweise, wenn der Coachee den Mut gefunden hat, über sich selbst offen zu sprechen: »Ich habe den Eindruck, dass Sie ehrlich sind zu mir, und so was mag ich.« Auf dieses Statement hin intensivierte sich das Gesprächsengagement Herrn Maurers spürbar.

Basalkriterium 4: Positive Beachtung des Symptoms

> *Leitidee Nr. 4 zum systemischen Elterncoaching*
> Im Widerstand der Eltern gegen die Zusammenarbeit und in ihrem Streit liegt Sinnvolles. Dieses Sinnvolle interessiert uns.

Auch Eltern können – wie wir gesehen haben – »Austicker« in der systemischen Zusammenarbeit haben und zornig werden. Herr Maurer geriet außer sich, weil er sich von dem Schlupflochbild entwertet fühlte. Recht so! Dieser »Austicker« lässt im Coach eine wichtige Haltung aktuell werden: Der Ratsuchende versteht nichts falsch. Dass er protestiert und widerspricht, hat seinen ganz guten Grund. Wir arbeiten damit und beachten positiv, wie sich in der Kritik der Eltern das erfreuliche Bedürfnis nach Selbstbehauptung und Selbstschutz formuliert.

Auch wenn Eltern miteinander streiten, werden auf beiden Seiten Motive wirksam sein, die Inhalt positiver Beachtung werden können. Frau Maurer will Erziehungsschwierigkeiten nicht allein bewältigen müssen und Herr Maurer nicht ständig von seiner Frau kritisiert werden. *Positiv beachtet:* Systemische Coachs finden darin das Bedürfnis nach erzieherischem Miteinander und nach Anerkennung sowie konstruktiver Rückmeldung. Wir Erwachsenen sind da nicht anders als Kinder und wollen voneinander hören, dass wir etwas schaffen und gut hinkriegen.

Basalkriterium 5: Lösungsentwurf der Eltern

> *Leitidee Nr. 5 zum systemischen Elterncoaching*
> Wir vertrauen darauf, dass Eltern ihre Kinder sehr gut kennen. Darum halten wir Eltern für lösungskreativ.

Dieses Zutrauen in die Lösungskompetenz der Eltern war in der systemischen Zusammenarbeit mit Frau und Herrn Maurer immer wieder erfolgreich zu investieren. Als wir ermittelt haben, dass die Mutter ihren Sohn für das Spülmaschinen-Einräumen gelobt hat, wurde sie gefragt:

»Das haben Sie ja super hingekriegt. Sie haben Steffen gelobt und er hat sich gefreut. Welche Gelegenheiten und Anlässe könnten Sie *noch* finden, Steffen für das, was er gut gemacht hat, zu loben?«

Diese Frage unterstellt der Mutter, dass *sie selbst* im Rückblick auf ihre eigenen Erziehungserfolge die Lösung am besten entwerfen kann, dass sie also selbst die beste Lösungsfinderin und Lösungspraktikerin ist.

Auch Herr Maurer bewährte sich als Lösungsfinder. Im Dialog mit dem Coach ermittelte *er selbst*, dass seine Gegenwart, sein Bleiben in Konfliktszenen für seinen Sohn hohe Bedeutung hat. Auf die Frage, was er denn machen könnte, um diese seine Gegenwart friedenswirksam zu gestalten, meinte er:

»Ich würde ihm die Grenzen setzen, mich vielleicht vor meine Frau stellen und vielleicht auch laut werden. Und dann ihm deutlich machen, dass er es nie wieder wagen soll, seine Mutter zu beleidigen und zu treten.«

Nochmals: Diese Lösung kam vom Vater selbst! Der Coach hat »nur« danach gefragt.

Basalkriterium 6: Einbau des elterlichen Bezugssystems

> *Leitidee Nr. 6 zum systemischen Elterncoaching*
> Wir ermutigen Eltern zum kooperativen Kontakt mit hilfsbereiten Personen aus ihrem Umfeld.

In der Diskussion des elterlichen Bezugssystems verließen wir die Hauptstraße unserer Kutschreise, unseres Coachings, und schauten mal, was sich in anderen als problematisch erlebten Szenen des Betreuungs- und Erziehungsalltags zutragen kann.

Coachs regen Eltern dazu an, den Austausch mit anderen Erwachsenen zu pflegen. In pädagogischen Alltagskontexten können andere Erwachsene bzw. Elternkollegen mit von der Partie sein. So bleiben sie nicht bei sich allein, sondern weiten ihren Horizont und werden beweglicher.

Dustin wusste, wie er seine Mutter im Supermarkt immer wieder dazu bringen konnte, dass sie ihm die Tüte Gummibären kaufte. Er schrie laut, fiel auf und erwirkte damit ihre Scham. Frau Kastner kam im systemischen Elterncoaching auf die Idee, in diesen peinlichen Momenten ihr aktuelles bzw. akutes erwachsenes Bezugssystem einzubauen. Sie fand den Mut, die »Gaffer« während Dustins Szene anzusprechen. Dies »verstörte« sein Verhaltensprogramm, die Scham seiner Mutter ließ sich nicht mehr nutzen, seine Strategie fand ein verlässliches Ende.

Wenn Eltern miteinander in Kontakt kommen, werden Kinder leichter bereit sein, Hinweise zu dosieren, die da heißen: »Die anderen dürfen auch!« Eltern reden mit Eltern, deren Kinder angeblich »auch dürfen«. Damit flexibilisieren sie ihre pädagogischen Denkmuster, sie werden eigene Erziehungsstandpunkte entweder bestätigt finden oder vielleicht als etwas »zu streng« einschätzen können. Allemal kommt durch den interelterlichen Diskurs fruchtbare Bewegung in den Alltag – eine Bewegung, die Transparenz und ehrlichen Umgang miteinander möglicher macht.

Transparenz und ehrlichen Umgang praktizieren Eltern, die sich getrennt haben und zugleich wollen, dass ihre Kinder unter der Trennung möglichst wenig leiden. Ihr Kommunikationsziel bleibt das *Bezugssystem anderer Elternteil*. Der interaktive Austausch wird dazu führen, dass in Erziehungsfragen Unterschiede bleiben, die für das Kind okay sein können. Zugleich bemühen sich Eltern, Differenzen zu minimieren. Abfällige Bemerkungen über den jeweils anderen sollten in Gegenwart der Kinder unterbleiben. Die elterlichen Bezugssysteme werden sich nicht kopieren, aber arrangieren. So erübrigen sich belastende Loyalitätskonflikte.

Die Eltern Steffens ließen sich auf die indirekte soziale Maximalverstärkung ein. Wenn Verwandte zu Besuch kamen, erzählten sie diesen in Gegenwart ihres Sohnes, was jüngst gut lief, was Steffen gut geschafft hat. Steffen reagierte mit Freude über sich selbst und mit erhöhter nichtaggressiver Kommunikationsbereitschaft.

Frau und Herr Maurer nutzten außerdem an unserer Einrichtung die Gelegenheit, an Elternabenden mit anderen Eltern in Diskussion zu kommen. Alle Mütter und Väter können da die Frage besprechen: »Was machen *Sie* denn, wenn ...?« Die Erörterung dieser Frage bringt elterliche Bezugssysteme in Verbindung und erleichtert den Erziehungsalltag.

10 Ist unser Coaching, ist unsere Kutsche am Ziel?

Die systemische Zusammenarbeit mit den Eltern Steffens orientierte sich programmatisch an unseren sechs Leitideen. Frau und Herr Maurer fanden sich mit ihrer »parentalen Hilflosigkeit« (Pleyer 2003) nicht ab, sondern gewannen in der Begegnung mit dem aggressiven Verhalten des Jungen wirksame Handlungskompetenz.

Es gab Rückfälle. Steffen hat selbstverständlich versucht, die neu erworbene Erziehungskompetenz seiner Mutter und seines Vaters zu untergraben. Er tickte immer wieder mal aus, und die beiden arrangierten sich konsequent im erzieherischen Miteinander.

Auf der ersten Seite dieses Buches habe ich Sie eingeladen, mit mir zusammen zu dem Schluss zu kommen:

»Es liegt am Elternhaus! Es erscheint sonnenklar, wie die Kinder es schaffen, miteinander und mit ihren Eltern friedlich auszukommen! Grenzen waren und sind wichtig. Wenn die Eltern ihren Kindern diese Grenzen respektvoll zeigen, braucht man sich nicht zu wundern, dass sie sich mit anderen gut vertragen können. Die Kinder lernen schon von früh an, dass man mit Gesprächen, mit Rücksicht und Kommunikation durchkommt!«

Frau und Herr Maurer ließen sich im Verlauf unseres systemischen Elterncoachings darauf ein, Lernprozesse nachzuholen. Was »von früh an« nicht gelernt wurde, ließ sich eben später beginnen. »Für nichts ist es zu spät!«, so formulierte sich ihr elterliches Selbstvertrauen.

Und dieses Selbstvertrauen traute sich in die Praxis: Sie blieben *beide* präsent, führten Steffen respektvoll und Grenzen setzend. Wenn sie ihm die Grenzen zeigten, blieben sie mit ihm im Dialog, auch wenn sich Wut, Ärger und Enttäuschung breitmachten. Wie dieser Dialog möglich ist, »was man da sagt«, hat Herr Maurer im systemischen Austausch exemplarisch durchdacht und nachempfunden. Die Eltern veränderten ihren Alltagsfokus. Sie lobten ihren Sohn für Anerkennenswertes und sahen in seinen »Austickern« kindlichen Nähewunsch. Seine Lösungsvorschläge hörten sie sich an und kamen auch mal in Kontakt zu hilfsbereiten Personen ihres Umfelds, wenn sie Schwierigkeiten hatten oder wenn es von Steffen Entwicklungserfolge zu berichten gab.

Steffen hat sich allmählich »eingekriegt«. Beleidigt er seine Mutter und seinen Vater nicht mehr? Bedroht er sie noch? Vor zwei Jahren haben er und seine Eltern sich von uns und unserer Einrichtung verabschiedet. Hin und wieder ruft mich Frau Maurer an und erzählt, dass »wir zurechtkommen. Es gibt freilich immer wieder mal einen Konflikt. Wir tun uns aber nicht mehr so weh. Und wenn das doch passiert, dann gehen wir aufeinander zu und verstehen uns wieder.«

»Und wenn das doch passiert ...«

An diesem Satz Frau Maurers liegt am Ende unserer Kutschreise viel Ermutigendes. Unser systemisches Elterncoaching will keine Perfektion garantieren. Rückfälle sind okay. Nichts läuft wie am Schnürchen, wenn Eltern systemisch gecoacht werden oder einander systemisch coachen.

Korittko diskutiert vor dem Hintergrund biografisch bedeutsamer Stressereignisse Familienressourcen. Eine Ressource bestehe darin, neben »Freude, Anerkennung und Verbundenheit« auch »Trauer, Schmerz und Verzweiflung ... offen und direkt« auszudrücken (Korittko 2010, S. 62). Negatives, Stress und Belastungen zählt er – so meine Schlussfolgerung – zur Wirklichkeit auch jener Familien, deren Mitglieder miteinander gut zurechtkommen. Wer systemisches Elterncoaching praktiziert, hält »Trauer, Schmerz und Verzweiflung« für Grundkonstanten familiären »Normallebens«. Probleme und Schwierigkeiten können zuweilen auch Nachweise für jene Lebendigkeit sein, die aus der charakterlichen Verschiedenheit der Familienmitglieder resultiert. Unterschiedliche Menschen haben unterschiedliche Töne, die hin und wieder nicht zueinander passen. Das muss keine Katastrophe sein.

Manchmal gestalten Dissonanzen ein Musikstück interessant. Eine Tonfolge kann zunächst schräg klingen, um dann annähernd harmonisch zu enden. Das ist nur möglich, wenn die Töne in dynamische Bewegung und dabei eventuell auch in konträre Beziehung kommen. Musik ist von ihrem Wesen her Beziehung. Jeder Ton eines Liedes erhält seine Bedeutung und Funktion nur von seiner Beziehung zu anderen Tönen. Nur im Gefüge des Ganzen ist ein Ton sinnvoll, nur im Mitsein anderer Töne entstehen überhaupt Melodie, Harmonie und Disharmonie. Nur im Sich-aufeinander-Beziehen von Tönen wird ein einzelner Ton verstehbar. Dieser Mehrklang, der die Töne verstehbar macht, folgt Regeln. Die besagen beispielsweise, dass im bestimmten Abstand der Töne zueinander Dur oder Moll zu hören ist und dass dann andere Töne noch besser oder nicht mehr passen. Eine Musik bleibt oder wird erst dann lebendig, wenn die Beziehungen der Töne zueinander variieren und vielleicht sogar hin und wieder unpassend oder schrill wirken.

Kein Musiker wird darüber Klage führen. Kein Systemiker wird »Trauer, Schmerz und Verzweiflung« pathologisieren und meinen, es sei krankhaft, wenn Eltern weder aus noch ein wissen. Er geht davon aus, dass zwischenmenschliche Dissonanzen in Ordnung sind. Sie lassen sich mit den Stimmen aller Beteiligten, mehrtönig also, konstruktiv verändern bzw. bewältigen.

Über das *Wie* dieser Bewältigung wissen die Eltern eine ganze Menge. Und diese Menge, das Expertenwissen der Eltern, war das große Thema unserer Kutschreise. Eltern brauchen nach meiner Meinung keine Erziehungsratgeber, die Vorschläge unterbreiten, wie z. B. »Trauer, Schmerz und Verzweiflung« aus dem Erziehungsalltag endgültig zu verbannen seien. Elternratgeber, so sehe ich das, wissen oft viel zu viel. Vom Katheder des Besserwissens herunter erlassen sie häufig Anweisungen, die angeblich Erfolge sichern. Zugleich frustrieren sie Eltern, wenn diese Erfolge ausbleiben. Ich möchte in diesem Buch keinen einzigen Erfolg versprochen haben!

Ja, was soll dann dieses ganze Buch, wenn es offenbar keine Erfolge sichert und keinen Gewinn abwirft? Haben wir denn das Ziel unserer Kutschreise, unseres Coachings, gar nicht erreicht? Es hieß:

> *Wir bewältigen Aggressionen und verletzen uns nicht.*
> *Respektvoll begegnen wir uns.*

Ich bin fest überzeugt, dass wir angekommen sind. Wir haben uns gecoacht und detailliert überlegt, wie durch systemisches Denken und Handeln die Bearbeitung von Aggressionen möglich werden kann. Frau Maurer teilt uns mit, was sich konkret an unserem keineswegs totenstillen Ziel ereignet: »... dann gehen wir aufeinander zu und verstehen uns wieder.« Genau das mag gelingen, wenn wir uns, wie die Eltern Steffens, Misserfolge nicht übel nehmen und ichfreundlich aufblicken.

Eltern und Coach erleben an unserer Einrichtung immer wieder: Ichfreundliches Aufblicken hat mehr Chancen, wenn es an systemischen Leitideen friedliche Handlungsmöglichkeiten aufspürt. Optimismus mag da am Leben bleiben und »dulden«, dass es immer wieder mal kracht, dass Streit und mitunter harte Auseinandersetzungen die Alltagsstimmung trüben. Dieser Optimismus verleugnet nichts und hat zugleich ein Programm. Er hat Identität, er ist wer. In unserem BULK-Modell bleibt er gegenwärtig. Da sind **B**eziehungen wichtig, **U**nterschiede zum Scheitern werden detailliert erörtert, **L**ösungen kommen zur Sprache, und das Zutrauen in die eigenen **K**ompetenzen und in die Kompetenzen anderer tritt in fortwährende Wirkung.

Zutrauen! Nicht mehr, und ganz gewiss nicht weniger!

Literatur

Arnold, R. (2006): Die Systemik des Erwachsenenlernens. In: R. Balgo u. H. Lindemann (Hrsg.): Theorie und Praxis systemischer Pädagogik. Heidelberg (Carl Auer), S. 177–192.

Arnold, R. u. B. Arnold-Haecky (2009): Der Eid des Sisyphos. Eine Einführung in die Systemische Pädagogik. Baltmannsweiler (Schneider Verlag Hohengehren).

Das gesamte Sozialgesetzbuch SGB I bis SGB XII (2010). Regensburg (Walhalla).

DeShazer, S. (1989): Wege der erfolgreichen Kurztherapie. Stuttgart (Klett-Cotta).

DeShazer, S. (2010): Worte waren ursprünglich Zauber. Von der Problemsprache zur Lösungssprache. Heidelberg (Carl-Auer).

Eisentraut, U. u. G. Weber (2006): Familienstellen als eine Form des Elterncoachings. In: C. Tsirigotis, A. von Schlippe u. J. Schweitzer-Rothers (Hrsg.): Coaching für Eltern. Mütter, Väter und ihr »Job«. Heidelberg (Carl-Auer), S. 242–251.

Emlein, G. (2010): Rituale als Negationsblockaden. *Familiendynamik* 35 (2): 128–134.

Foerster, H. von (1997): Abbau und Aufbau. In: F. B. Simon (Hrsg.): Lebende Systeme. Wirklichkeitskonstruktionen in der systemischen Therapie. Frankfurt/M. (Suhrkamp), S. 32–51.

Hargens, J. (2007): Lösungsorientierte Therapie ... was hilft, wenn nichts hilft ... Dortmund (modernes lernen).

Hargens, J. (2010): Vom Therapeuten zum Coach ... oder: Mehr Unterschiede oder mehr Gemeinsamkeiten? In: J. Hargens (Hrsg.): Werkstattbuch Systemisches Coaching. Aus der Praxis für die Praxis. Dortmund (modernes lernen), S. 15–51.

Hergenhan, A. (2010): Aggressive Kinder? Systemisch heilpädagogische Lösungen. Dortmund (modernes lernen).

Korittko, A. (2009): Neurobiologische Ansätze und heilende Interaktionen: Traumatisierte Kinder in Pflegefamilien. In: R. Hanswille (Hrsg.): Systemische Hirngespinste. Impulse für die systemische Theorie und Praxis. Göttingen (Vandenhoeck & Ruprecht), S. 148–165.

Korittko, A. u. K. H. Pleyer (2010): Traumatischer Stress in der Familie. Systemtherapeutische Lösungswege. Göttingen (Vandenhoeck & Ruprecht).

Loth, W. (2006): Elterncoaching: Modus oder Mode? – Einige Überlegungen und Thesen. In: C. Tsirigotis, A. von Schlippe u. J. Schweitzer-Rothers (Hrsg.): Coaching für Eltern. Mütter, Väter und ihr »Job«. Heidelberg (Carl-Auer), S. 25–35.

Ochs, M. u. R. Orban (2008): Familie geht auch anders. Wie Alleinerziehende, Scheidungskinder und Patchworkfamilien glücklich werden. Heidelberg (Carl-Auer).
Ollefs, B. u. A. von Schlippe (2006): »Keine Lust auf diesen blöden Diabetes!« – Elterliche Präsenz und Typ-1-Diabetes bei Kindern und Jugendlichen. In: C. Tsirigotis, A. von Schlippe u. J. Schweitzer-Rothers (Hrsg.): Coaching für Eltern. Mütter, Väter und ihr »Job«. Heidelberg (Carl-Auer), S. 133–153.
Pleyer, K. H. (2003): »Parentale Hilflosigkeit« – ein systemisches Konstrukt für die therapeutische und pädagogische Arbeit mit Kindern. *Familiendynamik* 28 (4): 467–491.
Prior, M. (2006): MiniMax-Interventionen. 15 minimale Interventionen mit maximaler Wirkung. Heidelberg (Carl-Auer).
Retzer, A. (2002): PASSAGEN – Systemische Erkundungen. Stuttgart (Klett-Cotta).
Retzlaff, R. (2008): Spiel-Räume. Lehrbuch der systemischen Therapie mit Kindern und Jugendlichen. Stuttgart (Klett-Cotta).
Ritscher, W. (2002): Systemische Modelle für die Soziale Arbeit. Heidelberg (Carl-Auer).
Ritscher, W. (2007): Soziale Arbeit: systemisch. Ein Konzept und seine Anwendung. Göttingen (Vandenhoeck & Ruprecht).
Rothmaier, S. (2000): Geheimnisvolle Therapie? Praxiserfahrungen mit der Koexistenz von Sozialarbeit und Therapie. *Kontext* 31 (1): 18–27.
Rotthaus, W. (2009): Die Bedeutung der Neurobiologie für die Kinder- und Jugendlichentherapie. In: R. Hanswille (Hrsg.): Systemische Hirngespinste. Impulse für die systemische Theorie und Praxis. Göttingen (Vandenhoeck & Ruprecht), S. 120–147.
Schiepek, G. (1999): Die Grundlagen der Systemischen Therapie. Theorie – Praxis – Forschung. Göttingen (Vandenhoeck & Ruprecht).
Schlippe, A. von u. H. Omer (2008): Autorität ohne Gewalt. Coaching für Eltern mit Verhaltensproblemen. »Elterliche Präsenz« als systemisches Konzept. Göttingen (Vandenhoeck & Ruprecht).
Schlippe, A. von u. J. Schweitzer (2003): Lehrbuch der systemischen Therapie und Beratung. Göttingen (Vandenhoeck & Ruprecht).
Schlippe, A. von u. J. Schweitzer (2007): Lehrbuch der systemischen Therapie und Beratung II. Das störungsspezifische Wissen. Göttingen (Vandenhoeck & Ruprecht).
Schmidt, G. (2007): Vorwort. In: J. Hargens: Lösungsorientierte Therapie ... was hilft, wenn nichts hilft ... Dortmund (modernes lernen), S. 6–15.
Schmidt, G. (2008): Einführung in die hypnosystemische Therapie und Beratung. Heidelberg (Carl-Auer).
Schwing, R. (2009): Spuren des Erfolgs: Was lernt die systemische Praxis von der Neurobiologie? In: R. Hanswille (Hrsg.): Systemische Hirnge-

spinste. Impulse für die systemische Theorie und Praxis. Göttingen (Vandenhoeck & Ruprecht), S. 63–119.

Simon, F. B. u. C. Rech-Simon (2007): Zirkuläres Fragen. Systemische Therapie in Fallbeilspielen. Ein Lernbuch. Heidelberg (Carl-Auer).

Stein, H. (2008): Wer fragt, der führt. Berlin (Cornelsen).

Thomann, C. u. F. Schulz von Thun (2009): Klärungshilfe 1. Handbuch für Therapeuten, Gesprächshelfer und Moderatoren in schwierigen Gesprächen. Reinbek bei Hamburg (Rowohlt).

Tröster, H. (2006): Stigma. In: H.-W. Bierhoff u. D. Frey (Hrsg.): Handbuch der Sozialpsychologie und Kommunikationspsychologie. Göttingen (Hogrefe), S. 344–450.

Tschöpe-Scheffler, S. (2008): Unterstützung der elterlichen Erziehungskompetenz. In: R. Voß (Hrsg.): Autorität und Gewaltprävention. Erfolg durch Erziehungspartnerschaft von Schule und Familie. Heidelberg (Carl-Auer), S. 24–37.

Watzlawick, P. (1986): Anleitung zum Unglücklichsein. München (Piper).

Watzlawick, P. (1986): Vom Schlechten des Guten oder Hekates Lösungen. München (Piper).

Watzlawick, P., J. H. Beavin u. D. D. Jackson (2007): Menschliche Kommunikation. Formen, Störungen, Paradoxien. Bern (Huber).

Yalom, I. D. (2007): Theorie und Praxis der Gruppenpsychotherapie. Ein Lehrbuch. Stuttgart (Klett-Cotta).

Über den Autor

Anton Hergenhan, Diplom-Psychologe, Studium in Bamberg mit den Schwerpunkten Klinische Psychologie und Verhaltenstherapie; therapeutische Zusatzausbildung in München (Systemische Individual-, Paar- und Familientherapie); nach 20 Jahren Leitung einer teilstationären Einrichtung für verhaltensauffällige Kinder (Heilpädagogische Tagesstätte) Übernahme einer Dozentur an einer Fachakademie für Sozialpädagogik. Arbeitsschwerpunkte: psychologische Einzel- und Gruppentherapie, Familientherapie; systemisches Coaching mit Eltern, kooperativer Austausch mit Lehrkräften, methodologische Synthese verhaltenstherapeutischer und systemischer Interventionsverfahren; Supervision von Fachteams. Publikation u. a.: *Keine Beleidigungen mehr! Respektvolles Miteinander im Unterricht* (2014).

Im untenstehenden Blog können Sie Fragen zum Inhalt der Bücher des Autors stellen, Einwände formulieren, Kritik üben oder auch Ihre Zustimmung ins Wort bringen:

aggressivekinder.wordpress.com
Kontakt: anton.hergenhan@web.de

Cornelia Tsirigotis | Arist von Schlippe |
Jochen Schweitzer-Rothers (Hrsg.)

Coaching für Eltern

Mütter, Väter und ihr „Job"

288 Seiten, Kt, 3. Aufl. 2015
ISBN 978-3-8497-0077-5

Die Autorinnen und Autoren dieses Bandes suchen – gemeinsam mit den Eltern – maßgeschneiderte, oft sehr individuelle Wege für die Lösung ihrer Erziehungsprobleme. Ihr Vorgehen stützt sich dabei auf drei besonders wirksame und aktuelle Ansätze:

• Das Konzept der „elterlichen Präsenz" überträgt Ideen zum gewaltfreien Widerstand in den Erziehungsalltag. Es vermittelt Eltern eine neue Haltung und alternative Verhaltensmöglichkeiten.
• Das „Marte Meo"-Konzept hilft Eltern mittels videogestützter Entwicklungsberatung, Kompetenzen für die Interaktion mit dem Kind zu erkennen und systematisch auszubauen.
• Methoden aus der systemischen Familientherapie, aus der hypnosystemischen Therapie und der Aufstellungsarbeit werden für die „Stärkung" der Eltern und für die Verbesserung ihrer Kooperationsmöglichkeiten mit den Lehrern ihrer Kinder weiterentwickelt.

Mit seinen vielfältigen Beispielen aus dem Erziehungsalltag bietet das Buch eine wirksame Alternative zu eindimensionalen Lösungsversuchen à la Super-Nanny.

„Erziehung ist Begleitung der Kinder ins Leben. Erziehung hat mit elterlicher Präsenz und Wahrhaftigkeit zu tun. Dabei fordern Heranwachsende Eltern immer wieder heraus. Wie man Eltern in ihrer Erziehungsverantwortung unterstützen und zugleich ihre Kompetenzen ernst nehmen kann, davon handeln die vielen anschaulichen Beiträge dieses Buches. Eine wichtige Veröffentlichung für alle, die Eltern beraten und in der Elternbildung arbeiten." Dr. Jan-Uwe Rogge

 Carl-Auer Verlag • www.carl-auer.de

Ben Furman

Ich schaffs!

Spielerisch und praktisch Lösungen mit Kindern finden – Das 15-Schritte-Programm für Eltern, Erzieher und Therapeuten

158 Seiten, 16 Abb., Kt
6. Aufl. 2015
ISBN 978-3-89670-500-6

Die Schultasche steht mitten im Flur, das Kinderzimmer ist seit Tagen nicht aufgeräumt, und am Morgen hing wieder die Schlafanzughose zum Trocknen über der Heizung. Manche Probleme mit Kindern scheinen sich auf Dauer einzunisten und allen Versuchen, sie aus der Welt zu schaffen, standzuhalten.

„Ich schaffs!" ist mehr als eine Sammlung von kreativen Ideen und Techniken. Dahinter steckt ein klares und gut nachvollziehbares Programm von 15 aufeinander folgenden Schritten. „Ich schaffs!" basiert auf dem lösungsorientierten Ansatz, dass Kinder eigentlich keine Probleme haben, sondern nur Fähigkeiten, die sie erlernen und verbessern können. Es hilft Kindern vom Vorschulalter bis in die Pubertät, Schwierigkeiten konstruktiv und spielerisch zu überwinden – seien es Verhaltensprobleme, Aufmerksamkeitsstörungen, Ängste oder einfach schlechte Angewohnheiten.

„‚Ich schaffs!' wird in einer Sprache angeboten, die gut zu Kindern passt. Das Konzept ist so flexibel, dass es sich leicht in Schulen, Tagesstätten oder Einzeltherapien einsetzen lässt."
Dr. Thomas Hegemann, ISTOB München

„Das Buch hat einen bestechenden lösungsorientierten Sog, und in den Fallbeispielen wirkt die lösungsorientierte Brille plausibel und ansteckend."
Cornelia Tsirigotis, systemagazin.de, 30.06.2006

„Auch wenn sich der Titel vor allem auf die Fähigkeiten des Kindes bezieht – die angenehme Nebenwirkung dieses Buches ist, dass auch jede von den banalen Alltagsproblemen noch so geplagte Mutter zu der Erkenntnis kommt: ‚Ich schaffs!'"
Nicola Offermanns, Mutter und Ärztin

Carl-Auer Verlag • www.carl-auer.de

Ben Furman

„Ich schaffs!" in Aktion

Das Motivationsprogramm für Kinder in Fallbeispielen

155 Seiten, Kt, 2. Aufl. 2013
ISBN 978-3-89670-743-7

Das aus Finnland stammende Motivationsprogramm „Ich schaffs!" ruft auch in deutschen Kindergärten, Schulen und sozialen Einrichtungen viel Begeisterung hervor. Was bislang fehlte, war ein Buch, das die Umsetzung in konkreten Situationen vermittelt.

Die Fallgeschichten, die der Psychotherapeut Ben Furman in diesem Buch zusammengetragen hat, umfassen eine große Bandbreite an Problemen, vom regelmäßigen Toilettengang bis zur Kontrolle des eigenen Gewaltpotenzials.

Im ersten Teil führt Furman kurz in die Grundlagen des Programms ein, stellt dessen 15 Schritte vor und erklärt sie anhand von Beispielen. Das Herzstück bilden 22 Fallgeschichten, die anschaulich zeigen, wie „Ich schaffs!" einzelnen Kindern geholfen hat, neue Fähigkeiten zu erlernen und ihre Probleme zu überwinden. Weitere Beispiele illustrieren die Anwendung der Methode in Gruppen, Schulklassen und einer ganzen Schule.

So entsteht ein Praxishandbuch, das Pädagogen, Therapeuten und Erziehenden im Alltag hilft, individuelle Wege für die Motivation und die Erfolge von Kindern zu finden.

 Carl-Auer Verlag • www.carl-auer.de

Mike Lehmann | Jens Eitmann

Systemische Lerntherapie

Ein integrativer, beziehungs- und ressourcenorientierter Ansatz

158 Seiten, Kt, 2014
ISBN 978-3-8497-0039-3

Lerntherapie ist mehr als Nachhilfe. Sie wirft einen ganzheitlichen Blick auf das Kind und seine Lernstörungen und begreift diese nicht als Defizit, sondern als Lernchance für das Kind und seine Umwelt.

Mike Lehmann und Jens Eitmann stützen diese Haltung auf drei Grundpfeiler: Sie zeigen, wie man auf wertschätzende und ressourcenorientierte Weise mit dem Kind und seinen Bedürfnissen arbeitet, die Ursachen für eine Lernstörung ergründet und dem Kind dabei hilft, durch Neugier, Kreativität und Begeisterung wieder sein volles Potenzial zu entfalten. Weil es dafür kein Patentrezept gibt, das bei jedem Kind und jedem Problem helfen würde, vermitteln die Autoren Methoden, wie Lerntherapeuten gemeinsam mit ihren Schülern den individuell besten Weg erarbeiten können.

Im Kernteil des Buches werden die Leitlinien der systemischen Lerntherapie anhand von Fallbeispielen aus der praktischen Arbeit erläutert.

„Die Autoren befinden sich absolut auf dem Stand der Kunst systemischer Pädagogik. Alle Konzepte werden gut verständlich dargestellt und durch Fallbeispiele anschaulich gemacht." Dr. Christa Hubrig
ISIS – Institut für systemische Lösungen in der Schule, Köln

 Carl-Auer Verlag • www.carl-auer.de